D1746539

MIDGARD

Jürgen E. Franke

Das Kompendium

Tipps und Tricks
für Spielleiter

Quellennachweis:

Eine Reihe von Fertigkeiten, Zauber und Abenteurertypen wurden aus den Quellenbüchern *Hexenzauber & Druidenkraft* (H&D), *Barbarenwut & Ritterehre* (B&R), aus *Kulturenbänden* (KB) sowie aus den verschiedenen Ausgaben des Gildenbriefs (GB) übernommen oder angeregt und für die aktuelle Ausgabe der MIDGARD-Regeln überarbeitet: Derwisch, Zaubertänze, Geo- und Pyromantie (Stephanie Lammers, KB Eschar), Magister (Carsten Obst, GB20), Fian, Fianna, Zauber der Fianna (Thomas Kerßebaum, B&R), Fährtenduft, Wittern (Erik Schaber, H&D), Hexenjäger (Fabian Wagner, Dirk Richter, Alexander Huiskes, GB36), Flammenaugen, Zauber der Hexenjäger (Alexander Huiskes), Todeswirker (Marko Wolkwitz, B&R), Astrologie (Ludger Fischer, Thomas Kreutz, KB Rawindra), Orakelkunst (Isolde und Harald Popp, KB KanThaiPan), Klimazonen und Wettertabellen (Norbert Plößer, Alexander Huiskes, Manfred Roth, GB31).

Impressum
Pegasus Spiele GmbH, Friedberg unter Lizenz von Verlag für F&SF-Spiele
copyright © 2002 by Elsa Franke, Verlag für F&SF-Spiele, Stelzenberg
Printed in Germany 2002; 1. Auflage
http://www.midgard-online.de

Titelbild: Werner Öckl; Umschlaggestaltung: Hank Wolf
Illustrationen: Ulf Lehmann, Werner Öckl; Zierleiste: Thomas Lamm

Artikel-Nr.: 70020G
ISBN 3-930635-79-8

Inhalt

Das Buch der Entwicklung

Der Wildläufer 6
Der Derwisch 9
Der Magister 13
Nicht schon wieder ein neuer Typ 15
Der Fian 17
    Die Fianna 20
    Die Flammenaugen 24
Der Hexenjäger 26
Kampfzauberer 29
Rollenwechsel 32
Der Todeswirker oder Thanaturg 34
    Die Orden der Todeswirker 36
Der Klingenmagier 41
Der Schattenweber 44
Die Lehrpläne der Abenteurer 47

Der Magische Almanach

Wahrsagefertigkeiten 54
Die Zaubertänze Eschars 58
    Die Hexentänze 62
Zauber der Fianna 63
Zauber der Hexenjäger 65
Zauber der Schattenweber 67

Das Buch der Begegnungen

Die Bewohner *Midgards* 72
    Außergewöhnliche Personen 74

Das Verhalten der Bewohner *Midgards* 80
    Versuchungen für Abenteurer 84
Verhaltensweisen im Kampf 85

Das Buch der Abenteuer

Entwurf von Abenteuern 92
Abenteuer für Fortgeschrittene 97
Türen und Fallen 98

Das Buch der Ferne

Entbehrungen 106
    Hunger und Unterernährung 107
    Durst und Flüssigkeitsmangel 109
    Kälte 110
    Hitze 112
    Gewaltmärsche und andere Anstrengungen 114
    Eilmärsche und Dauerläufe 115
    Schlafmangel 116
Wetter 117
    Die Klimazonen *Midgards* 117
    Der Wettermacher 121
Seereisen 127
    Dwyllans Dairling 130

Der Anhang

Tabellen der Zaubersprüche und -materialien 133
Tabelle der Zaubertänze 134
Index, Abkürzungen 135

Vorwort

Die Aufgabe eines jeden Rollenspiel-Regelwerks ist nichts Geringeres als die Simulation einer ganzen Welt und ihrer Bewohner - wenigstens lokal in der Umgebung der Abenteurer. Die Regeln dafür können ganz unterschiedliche Grade an Komplexität haben. Rechnergesteuerte Rollenspiele - für Einzelkämpfer am heimischen PC oder für Spielermassen online - verkraften eine ziemlich detaillierte Nachbildung der Realität. Die aufwendige Verwaltung wird hier vom Rechner geleistet, und der Spieler kann sich auf das Spiel konzentrieren. Rollenspiele in geselliger Runde profitieren dagegen von einfachen Regeln, die spielbar sind und doch dafür sorgen, daß sich beim Spielen realitätsnahe Abenteuer entwickeln.

MIDGARD erreicht dieses Ziel mit wenigen übersichtlichen und flexibel einsetzbaren Regelbausteinen, mit denen eine Vielzahl von Situationen im Spiel erfaßt werden können. Das Grundregelwerk soll dabei keine Fessel, sondern eine Hilfe für Spielleiter und Mitspieler sein, die so eine sichere Grundlage für ihre Abenteuer erhalten. Sie können aber jederzeit davon abweichen und die Regeln abwandeln, wenn sie ihre eigene Kreativität ins Spiel bringen wollen.

Ein Ziel des *MIDGARD-Kompendiums* ist zu zeigen, wie man auf der Grundlage der MIDGARD-Regeln seine eigenen Ideen verwirklichen kann, ohne den sicheren Boden eines bewährten und langjährig erprobten Systems zu verlassen und sich damit mögliche Sprengsätze für die eigene Rollenspiel-Kampagne einzuhandeln. Das zweite Ziel ist es, dem Spielleiter Anregungen und Ratschläge zum Entwurf eigener Abenteuer zu liefern. In diesem Zusammenhang wird am Beispiel von Gefahren der Natur gezeigt, wie mit den Bausteinen von MIDGARD ausgefallene Situationen in Regeln umgesetzt und zur Bereicherung des Spiels benutzt werden können.

Das *Buch der Entwicklung* zeigt an mehreren Beispielen, wie man neue Abenteurertypen erschaffen kann: vom Wildläufer, der nur eine leichte Variation des Tiermeisters ist, bis zum Schattenweber, der die Fähigkeiten eines Thaumaturgen und Spitzbuben gleichgewichtig miteinander verbindet. *Der Magische Almanach* liefert charakteristische Zauberfähigkeiten zum Spielen der neuen Abenteurertypen. Zum Teil enthält dieses Kapitel neues Material, zum Teil aber auch überarbeitete Nachdrucke aus mehr oder weniger vergriffenen Quellenbüchern.

Das *Buch der Begegnungen* befaßt sich in erster Linie mit den vielen Bewohnern *Midgards,* die nicht von Spielern geführt werden. Der Spielleiter erhält hier Hinweise zum Führen von Nichtspielerfiguren und eine Anleitung zum arbeitssparenden Entwurf hochgradiger Persönlichkeiten. Im *Buch der Abenteuer* wird dann beschrieben, wie die Umwelt dieser Nichtspielerfiguren gestaltet und wie die Handlung eines selbsterdachten Abenteuers entworfen werden kann.

Abenteurer, die sich in die Wildnis wagen, müssen nicht nur die Zähne und Klauen von wilden Tieren oder die Waffen ihrer menschlichen Feinde fürchten. Eine mindestens genauso große Gefahr für Leib und Leben sind die Entbehrungen und Unbilden der Natur. *Das Buch der Ferne* zeigt, wie solche Gefahren vom Verhungern über die Strapazen von Gewaltmärschen bis zu Stürmen auf See im Spiel geregelt werden können, wenn der Spielleiter sie zum Schwerpunkt eines Abenteuers machen will.

Das Buch der Entwicklung

Im eigentlichen Regelwerk und in den Quellenbüchern bietet MIDGARD inzwischen eine große Zahl an Abenteurertypen. Es kommt dennoch immer wieder vor, daß Spielleiter oder Spieler einen Fantasyhelden vor Augen haben, der so richtig in keines der vorgegebenen Schemata paßt. Da MIDGARD-Abenteurer im wesentlichen durch ihre Fertigkeiten und - bei Zauberern - durch ihre magischen Künste charakterisiert sind, läßt sich mit diesen Bausteinen leicht ein neuer Typ von Abenteurer konstruieren. Schwierig sind nur Personen, die spezielle im Grundregelwerk nicht abgedeckte Fertigkeiten haben, wie die waelischen Runenschneider mit ihren speziellen Runenzaubern oder die kanthanischen KiDokas mit ihrer besonderen Kampfkunst.

Schon mit den Fertigkeiten und Zaubern des Grundregelwerks läßt sich aber viel machen. Wenn der Spielleiter einen neuen Typ von Nichtspielerfigur entwirft, so kann er die besonderen Eigenschaften frei vorgeben. Besondere Vorsicht ist nur beim Erschaffen eines Abenteurertyps nötig, in dessen Rolle ein Spieler schlüpfen will. Dabei besteht die Gefahr, daß der Neue alle guten Eigenschaften mitbekommt und alle Nachteile gestrichen werden - vor allem, wenn der Spieler bis in jede Einzelheit mitreden darf. So ein „toller Typ" macht seinem Spieler aber nur auf den ersten Blick viel Freude, denn er verdirbt den Mitspielern und dem Spielleiter (und schnell auch sich selbst) den Spaß, da er seinen Gefährten und seinen Gegnern so überlegen ist, daß er das Spielgeschehen dominiert. Die schwachen Seiten eines Abenteurers sind die Würze im Rollenspiel. Superhelden, denen einfach alles gelingt, werden bald langweilig (und einsam).

Die sicherste Methode, einen neuen Abenteurertyp zu schaffen, der nicht stärker und auch nicht schwächer als die anderen Mitglieder der Spielergruppe ist, besteht darin, von einer bewährten Figur auszugehen und sie Schritt für Schritt zu verändern. Einige Beispiele werden in den nächsten Abschnitten vorgestellt, aber die prinzipielle Vorgehensweise sieht so aus:

Für jede neue Grundfähigkeit, die der Abenteurer bekommen soll, wird eine etwa gleich nützliche Grundfähigkeit des alten Typs zur Standardfähigkeit herabgestuft. Genauso kann man Standard- und Ausnahmefähigkeiten tauschen. Am Ende sollte der neue Typ etwa gleich viele und gleich wertvolle Grund- bzw. Standardfähigkeiten besitzen.

Einen neuen Abenteurertyp erschafft man am besten, indem man von einer bewährten Figur ausgeht und sie Schritt für Schritt verändert.

Ähnlich kann man dann bei der Festlegung der Waffen vorgehen, wobei das weniger problematisch ist, da es hier im wesentlichen nur drei große Gruppen gibt: Krieger und Söldner, für die fast alle Waffen Grundfähigkeiten sind, andere Kämpfer, die Waffen zum normalen Preis lernen, und fast alle Zauberer, für die Waffen nur Ausnahmefertigkeiten sind.

Genauso kann man wünschenswerte Zaubersprüche billiger oder überhaupt lernbar machen, muß dafür aber gleichwertige Zauber des alten Abenteurertyps verteuern, d.h. von Grund- zu Standardzaubern oder von Standard- zu Ausnahmezaubern, oder ganz streichen.

Zum Schluß muß nachkontrolliert werden, ob der alte Abenteurertyp besondere Vor- oder Nachteile hat. Dann sollte die neue Art von Spielerfigur vergleichbare Besonderheiten besitzen.

Nachdem die Lernlisten bearbeitet sind, kann man entsprechend den Lehrplan festlegen, wobei Grundfertigkeiten eher billig sind und Ausnahmefertigkeiten in der Regel bei Spielbeginn gar nicht beherrscht werden.

Der Wildläufer

Nein, das ist kein durch Druckfehler verunstalteter Waldläufer. Dieser Abenteurertyp wird auf Wunsch eines Spielers entworfen, der gerne einen Elfen-Tiermeister spielen will. Sein Argument, daß Elfen als naturverbundene Personen auch die Möglichkeiten haben sollten, tierische Gefährten um sich zu scharen, ist schlüssig, aber die schamanistischen Eigenarten des Tiermeisters und der druidische Glaube der Elfen schließen einander aus.

Zu Beginn müssen Spieler und Spielleiter gemeinsam festlegen, was das Besondere an dem neuen Abenteurer sein soll. Anschließend kann der Spielleiter dann daran gehen, die allgemeinen Vorstellungen in Regeln umzusetzen. Das Ergebnis kann er dann wieder mit dem Spieler durchgehen, aber wenn der Spieler zusätzliche Vorteile haben will, dann muß er auch sagen, welche gleichwertigen Nachteile er dafür in Kauf zu nehmen bereit ist.

Der neue Abenteurertyp soll ein naturverbundener Einzelkämpfer sein, der durch seinen engen Kontakt mit den Mächten des Lebens und seinen festen druidischen Glauben auch ein paar magische Fähigkeiten besitzt. Vor allem soll er wie der Tiermeister die Möglichkeit haben, tierische Gefährten an sich zu binden. Da der Spieler einen Elfen spielen will, d.h. den Angehörigen einer ziemlich kleinen Gemeinschaft auf Midgard, die in größerer Zahl nur in den Wäldern Vesternesses und Moravods lebt, hat der Spielleiter eine ziemlich präzise Vorstellung von dem Abenteurertyp. Dies ist ein Vorteil gegenüber so allgemeinen Typen wie dem des Kriegers, der gleichzeitig den feder- und fellgeschmückten nahuatlantischen Adlerkrieger, den albischen Ritter oder den kanthanischen SaMurai abdecken muß. Als Bezeichnung einigen sich Spieler und Spielleiter auf den elfischen Namen *Reannaiallta*, d.h. „*der mit den wilden Tieren läuft*" oder kurz: **Wildläufer (Wi)**.

Allgemeine Fertigkeiten

Ausgangspunkt ist der Abenteurertyp des Tiermeisters. Als Elf muß der Wildläufer sowieso *Schleichen*, *Spurenlesen*, *Tarnen* und *Wahrnehmung* wählen, und es bietet sich auch von der Art des gewünschten Abenteurertyps an, ihm diese Fertigkeiten als Grundfähigkeiten zuzuteilen.

Die Grundfähigkeiten des Tiermeisters sind: *Abrichten*, *Fallenstellen*, *Geländelauf*, *Laufen*, *Meditieren*, *Naturkunde*, *Spurenlesen*, *Tierkunde*. Die meisten dieser Fertigkeiten erscheinen auch für den Wildläufer typisch zu sein. Daher bleiben sie auch Grundfähigkeiten des neuen Abenteurers mit Ausnahme von *Meditieren*, das eher für göttergläubige und schamanistische Personen charakteristisch ist und zur Standardfähigkeit herabgestuft wird. Als Ersatz wird *Schleichen* zur Grundfähigkeit, eine Fertigkeit von vergleichbarer Nützlichkeit. Der Spielleiter entscheidet, dem Wildläufer auch *Tarnen* und *Wahrnehmung* als Grundfähigkeiten zu geben. Das läßt sich rechtfertigen, da ein Glaubenskämpfer druidischer Art kein Totem hat und daher auch nicht die hiermit verbundenen Vorteile von Schamanen und Tiermeistern genießt.

Weitere Fertigkeiten wie *Klettern* oder *Überleben im Wald* könnten auch charakteristisch für den Wildläufer sein. Im Gegensatz zum Waldläufer, der sich ganz auf das Leben in freier Natur eingestellt hat, kann der neue Abenteurertyp aber zaubern und sich mit einer größeren Zahl an Tieren umgeben. Daher würde er zu sehr bevorzugt, wenn er noch mehr Fertigkeiten billig lernen könnte.

Bei den Ausnahmefähigkeiten von Tiermeistern fallen die Fertigkeiten *Heilkunde*, *Kräuterkunde*, *Pflanzenkunde* und *Stimmen nachahmen* auf, die für einen Wildläufer nicht ungewöhnlich wären. Der Spielleiter macht sie daher zu Standardfähigkeiten. Als Ausgleich werden *Gaukeln*, *Kampf in Schlachtreihe*, *Kampftaktik* und *Schiffsführung* zu Ausnahmefähigkeiten. Ein eigennütziger Spieler hätte eventuell versucht, *Fälschen* oder *Meucheln*, was er als Elf sowieso nicht lernen darf, oder selten brauchbare Fertigkeiten wie *Katapult bedienen* zur Ausnahme zu machen, aber damit hätte er gemogelt. Die verbotenen Fertigkeiten sind ein Ausgleich für die Vorteile, die Elfen genießen, und haben nichts mit dem Typ des Wildläufers zu tun, und nur selten im Spiel anwendbare Fertigkeiten können nicht gegen regelmäßig nützliche Wissensfertigkeiten aufgerechnet werden.

In der folgenden Liste sind die Grundfähigkeiten **fett** gedruckt, die Ausnahmefähigkeiten *kursiv*. In Klammern folgen jeweils die Kosten zum Lernen der Fertigkeit. Fertigkeiten, die der Wildläufer als Kämpfer oder Elf überhaupt nicht lernen kann, fehlen ganz in der Liste. Um die Aufzählung vergleichbar mit dem MIDGARD-Grundregelwerk zu machen, werden die besonderen Wahrsagefertigkeiten aus dem zweiten Kapitel hier nicht berücksichtigt.

Abrichten (200), Akrobatik (120), *Alchimie* (200), *Astrologie* (800), Athletik (50), Balancieren (60), Ballista bedienen (100), *Baukunde* (200), Beidhändiger Kampf (1500), Beredsamkeit (200), Beschatten (300), Bogenkampf zu Pferd (200), Dichten (80), Erste Hilfe (100), Erzählen (80), Fallen entdecken (400), *Fallenmechanik* (1200), **Fallenstellen** (100), Fangen (60), Fechten (800), Fechten tevarrischer Stil (400), *Gaukeln* (160), *Geheimmechanismen öffnen* (800), Geheimzeichen (20), **Geländelauf** (30), Geschäftstüchtigkeit (2000), Heilkunde (100), Himmelskunde (50), Kampf in Dunkelheit (300), *Kampf in Schlachtreihe* (100), *Kampf in Vollrüstung* (8000), Kampf zu Pferd (200), Kampf vom Streitwagen (200), *Kampftaktik* (300), Katapult bedienen (100), Klettern (60), Kräuterkunde (100), Landeskunde (100), **Laufen** (25), *Lesen von Zauberschrift* (40), Lippenlesen (250), Meditieren (200), Men-

---

Auch Elfen als naturverbundene Personen haben die Möglichkeit, tierische Gefährten um sich zu scharen; so entsteht der Abenteurertyp des Wildläufers.

Ausgangspunkt für den Wildläufer ist der Abenteurertyp des Tiermeisters.

schenkenntnis (250), Musizieren (80), **Naturkunde** (50), *Orakelkunst* (120), Pflanzenkunde (100), *Pyromantie* (200), *Rechnen* (200), Reiten (60), Rudern (60), Sagenkunde (100), *Schätzen* (200), Scharfschießen (800), *Schauspielern* (100), Schießen vom Streitwagen (200), *Schiffsführung* (300), **Schleichen** (200), Schlittenfahren (60), Schreiben: Sprache (20), Schwimmen (60), Seemannsgang (100), Seilkunst (50), Singen (80), Skifahren (60), Sprechen:Sprache (10), Springen (60), **Spurenlesen** (200), Steuern (60), Stimmen nachahmen (50), Streitwagen lenken (60), Suchen (300), Tanzen (50), **Tarnen** (200), Tauchen (120), **Tierkunde** (50), Trinken (100), Überleben (50) in jeder Landschaft, Verbergen (300), Verführen (30), *Verhören* (300), *Verkleiden* (100), Wagenlenken (60), **Wahrnehmung** (150), Winden (250), *Zauberkunde* (200), Zeichensprache (20).

Waffen und weitere Besonderheiten

Für den Wildläufer sind die meisten Waffenfertigkeiten Standardfähigkeiten. Den Umgang mit Zauberstäben können sie als Ausnahmefertigkeit erwerben.

Der Wildläufer genießt natürlich dieselben Vorteile beim *Abrichten* wie der Tiermeister - das war ja der Sinn dieses neuen Abenteurertyps. Als Ausgleich dafür muß er auch den stärksten Nachteil des Tiermeisters akzeptieren: der Wildläufer darf bestenfalls Lederrüstung tragen. Nur so fühlt er sich genügend im Einklang mit den Mächten der Natur und des Lebens, um seine magischen Fähigkeiten anwenden zu können. Er würde sich in einem Kettenhemd seinen tierischen Gefährten entfremdet fühlen und den besonderen Kontakt zu ihnen verlieren.

Als druidischer Zauberkundiger setzt der Wildläufer *Dweomer* ein. Hierzu zählen wie bei Druiden alle Sprüche druidischen Ursprungs mit dem Agens *Holz*.

Zaubersprüche

Um das Spielgleichgewicht zu wahren, sollte der Wildläufer über an Zahl und Nützlichkeit vergleichbare Zauber verfügen wie der Tiermeister. Der Spielleiter schaut außerdem in die Liste der Sprüche von Druiden, um zum Hintergrund des Wildläufers besser passende Zauber auszuwählen.

Ausgehend von der Spruchliste des Tiermeisters werden bei den Zaubern der Stufe 1 *Stärke* und *Bannen von Dunkelheit* gestrichen, und *Erkennen von Krankheit* wird zur Ausnahme. Als Ausgleich erhält der Wildläufer *Liniensicht*, die Sprüche *Angst* und *Bärenwut* werden Grundzauber, und *Erkennen von Leben* und *Wandeln wie der Wind* werden zur Standardzaubern.

Bei den Zaubern der Stufe 2 ersetzen *Entgiften, Fesselbann, Nebel wecken* und *Sumpfboden* die Zauber *Bannen von Gift, Schwingenkeule* und *Felsenfaust*. Außerdem wird *Wagemut* zum Standardzauber herabgestuft. Ähnlich ergeben sich die Sprüche der höheren Stufen aus der Tiermeister-Liste. Tiermeister und Wildläufer können auch einige der Sprüche des Fian (s. unten) lernen. Diese sind in der folgenden Liste bereits enthalten.

Wildläufer

Stufe	Spruchname	Kosten
1	**Angst**	60
1 ✷	**Bärenwut**	50
1 ✷	Erkennen von Krankheit	500
1 ✷	Erkennen von Leben	80
1 ✷	*Geräusche dämpfen*	500
1 ✷	Handauflegen	100
1	*Heranholen*	500
1 ✷	Hören von Fernem	60
1	Kälteschutz	100
1 ✷	Liniensicht	80
1 ✷	Macht über das Selbst	60
1 ✷	Scharfblick	60
1 ✷	*Schatten verstärken*	400
1 ✷	Wandeln wie der Wind	100
1 ✷	Wundersame Tarnung	100
1 ✷	**Zähmen**	60
2 ✷	*Entgiften*	1500
2	Fährtenduft	200
2	Fesselbann	400
2 ✷	Heilen von Wunden	300
2 ✷	**Macht über d. bel. Natur**	150
2	Nebel wecken	200
2 ✷	Rindenhaut	300
2 ✷	Schwarm	300
2 ✷	Sehen in Dunkelheit	200
2	Sumpfboden	200
2 ✷	Wagemut	200
2 ✷	*Warnung*	1000
2 ✷	Wittern	200
2 ✷	Zaubersprung	200
3	**Elfenklinge**	400
3 ✷	Feenfluch	700
3 ✷	**Laufen wie der Wind**	400
3 ✷	*Lebenskeule*	5000
3 ✷	Naturgeist rufen	300
3 ✷	Pflanzenfessel	600
3 ✷	Ring des Lebens	800
3 ✷	Schutzgeist	800
3	Tiere rufen	600
3 ✷	Zaubermacht	600
3	Zielsuche	800
4	Elfenfeuer	1600
4	**Freundesauge**	600
4 ✷	Lindern v. Entkräftung	1200
4 ✷	Linienwanderung	2000
4	*Marmorhaut*	7500
4	Nebel schaffen	1500
4 ✷	*Schlachtenwahnsinn*	7500
4	**Tiersprache**	750
5 ✷	*Wahrsehen*	15000
5 ✷	**Tiergestalt**	1000
6 ✷	Baumkämpfer	6000

Der Lehrplan

Bei den Fachkenntnissen (s. S. 47) ist der Wildläufer gegenüber dem Tiermeister deutlich bevorzugt. Diese Vorteile hat er aber als Elf, und sie werden durch die Nachteile, die Elfen beim Lernen haben, ausgeglichen. Ein menschlicher Wildläufer dürfte entspechend dem Tiermeister wesentlich weniger Fertigkeiten für einen Lernpunkt erwerben.

Bei den Waffenfertigkeiten orientiert der Spielleiter sich an dem Lehrplan für Tiermeister unter Berücksichtigung der Liste an Waffen, die Elfen bei Spielbeginn beherrschen können. Wie alle Kämpfer außer Barden darf sich der Wildläufer nach den üblichen Regeln (MIDGARD - *Das Fantasy-Rollenspiel*, S. 49) eine **Spezialwaffe** auswählen. Die Zauberkünste bei Spielbeginn gleichen weitgehend denen des Tiermeisters.

Zusätzliche Informationen

Heimat: Wildläufer gibt es überall, wo Elfen in ausgedehnten Waldgebieten leben, also in Alba, Clanngadarn und Moravod. Als Elf stammt er außerdem automatisch vom Land.

Glaube: Als Elf hängt der Wildläufer automatisch dem druidischen Glauben an.

Eigenschaften und Stand: Der Wildläufer würfelt Sb, AP und Stand wie ein Tiermeister aus.

Ausrüstung: Der Wildläufer würfelt für Waffen und Geld bei Spielbeginn wie ein Tiermeister.

Zauberwerkstatt: Wildläufer können wie Druiden einen Druidenstecken als **Thaumagral** erwerben. Sie können allerdings keine Druidensichel einsetzen. Der Wildläufer kann im Gegensatz zum Tiermeister keine *Schamanentrommel* herstellen.

Der Derwisch

Der **Derwisch (De)** ist bereits aus dem Quellenbuch zu Eschar bekannt. Dort wird er aufgrund seiner naturverbundenen und asketischen Lebensweise weitgehend als Schamane behandelt, obwohl er ein fanatischer Kämpfer für Ormut und den Kalifen ist. Inzwischen sind die Anhänger schamanistischer Glaubensvorstellungen weiter ausgearbeitet und mit neuen Zaubern versorgt worden. Daher läßt sich die Interpretation des Derwischs als eine Art von scharidischem Schamanen nicht länger aufrechterhalten. Er wird daher hier als neue Art von Abenteurertyp aus dem Schamanen entwickelt.

Der scharidische Derwisch ist ein gläubiger Anhänger Ormuts, der allein oder mit Gleichgesinnten in der Einsamkeit der Wüste die eigene spirituelle Vollkommenheit sucht.

Der scharidische Derwisch ist ein gläubiger Anhänger Ormuts, der allein oder mit Gleichgesinnten in der Einsamkeit der Wüste die eigene spirituelle Vollkommenheit sucht. Einige Derwische leben als Eremiten, andere in klosterähnlichen Gemeinschaften. Sie teilen ihre Sicht der Welt mit den scharidischen Priestern, kümmern sich aber wenig um das Seelenheil ihrer Mitmenschen, wenn man davon absieht, daß sie mit ihrer Lebensweise ein leuchtendes Beispiel für alle Gläubigen setzen wollen. Zu diesem Zweck ziehen sie gelegentlich auch durch die Siedlungen Eschars und tanzen an hohen Festtagen zu Ehren Ormuts, um mit dieser eigenen Art von Magie zur Besserung aller Anhänger der Zweiheit beizutragen. Derwische sind fanatische Kämpfer gegen Ungläubige und vor allem gegen Alamans Dämonen und andere finstere Mächte. Der Kalif von Mokattam setzt mit dem Nimcha-Schwert bewaffnete, tanzende Derwische als fanatisierte Stoßtrupps ein. Einige von ihnen sind Meister des Kampfes mit dieser Waffe, die sie beidhändig führen.

Allgemeine Fertigkeiten

Die Grundfähigkeiten des Schamanen sind: *Abrichten, Erste Hilfe, Fallenstellen, (Geländelauf), Giftmischen, (Himmelskunde), Kräuterkunde, Laufen, Meditieren, Naturkunde, Pflanzenkunde, Reiten, Sagenkunde, (Schwimmen), (Stimmen nachahmen), Tanzen, Tierkunde, Überleben*, wobei bei den eingeklammerten Fertigkeiten die Herkunft des Abenteurers eine Rolle spielt. Derwische leben in einer kargen Wüsten- oder Steppenlandschaft und haben keine besondere Beziehung zur Tierwelt. Daher werden *Abrichten, Giftmischen, Kräuter-* und *Pflanzenkunde, Schwimmen, Stimmen nachahmen* und *Tierkunde* für den neuen Abenteurertyp zu Standardfähigkeiten herabgestuft. Als Ausgleich werden *Balancieren, Springen* zu Grundfähigkeiten und *Seemannsgang, Winden* zu Standardfähigkeiten, da Derwische sich durch ihr Tanzen in Körperbeherrschung üben. Zusätzlich erhalten Derwische *Lesen von Zauberschrift* sowie *Geländelauf* **und** *Reiten* als Grundfähigkeit. Da sie eher in den Nahkampf gehen, werden *Beidhändiger Kampf* und *Scharfschießen* als Standard- bzw. Ausnahmefähigkeit getauscht.

In der folgenden Liste sind die Grundfähigkeiten **fett** gedruckt, die Ausnahmefähigkeiten *kursiv*. In Klammern folgen jeweils die Lernkosten.

Abrichten (400), Akrobatik (120), Alchimie (100), Astrologie (400), Athletik (50), **Balancieren** (30), *Ballista bedienen* (200), Baukunde (100), *Beidhändiger Kampf* (1500), Beredsamkeit (200), Beschatten (300), *Bogenkampf zu Pferd* (400), Dichten (80), **Erste Hilfe** (50), Erzählen (80), **Geomantie** (50), *Fälschen* (300), *Fallen entdecken* (800), *Fallenmechanik* (1200), **Fallenstellen** (100), Fangen (60), *Fechten* (1600), *Fechten tevarrischer Stil* (800), Gassenwissen (200), Gaukeln (160), *Geheimmechanismen öffnen* (800), Geheimzeichen (20), **Geländelauf** (30), Geschäftstüchtigkeit (2000), Giftmischen (100), Glücksspiel (200), Heilkunde (100), **Himmelskunde** (25), *Kampf in Dunkelheit* (600), Kampf in Schlachtreihe (100), *Kampf in Vollrüstung* (8000), *Kampf zu Pferd* (400), *Kampf vom Streitwagen* (400), Kampftaktik (300), *Katapult bedienen* (200), Klettern (60), Kräuterkunde (100), Landeskunde (100), **Laufen** (25), **Lesen von Zauberschrift** (10), Lippenlesen (250), **Meditieren** (100), Menschenkenntnis (250), *Meucheln* (1600), Musizieren (80), **Naturkunde** (50), Orakelkunst (120), Pflanzenkunde (100), **Pyromantie** (50), Rechnen (200), **Reiten** (30), Rudern (60), **Sagenkunde** (50), *Schätzen* (200), *Scharfschießen* (1600), Schauspielern (50), *Schießen vom Streitwagen* (400), *Schiffsführung* (300), Schleichen (400), Schlittenfahren (60), *Schlösser öffnen* (800), Schreiben:Sprache (20), Schwimmen (60), Seemannsgang (100), Seilkunst (50), Singen (80), Skifahren (60), Sprechen: Sprache (10), **Springen** (30), Spurenlesen (400), Stehlen (600), Steuern (60), Stimmen nachahmen (50), *Streitwagen lenken* (120), Suchen (300), **Tanzen** (25), Tarnen (400), Tauchen (120), *Thaumatographie* (4000), Tierkunde (100), Trinken (100), **Überleben** in Wüste und Steppe (je 25), Verbergen (300), *Verführen* (60), Verhören (150), *Verkleiden* (100), Wagenlenken (60), Wahrnehmung (300), Winden (250), Zauberkunde (100), Zeichensprache (20).

Waffen und weitere Besonderheiten

Wie für den Schamanen sind fast alle Waffen für den Derwisch Ausnahmefähigkeiten. Während für den Schamanen der *Kampf ohne Waffen* Standardfähigkeit ist, ist dies für den Derwisch der Umgang mit *Zweihandschwertern*. Die typische Waffe dieses Abenteurertyps ist das scharidische Nimcha-Schwert, ein Anderthalbhänder mit gekrümmter Spitze.

Die Derwische tanzen an hohen Festtagen zu Ehren Ormuts, um mit dieser Art von Magie zur Besserung aller Anhänger der Zweiheit beizutragen.

Derwische sind fanatische Kämpfer gegen Ungläubige und gegen Alamans Dämonen und andere finstere Mächte.

Im Gegensatz zum Schamanen kennt der Derwisch keinen rituellen Grund, der ihn am Tragen einer Metallrüstung hindert. Er kann sich genausogut wie ein Priester mit Ketten- oder Plattenrüstung schützen. Allerdings behindern diese Rüstungen seine Beweglichkeit so sehr, daß er keine Zaubertänze und viele seiner typischen Fertigkeiten nur eingeschränkt einsetzen kann.

Zaubersprüche

Der Derwisch beherrscht ähnliche Zauber wie der Schamane. Als fanatischer Anhänger Ormuts darf er allerdings keine schwarze Magie einsetzen, und auch Zauber wie *Tiergestalt*, die eng mit dem schamanistischen Glauben verbunden sind, kommen nicht in Frage. Zum Ausgleich kann er ein paar Feuerzauber zusätzlich oder besser als Schamanen. In der Heimat des Derwischs, den Wüsten, Savannen und trockenen Bergländern Eschars und Arans, sind außerdem Sprüche, die mit Eis und Kälte oder mit der Manipulation von Wasser zu tun haben, unüblich.

Die Vorteile, die der Derwisch beim Lernen von Zaubertänzen besitzt, werden durch den Nachteil aufgewogen, daß er kein Totem besitzt und auf die damit verbundenen Vorzüge verzichten muß. Außerdem darf er die scharidischen Hexentänze gar nicht lernen. Mit **Zaubersalzen** geben Derwische sich gar nicht ab und können sie auch nicht lernen.

Ausgehend von der Spruchliste des Schamanen werden bei den Zaubern der Stufe 1 *Kraft entziehen* (schwarze Magie) und *Bannen von Licht* (unpassend für den entschiedenen Anhänger einer Gottheit, die eng mit Sonne und Feuer verbunden ist) ganz gestrichen. Als Ausgleich erhät der Derwische *Feuerfinger* und *Göttlicher Schutz vor Bösem*. Bedingt durch den Glauben wird *Bärenwut* ganz gestrichen und dafür *Heiliger Zorn* zur Grundfähigkeit. Da man sich in der Heimat des Derwischs meist schlecht tarnen kann, wird *Wundersame Tarnung* zur Ausnahme und im Gegenzug *Wandeln wie der Wind* zum Standardzauber. Entsprechend tauschen *Zähmen* und *Flammenkreis* ihre Rolle, da der Derwisch keine besondere Beziehung zur Tierwelt hat, dafür aber als Streiter gegen unnatürliche Kreaturen auftreten kann. Schließlich wird *Erkennen der Aura* zum Standardzauber, und zum Ausgleich dafür wird *Silberstaub* zur Ausnahme. *Bannen von Kälte* bleibt dagegen Standardzauber, da es auch in der Wüste nachts kalt wird und dies daher eine naheliegende Fähigkeit für Derwische ist.

Bei den Zaubern der Stufe 4 werden *Freundesauge, Geisterlauf, Liebeszauber, Schlangenbiß* bzw. *Hexenritt, Knochenbestie* gestrichen, da sie zu eng mit dem schamanistischen Glauben verknüpft oder schwarzmagisch sind. Zum Ausgleich wird *Heiliges Wort* zur Grundfähigkeit, und es werden die Sprüche *Feuerring, Flammenklinge, Göttliche Eingebung* und *Lichtbrücke* ergänzt. Als ungewöhnlich für einen Derwisch werden *Dämonenfeuer, Nebel schaffen, Vereisen* und *Wasserwandlung* zu Ausnahmezaubern herabgestuft. Dafür werden *Macht über magische Wesen, Wort des Lebens* und *Zauberschild* zu Standardzaubern. *Verzweiflung* wird herabgestuft und *Eisenhaut* dafür aufgewertet. *Blutsbrüderschaft stiften* bleibt eine Grundfähigkeit, da die kämpfenden Derwische des Kalifen untereinander dieses Band knüpfen. Ähnlich ergeben sich die Sprüche der anderen Stufen aus der Schamanen-Liste. Zusätzlich zu den Zauberkünsten des Arkanums können Derwisch und Schamane auch einige Sprüche des Hexenjägers (s. unten), die in die folgende Liste aufgenommen worden sind.

Der Lehrplan

Der Lehrplan (S. 47) ähnelt dem des Schamanen, wobei die Fertigkeiten und Zauberkünste sich an den Grundfähigkeiten des neuen Abenteurertyps orientieren und die Waffenwahl durch die scharidische bzw. aranische Herkunft beeinflußt wird.

Kamelreiten (Bewegung)   ungelernt+(5)

Gw31   Erfolgswert+10   (+15 / +18)

30: BS, Gl, Hä, Kr, Ku, Or, Sö, Tm, De, ScS - **60:** alle anderen - niemand

Der Abenteurer kann auf einem Kamel reiten. Im übrigen gelten dieselben Regeln wie für *Reiten* (auf Pferden). Das Steigern des Erfolgswertes kostet genauso viel wie beim normalen *Reiten*. Kann ein Abenteurer schon *Reiten*, so lernt und verbessert er *Kamelreiten* zu halbierten Lernkosten bis zu seinem Erfolgswert für *Reiten*. Umgekehrt lernt ein Kamelreiter *Reiten* für die Hälfte der üblichen FP-Kosten.

Der Kalif von Mokattam setzt mit dem Nimcha-Schwert bewaffnete, tanzende Derwische als fanatisierte Stoßtrupps ein.

Der Derwisch beherrscht ähnliche Zauber wie der Schamane. Als fanatischer Anhänger Ormuts darf er allerdings keine schwarze Magie einsetzen.

Derwisch

Stufe	Spruchname	Kosten
1	**Angst**	60
1 ✳	**Bannen von Dunkelheit**	50
1 ✳	Brot und Wasser	100
1 ✳	Erkennen der Aura	100
1 ✳	Erkennen von Krankheit	100
1 ✳	*Erkennen von Leben*	400
1	**Feuerfinger**	40
1	Flammenkreis	100
1 ✳	*Geräusche dämpfen*	500
1 ✳	Göttl. Schutz v. d. Bösem	100
1 ✳	Handauflegen	100
1	Hauch des Winters	80
1 ✳	**Heiliger Zorn**	50
1	Heranholen	100
1	**Hitzeschutz**	50
1 ✳	Hören von Fernem	60
1 ✳	*Hörnerklang*	500
1	**Kälteschutz**	50
1 ✳	Liniensicht	80
1 ✳	**Macht über das Selbst**	30
1	Macht über die Sinne	120
1	Reinigen	60
1	Schlaf	120
1	Schwäche	80
1	*Silberstaub*	500
1	Stärke	120
1	*Stimmenwerfen*	500
1 ✳	*Verwirren*	600
1	Wandeln wie der Wind	100
1	Windstoß	120
1 ✳	*Wundersame Tarnung*	500
1 ✳	*Zähmen*	600
1	Zwiesprache	100
2 ✳	**Austreibung des Bösen**	250
2 ✳	**Bannen v. Finsterwerk**	150
2 ✳	Bannen von Gift	400
2	Bannen von Zauberwerk	350
2	Bannsphäre, Blaue	300
2	Bannsphäre, Goldene	300
2	**Bannsphäre, Silberne**	200
2 ✳	*Besänftigen*	1000
2	*Dschungelwand*	2000
2	*Eisiger Nebel*	1250
2 ✳	*Entgiften*	1500
2 ✳	*Erkennen v. Besessenh.*	100
2 ✳	*Erkennen von Zauberei*	1500
2 ✳	*Felsenfaust*	200
2	Fesselbann	400
2	Feuerkugel	200
2	Feuerwand	400
2	**Flammende Hand**	100
2	Funkenregen	400
2	*Hauch der Verwesung*	2000
2 ✳	**Heilen von Krankheit**	200
2 ✳	**Heilen von Wunden**	150
2	*Juwelenauge*	4000
2 ✳	*Macht über d. bel. Natur*	1500
2 ✳	Macht über Unbelebtes	150
2	*Person wiederfinden*	1000
2	Rauchwolke	300
2 ✳	Rindenhaut	300
2	Schmerzen	200
2 ✳	*Schwingenkeule*	1000
2 ✳	Seelenheilung	400
2	Seelenkompaß	200
2 ✳	**Segnen**	100
2 ✳	Sehen in Dunkelheit	200
2	*Steinkugel*	1000
2	*Steinwand*	2000
2	Stille	200
2	*Sumpfboden*	1000
2	Unsichtbarkeit	250
2	**Verfluchen**	100
2 ✳	Verursachen v. Krankheit	400
2 ✳	**Wagemut**	100
2 ✳	**Warnung**	100
2	Wasseratmen	200
2	Zauberstimme	150
3	Bannen von Kälte	800
3	Beeinflussen	800
3	*Belebungshauch*	5000
3	**Beschleunigen**	400
3 ✳	*Blutmeisterschaft*	4000
3	Elementenwandlung	800
3	Erdfessel	800
3 ✳	*Feenfluch*	3500
3 ✳	*Feenzauber*	4000
3	Feuerlanze	1000
3	**Feuerlauf**	400
3	*Feuerschild*	5000
3	Geistesschild	1000
3 ✳	Göttl. Schutz v. Magie	700
3 ✳	Heilen schw. Wunden	900
3 ✳	**Hören der Geister**	250
3 ✳	*Leuchtspur*	4000
3 ✳	*Macht über Menschen*	2500
3	Magischer Kreis, klein	1000
3	**Regenzauber**	400
3 ✳	Ring des Lebens	800
3	Schrumpfen	1200
3 ✳	Schutzgeist	800
3	Schutzgeste	600
3	Staubkämpfer	900
3	*Tiere rufen*	3000
3	Vergrößern	800
3	Verkleinern	800
3	*Verlangsamen*	800
3	*Vertieren*	4000
3 ✳	**Vision**	500
3	Wachsen	1200
3	**Wetterzauber**	500
3 ✳	Zaubermacht	600
3	Zauberschmiede	800
3	**Zielsuche**	400
4	Bannsphäre, Schwarze	1200
4	*Blendwerk*	10000
4 ✳	**Blutsbrüdersch. stiften**	1000
4	*Dämonenfeuer*	8000
4	*Deckmantel*	7500
4	*Donnerkeil*	9000
4	Eisenhaut	1500
4	Elfenfeuer	1600
4	**Feuerring**	1000
4	**Flammenklinge**	600
4 ✳	Göttliche Eingebung	2000
4 ✳	**Heiliges Wort**	700
4	Lichtbrücke	2000
4 ✳	**Lindern v. Entkräftung**	600
4 ✳	*Macht über Leben*	10000
4	Macht über mag. Wesen	1000
4	Mag. Kr. d. Widerstehens	1000
4	Marmorhaut	1500
4	*Namenloses Grauen*	2000
4	*Nebel schaffen*	7500
4 ✳	*Rauchbild*	9000
4	Reise der Seele	1600
4	Schwarze Zone	1800
4	Tiersprache	1500
4	*Vereisen*	10000
4	*Verzweiflung*	2000
4	Wasserstrahl	2000
4	*Wasserwandlung*	7000
4	Windmeisterschaft	2000
4 ✳	*Wort der Trauer*	1600
4	Wort des Lebens	1600
4	Zauberhand	1800
4	Zauberschild	1500
4	Zauberzunge	1500
4	Zweite Haut	1800
4 ✳	Zwingkreis, Blauer	1500
4 ✳	Zwingkreis, Silberner	1600
5 ✳	Allheilung	2500
5	**Erdbeben**	1500
5	Erdwandlung	3000
5	Erscheinungen	4000
5	**Feuermeisterschaft**	1500
5 ✳	**Göttliche Strafe**	2000
5 ✳	*Grüne Hand*	15000
5	Himmelsleiter	3000
5	Lähmung	3500

5 ✳	*Reise in die Zeit*	12000	6 ✳	*Reise zu den Sphären*	30000	2	Akbar fil-Ghadban	100
5	Schweben	3000	6	Todeszauber	10000	2	Dalail al-Khairat	100
5 ✳	*Spruch intensivieren*	2000	6	Verwandlung	8000	2	Sadik es-Sidiki	200
5	*Sturmflut*	20000	6	Wahnsinn	3000	2	Al-Mahram	200
5	Sturmhand	3000	6	Wirbelwind	10000	2	**Al-Mutadid**	200
5	**Sturmwind**	2000	6	*Zauberwirklichkeit*	50000			
5 ✳	Thursenstein	3000				3	Al-Karama	400
5	Tierisches Handeln	3000	GM ✳	*Bannen des Todes*	100000	3	Saijidat el-Masin	300
5	**Wahrsehen**	1500	GM	Feuerregen	7500	3	Al-Tarka	400
5	*Wassermeisterschaft*	20000	GM	*Hagel*	60000	3	Tibb al-Mumani	300
5 ✳	*Wiederkehr*	12500	GM ✳	*Verjüngen*	75000			
						4	Ain es-Samum	750
6	Auflösung	10000				4	Al-Ghussat	1000
6	*Eismeisterschaft*	25000	\multicolumn{3}{l}{***Die Tänze der Derwische***}			
6	*Erdmeisterschaft*	6000				5	Dau ed-Din	1250
6 ✳	*Erheben der Toten*	50000	**Stufe**	**Tanz**	**Kosten**			
6	Fliegen	6000				6	Abu es-Samum	4000
6 ✳	*Geas*	5000	1	**Haram fil-Din**	50			

Zusätzliche Informationen

Heimat: Derwische gibt es in Eschar und Aran. Im Gegensatz zum Schamanen kann er auch in einer der scharidischen oder aranischen Städte aufgewachsen sein und sich erst später in die Einsamkeit der Wüste zurückgezogen haben. Nur Menschen können Derwisch werden.

Glaube: Der Derwisch ist ein fanatischer Anhänger des Glaubens an die Zweiheit.

Eigenschaften und Stand: Der körperlich besonders robuste Derwisch würfelt seine AP wie ein Schamane aus. Für die Selbstbeherrschung würfelt er dank seines festen Glaubens wie ein Druide. Beim Festlegen des Standes wird er wie ein Schamane behandelt.

Ausrüstung: Der Derwisch würfelt für Waffen und Geld bei Spielbeginn wie ein Schamane.

Zauberwerkstatt: Derwische geben sich viel weniger als Schamanen mit der Herstellung von Zaubermitteln und anderen magischen Hilfen ab. Sie sind nur an Dingen interessiert, die ihnen direkt im Kampf gegen die Mächte der Finsternis helfen. An **Zaubermitteln** können sie nur *Berserkerpilz, Heiltrunk, Krafttrunk* (1W6), *Krafttrunk* (2W6), *Kraut der konzentrierten Energie, Pulver der Panzerhaut, Reckentrunk, Salbe der Eisenhaut* und *Schnellkraut* aktivieren - für dieselben Kosten wie Schamanen. Als Ausgleich können sie wie Priester *Wasser weihen*. Das Verzaubern von **Amuletten** und **Talismanen**, das *Binden* und das *Weihen* beherrschen Derwische genausogut wie Schamanen. Sie können aber keine *Schamanentrommel* herstellen. Der **Thaumagral** eines Derwischs ist wie bei einem Priester ein heiliges Symbol Ormuts.

Der Magister

Der **Magister (Mg)** ist ein abenteuerlustiger Gelehrter, der er es auf Dauer nicht aushält, Tag für Tag über den staubigen Schriften der Altvorderen zu brüten und Informationen nur aus zweiter Hand zu empfangen. Er will eigene Erfahrungen machen und in der weiten Welt neues Wissen zusammentragen. Schon während seiner Studienzeit hat er die Kneipen und Amüsierstätten in seiner Heimatstadt mindestens genauso oft besucht wie die Auditorien, und dabei hat er gelernt, sich mit Dolch, Schwert oder Rapier seiner Haut zu wehren. Der Wissensdurst des Magisters macht auch vor der Zauberei nicht Halt, doch haben es ihm eher die leicht zu lernenden Tricks angetan, die man mit Zaubersalzen und genügend Einfallsreichtum vollbringen kann. Sein Studium der weltlichen Wissenschaften läßt ihm nicht genug Zeit, ernsthaft in die Tiefen der Magie einzudringen. Er macht sich aber die Mühe, einige beim Sammeln von Informationen

Der Magister hält es auf Dauer nicht aus, über den Schriften der Altvorderen zu brüten und Informationen aus zweiter Hand zu empfangen. Er will eigene Erfahrungen machen und neues Wissen zusammentragen.

nützliche Sprüche zu lernen, und zu seiner eigenen Sicherheit können Zauber, mit denen man sich wilde Menschen oder Tiere von Hals halten kann, auch nicht schaden. Im Gegensatz zum Magier, der sich ganz auf die arkane Wissenschaft konzentriert, sieht der Magister die Zauberei nur als Mittel zum Zweck. Sein eigentliches Interesse gilt dem Anhäufen eines möglichst großen und breitgestreuten Wissensschatz zur Befriedigung der eigenen Neugier und zur Erleuchtung seiner Mitmenschen.

Der Magister wurde ursprünglich im GILDENBRIEF 20 eingeführt, wird hier aber in deutlich überarbeiteter Form präsentiert.

Allgemeine Fertigkeiten

Die Verteilung der Fähigkeiten des Magisters orientiert sich am Barden, wobei die künstlerischen und sozialen Talente zugunsten der Wissensfertigkeiten herabgestuft worden sind. Wegen seiner Fähigkeit zu analytischem Denken fällt ihm auch das Lernen von *Kampftaktik* und *Geheimmechanismen öffnen* leicht. In der folgenden Liste sind die Grundfähigkeiten **fett** gedruckt, die Ausnahmefähigkeiten *kursiv*. In Klammern folgen jeweils die Kosten zum Lernen der Fertigkeit.

Abrichten (800), Akrobatik (120), **Alchimie** (50), Astrologie (400), *Athletik* (100), Balancieren (60), Ballista bedienen (100), Baukunde (100), Beidhändiger Kampf (1500), **Beredsamkeit** (100), Beschatten (300), *Bogenkampf zu Pferd* (400), Dichten (80), Erste Hilfe (100), Erzählen (80), Fälschen (150), Fallen entdecken (400), Fallenmechanik (600), Fallenstellen (200), Fangen (60), **Fechten** (400), **Fechten tevarrischer Stil** (200), Gassenwissen (200), Gaukeln (80), **Geheimmechanismen öffnen** (200), Geheimzeichen (20), Geländelauf (60), Geschäftstüchtigkeit (2000), **Giftmischen** (50), Glücksspiel (200), **Heilkunde** (50), **Himmelskunde** (25), Kampf in Dunkelheit (300), *Kampf in Schlachtreihe* (100), *Kampf in Vollrüstung* (8000), Kampf zu Pferd (200), *Kampf vom Streitwagen* (400), Kampftaktik (150), Katapult bedienen (100), Klettern (60), **Kräuterkunde** (50), **Landeskunde** (50), Laufen (50), Lesen von Zauberschrift (20), Lippenlesen (250), Meditieren (200), Menschenkenntnis (250), *Meucheln* (1600), Musizieren (100), **Naturkunde** (50), Orakelkunst (60), **Pflanzenkunde** (50), **Rechnen** (50), Reiten (60), Rudern (60), **Sagenkunde** (50), Schätzen (100), Scharfschießen (800), Schauspielern (50), *Schießen vom Streitwagen* (400), Schiffsführung (150), Schleichen (400), Schlittenfahren (60), Schlösser öffnen (400), **Schreiben: Sprache** (10), Schwimmen (60), Seemannsgang (100), Seilkunst (50), Singen (80), Skifahren (60), **Sprechen:Sprache** (5), Springen (60), Spurenlesen (400), Stehlen (300), Steuern (60), Stimmen nachahmen (50), *Streitwagen lenken* (120), Suchen (300), Tanzen (50), Tarnen (400), Tauchen (120), **Tierkunde** (50), Trinken (100), Überleben (je 50), Verbergen (300), Verführen (30), Verhören (150), Verkleiden (50), Wagenlenken (60), Wahrnehmung (300), Winden (250), **Zauberkunde** (50), Zeichensprache (20).

Waffen und weitere Besonderheiten

Der Magister lernt Waffenfertigkeiten wie der Barde, d.h. mit Ausnahme der Zauberstäbe sind alle Waffen Standardfähigkeiten.

Zaubersprüche

Der Wissensdurst des Magisters macht auch vor der Magie nicht Halt, und da bleibt es nicht aus, daß man das eine oder andere Zauberkunststück lernt. Im Vergleich zum Magier, der sich ganz auf die Zauberei konzentriert, bleibt der Magister allerdings ein magischer Dilettant, der nur wenige Kunststücke beherrscht. Dabei handelt es sich in erster Linie um Sprüche, die ihm Informationen verschaffen oder die ihm bei der Feldforschung wütende Mitmenschen und wilde Tiere vom Hals halten und die Unbilden der Natur mildern. Der Magister kann allerdings im Vergleich zu anderen zauberkundigen Kämpfern nur wenige Sprüche lernen. Zum Ausgleich beherrscht er den Umgang mit **Zaubersalzen** wie ein Hexer, d.h. als Standardfähigkeit.

Der Lehrplan

Die Zahl der Fertigkeiten, Waffen und Zauber des Magisters bei Spielbeginn (s. Seite 48) orientieren sich wieder am Barden. Bei der Waffenauswahl wird berücksichtigt, daß der Magister nur aus bestimmten Ländern stammen kann und daher bei Spielbe-

Magister

Stufe	Spruchname	Kosten
1	Angst	120
1 ❋	Erkennen der Aura	50
1 ❋	Erkennen v. Krankheit	50
1 ❋	Erkennen von Leben	40
1	Hitzeschutz	100
1 ❋	Hören von Fernem	30
1	Kälteschutz	100
1 ❋	Macht über das Selbst	60
1	Reinigen	60
1 ❋	Scharfblick	30
1 ❋	Verwirren	60
1 ❋	Zähmen	120
2 ❋	Besänftigen	200
2 ❋	Erkennen v. Zauberei	150
2 ❋	Sehen in Dunkelheit	200
3	Beeinflussen	800
3 ❋	Hören der Geister	250
4	Namenloses Grauen	2000
4	Tiersprache	750
4	Zauberauge	1000
5	Wahrsehen	1500

ginn keine landesuntypischen Kampfweisen beherrscht. Er darf wie alle Kämpfer außer Barden eine **Spezialwaffe** wählen.

Zusätzliche Informationen

Heimat: Der Magister ist ein weltoffener Gelehrter, der nicht wie ein Priester der Weisheit an die religiösen Institutionen seiner Heimat gebunden ist und von der Glaubenslehre in seinem Streben nach Wissen eingeengt wird. Er gedeiht nur unter seinesgleichen im freien akademischen Umfeld einer aufgeklärten Wissenschaft, das vor allem die Küstenstaaten und Eschar (mit Ausnahme Mokattams) bieten. Einige Magister können auch aus den noch jungen Hochschulorten Albas stammen oder aus Valian, wo allerdings die Priester einen deutlich stärkeren Einfluß auf die Akademien ausüben als in den Küstenstaaten. Die Gelehrten Rawindras sind zu sehr in ihr Kastensystem eingebunden, um sich als freidenkende Magister zu qualifizieren, und gleiches gilt für die Weisen Chryseias und KanThai Pans mit ihrem engen philosophischen Korsett, das seit Jahrhunderten unverändert geblieben ist.

Glaube: Magister können jeder Glaubensrichtung ihrer Heimat anhängen.

Eigenschaften und Stand: Der Magister würfelt Sb und AP wie ein Barde aus. Wie ein Magier erhält er +10 auf den W%-Wurf, der über seinen Stand entscheidet.

Ausrüstung: Der Magister würfelt für die Rüstung, Waffen und Geld bei Spielbeginn wie ein Barde.

Zauberwerkstatt: Magister verfügen über keine **Thaumagrale**.

Nicht schon wieder ein neuer Typ

Bevor der Spielleiter sich in die Arbeit stürzt und eine neue Art von Abenteurer entwirft, sollte er einen Moment innehalten und überlegen, ob die Welt diesen Typ wirklich braucht. Viele Vorstellungen, die Spieler von ihren Figuren haben, lassen sich auch problemlos mit den Standardtypen des Grundregelwerks verwirklichen. Meist reicht schon ein leicht veränderter Lehrplan für die Kenntnisse bei Spielbeginn, um die Besonderheiten des gewünschten Abenteurers richtig zu würdigen.

Als Beispiel betrachten wir den **Gladiator**. Damit ist nicht nur der „römische" Gladiator gemeint, den es zu Zeiten des Seemeisterreiches gab, sondern jede Art von Berufskämpfer, der für Geld oder zu Ehren einer Gottheit seine Fähigkeiten in Schaukämpfen mit seinesgleichen oder mit wilden Tieren mißt. Im *Midgard* von heute gibt es solche Personen zum Beispiel in Chryseia, wo sie als *Preiskämpfer* im fairen Wettstreit gegeneinander antreten. Diese Auseinandersetzungen enden mit der Erschöpfung eines der Beteiligten; schwere Verletzungen sind selten, und Todesfälle kommen fast gar nicht vor. Auf den Ausgang der Kämpfe werden hohe Wetten abgeschlossen, und die Kämpfer werden aus dem Gewinn der Buchmacher bezahlt. In Valian messen sich *Gladiatoren* zu Ehren Larans in der Arena mit wilden Tieren. Bei den Tegaren kämpfen *Grubenkämpfer* in einer in den Steppenboden gegrabenen Grube zu Ehren des dunklen Kriegsgotts Tegalgirran. Sie müssen auch damit rechnen, sich in einem Kampf bis zum Tode gegenüber zu stehen. Meist erhalten sie aber Kriegsgefangene als Klingenfutter, die nur selten geübt genug im Nahkampf sind, um eine Überlebenschance zu haben. Solche Gru-

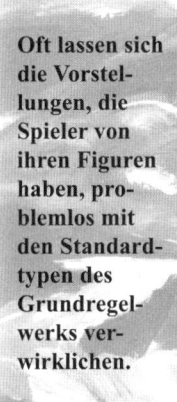

Oft lassen sich die Vorstellungen, die Spieler von ihren Figuren haben, problemlos mit den Standardtypen des Grundregelwerks verwirklichen.

benkämpfe sind nichts anderes als eine verkappte Art von Menschenopfer. Auch in Buluga kämpfen *Grubenkämpfer* zu Ehren des Kriegsgotts Pemba - allerdings seltener in einer Grube, sondern meist in einer mit Dornengestrüpp eingefriedeten Arena. Ihre Gegner sind oft die wilden Tiere Südlamarans wie Löwen, Leoparden oder menschenfressende Affen.

All diese Kämpfer haben eine professionelle Einstellung zu ihrem Waffenhandwerk und können daher als eine Untergruppe des **Söldners** betrachtet werden. Sie spezialisieren sich auf Kampftechniken, die im Zweikampf, im Handgemenge oder im Kampf in kleinen Gruppen benötigt werden. Fernkampf, *Kampf zu Pferd* und ähnliche Fertigkeiten sind weniger wichtig für ihr Überleben. Alles was sie brauchen, wird durch die Lernregeln für Söldner abgedeckt. Der Spieler eines solchen Gladiators muß sich nur auf das Lernen passender Fertigkeiten konzentrieren. Bei Spielbeginn sollte er aus den Fachkenntnissen vorzugsweise *Kampf in Vollrüstung, beidhändiger Kampf, Kampftaktik* und *Athletik* wählen. Bei den Waffenfertigkeiten sind *Dolch* und *waffenloser Kampf* sowie eine einhändige *Nahkampfwaffe* und ein *Schild* ein Muß. Weitere Waffen sollten auch Nahkampf- oder bestenfalls Wurfwaffen sein. Ein bulugischer Grubenkämpfer kann erst ein Wurfeisen auf seinen Gegner schleudern, bevor er in den Nahkampf geht. Eingedenk der römischen Gladiatoren, von denen einige sich auf den Kampf mit dem Netz spezialisiert hatten, ist eine kleine Änderung sinnvoll: für Gladiatoren ist im Gegensatz zu normalen Söldnern der Kampf mit dem *Netz* eine Grundfähigkeit, und sie können diese Waffenfertigkeit bei Spielbeginn für 2 Lernpunkte erwerben. Zum Ausgleich dürfen sie bei Spielbeginn keine Schußwaffen wählen, d.h. aus dem Lehrplan werden alle Bögen, Armbrüste und Schleudern gestrichen.

Ein weiteres Beispiel ist der **Ritter**, der im Quellenband *Barbarenwut & Ritterehre* als eigenständiger Abenteurertyp betrachtet wurde, was aber nicht wirklich notwendig ist. Schließlich ist der mittelalterliche Ritter eines der Hauptrollenmodelle für den Abenteurertyp des Kriegers. Es reicht daher, ihn als spezielle Variante des Kriegers aufzufassen. Wenn der Spieler seine Fertigkeiten passend wählt, so kann er seinen Abenteurer entsprechend gestalten und sich dabei auch noch für eine spezielle Art von Ritter entscheiden. Dazu ist kein neuer Abenteurertyp nötig, sondern der normale **Krieger** kann weiterhin als Grundlage dienen. Eventuell sind kleine Änderungen im Lehrplan sinnvoll. Ein *fahrender Ritter,* der von Abenteuer zu Abenteuer zieht, um edle Taten zu vollbringen und die Minne zu pflegen, und der sich im höfischen Umfeld seiner Heimat zu bewegen weiß, kann zum Beispiel mit dem oberen Lehrplan auf Seite 49 starten, wenn er aus Alba oder den Küstenstaaten stammt.

Abgesehen von der unterschiedlichen Auswahl an Fähigkeiten bei Spielbeginn ist der Ritter ein normaler Krieger. Der Hauptnachteil seines Lehrplans ist das Fehlen von Schußwaffen, die der Abenteurer aber später lernen darf. Dafür kann er einige andere nützliche Fertigkeiten wie *Landeskunde,* was Informationen über Geschichte, politische Situation und Rechtssystem seiner Heimat einschließt, erwerben. Diese zusätzlichen Fertigkeiten bleiben aber Standardfähigkeiten des Ritters. Schließlich ist er auch mit *Musizieren* und *Verführen* in erster Linie ein Meister der Waffen und nicht der Minne. Wer den unwiderstehlichen Verführer spielen will, der wähle die Rolle des Glücksritters oder des Barden (in der Variante des Minnesängers). Würde man dem Ritter eine größere Zahl zusätzlicher Grundfähigkeiten zugestehen, so müßte man ihm seinen Hauptvorteil, das preiswerte Lernen fast aller Waffen, nehmen, um ihn nicht zu sehr gegenüber anderen Abenteurertypen zu bevorzugen.

Ritter aus Eschar und Aran (s. S. 49 unten) haben eine etwas andere Auswahl landestypischer Waffen bei Spielbeginn. Auch können sie den Umgang mit dem Bogen und hier vor allem das Schießen aus dem Sattel lernen. *Musizieren, Singen* und *Tanzen* werden durch *Dichten* und *Erzählen* als die kulturell besser passenden höfischen Fähigkeiten ersetzt.

Zum Schluß ein Rat: Neue Abenteurertypen sollen manchmal besondere Talente haben, die auf den ersten Blick nicht durch das MIDGARD-Grundregelwerks erfaßt werden. In solchen Fällen kann man neue Fertigkeiten entwerfen, was in den Quellenbüchern für nur in dem betreffenden Kulturkreis verbreitete Fähigkeiten auch regelmäßig gemacht wird. Bevor der Spielleiter sich an den Entwurf einer neuen Fertigkeit einschließlich der damit verbundenen Regeln macht, sollte er aber erst überlegen, ob das gewünschte Talent sich nicht als Teil einer existierenden Fertigkeit interpretieren läßt. Ein Beispiel liefert wieder der „alte" Ritter aus *Barbarenwut & Ritterehre,* für den *Heraldik* (Wappenkun-

---

Gladiatoren können als Untergruppe des Söldners betrachtet werden, Ritter als Untergruppe des Kriegers.

de und Informationen über die adligen Familien des Landes) und *Siegelkunde* entwickelt wurden. Dieses Wissen ist in der 4. Ausgabe der MIDGARD-Regeln Teil von *Landeskunde* geworden. Das Aufteilen von Talenten in zu viele, zu spezielle Fertigkeiten benachteiligt die Spieler: *Landeskunde* bietet alle möglichen nützlichen Informationen über ein Land und kann häufig eingesetzt werden (wenn sich die Abenteurer in der betreffenden Gegend aufhalten). *Heraldik* und *Siegelkunde* sind dagegen sehr speziell gewesen; ein Spieler, der diese Fähigkeiten für wertvolle Lern- oder Fähigkeitspunkte erworben hat, hatte nur sehr selten, wenn überhaupt, eine Chance, einen Nutzen daraus zu ziehen. Eine Fähigkeit *Artefaktkunde* zur besonderen Charakterisierung des Thaumaturgen ist zum Beispiel auch unnötig, da die damit verbundenen Informationen gemeinsam von *Sagenkunde* (Wissen über Existenz und Eigenschaften einzigartiger magischer Artefakte), *Zauberkunde* (Wissen über Existenz und Funktionsweise gewöhnlicher Artefakte) und *Schätzen* (Informationen über den Wert und die handwerkliche Qualität von Artefakten) abgedeckt werden.

Der Fian

Wildläufer und Derwisch sind eng an die Vorbilder Tiermeister und Schamane angelehnt, und ihre Ausarbeitung erfordert hauptsächlich den Austausch von einigen Grundfähigkeiten und Grundzaubern durch vergleichbare Künste, die besser zu dem gewünschten Abenteurertyp passen. Die beiden nächsten Beispiele sind komplizierter, da sie als Ausgangspunkt einen Kämpfertyp haben, der zusätzliche magische Fertigkeiten bekommen soll. Der Fian ist eine Art magiebegabter Waldläufer, und der Hexenjäger ist ein auf das Aufspüren finsterer Mächte und das Aufklären ihrer Verbrechen spezialisierter Ermittler.

Waldläufer und Ermittler selbst eignen sich aber nicht als Startpunkt für die Festlegung der Fertigkeiten der neuen Abenteurertypen, da sie als normale Kämpfer keine magischen Fähigkeiten besitzen. Würde man ihnen einfach zusätzlich zum normalen Repertoir ihrer Fertigkeiten Zauberkünste

Der Fian ist eine Art magiebegabter Waldläufer. Er wird von einem Kämpfertyp abgeleitet, der zusätzliche magische Fertigkeiten erhält.

> Der Fian ist ein erainnischer Elitekämpfer, der gelernt hat, allein oder in einer kleinen Gruppe in der Wildnis zu überleben und den Feinden seines Volkes überraschende Schläge zu versetzen.

gestatten, so wären sie eindeutig besser als der normale Waldläufer oder Ermittler - wer würde die dann noch spielen wollen? Daher wählen wir als Ausgangspunkt jeweils den Ordenskrieger, der ebenfalls in erster Linie Kämpfer, aber doch mit etwas brauchbarer Magie ausgestattet ist. Der Ordenskrieger beherrscht zwar völlig andere Fertigkeiten und Zaubersprüche, aber er liefert den Maßstab, **wieviele** Grundfähigkeiten und Grundzauber ein ausgewogener Kämpfer mit eingeschränkten Zaubermöglichkeiten besitzen sollte. Bei der Entscheidung, **welche** Grundfähigkeiten der neue Abenteurertyp als Ersatz für entsprechende Talente des Ordenskriegers erhält, werden dann Anregungen bei Waldläufer oder Ermittler geholt. Allerdings muß eine Auswahl getroffen werden, um den neuen Abenteurertyp nicht zu stark zu machen.

Das erste Beispiel, der **Fian (Fi)**, ist ein erainnischer Elitekämpfer, der in langjähriger Ausbildung gelernt hat, allein oder in einer kleinen Gruppe in der Wildnis zu überleben und den Feinden seines Volkes überraschende Schläge zu versetzen. Der Abenteurertyp lehnt sich an die Fianna um Finn MacCumhail aus den irischen Sagen an. Dem mythischen Vorbild entsprechend soll er auch einige spezielle magische Fähigkeiten besitzen.

Der Fian wurde bereits in *Barbarenwut und Ritterehre* beschrieben, ist aber im Hinblick auf die Regeln des Arkanums leicht überarbeitet worden.

Allgemeine Fertigkeiten

Der Ordenskrieger besitzt als Grundfähigkeiten: *Athletik, Kampf in Schlachtreihe, Kampf zu Pferd, Kampftaktik, Meditieren, Reiten, Schwimmen*. Bis auf *Schwimmen* werden sie für den Fian alle zu Standardfertigkeiten herabgestuft und durch die neuen Grundfähigkeiten *Geländelauf, Klettern, Laufen, Scharfschießen, Überleben in Gebirge* und *Wald* sowie *Zeichensprache* ersetzt.

Bei den Standardfähigkeiten sind für den Fian *Natur-, Pflanzen-* und *Tierkunde, Stimmen nachahmen* sowie *Winden* naheliegend, die aber Ausnahmefertigkeiten des Ordenskriegers sind. Dafür werden zu neuen Ausnahmefertigkeiten *Ballista* und *Katapult bedienen, Schätzen, Schiffsführung* und *Verhören*, die auch ein Waldläufer nur ausnahmsweise erlernen wird. Als zusätzliche Einschränkung, die auch durch seine Herkunft aus Erainn bedingt ist, kann der Fian *Kampf in Vollrüstung* nur als Ausnahmefertigkeit lernen. Damit ist der neue Abenteurertyp vergleichbar mit Fertigkeiten ausgestattet wie der ebenfalls zauberkundige Ordenskrieger, während der Waldläufer eine Reihe zusätzlicher wichtiger Grundfähigkeiten besitzt wie *Abrichten, Fallenstellen, Schleichen, Spurenlesen, Tarnen* oder *Wahrnehmung*.

In der folgenden Liste sind die Grundfähigkeiten des Fian **fett** gedruckt, die Ausnahmefähigkeiten *kursiv*. In Klammern folgen jeweils die Kosten zum Lernen der Fertigkeit.

Abrichten (400), Akrobatik (120), *Alchimie* (200), *Astrologie* (800), Athletik (50), Balancieren (60), *Ballista bedienen* (200), Baukunde (100), Beidhändiger Kampf (1500), Beredsamkeit (200), Beschatten (300), *Bogenkampf zu Pferd* (400), Dichten (80), Erste Hilfe (100), Erzählen (80), *Fälschen* (300), *Fallen entdecken* (800), *Fallenmechanik* (1200), Fallenstellen (200), Fangen (60), Fechten (800), Fechten tevarrischer Stil (400), Gassenwissen (200), *Gaukeln* (160), *Geheimmechanismen öffnen* (800), Geheimzeichen (20), **Geländelauf** (30), Geschäftstüchtigkeit (2000), Giftmischen (200), Glücksspiel (200), Heilkunde (100), Himmelskunde (50), Kampf in Dunkelheit (300), Kampf in Schlachtreihe (50), *Kampf in Vollrüstung* (8000), Kampf zu Pferd (200), Kampf vom Streitwagen (200), Kampftaktik (150), *Katapult bedienen* (200), **Klettern** (30), *Kräuterkunde* (200), Landeskunde (100), **Laufen** (25), Lesen von Zauberschrift (20), Lippenlesen (250), Meditieren (200), Menschenkenntnis (250), *Meucheln* (1600), Musizieren (80), Naturkunde (100), *Orakelkunst* (120), Pflanzenkunde (100), Rechnen (200), Reiten (60), Rudern (60), Sagenkunde (100), *Schätzen* (200), **Scharfschießen** (400), *Schauspielern* (100), Schießen vom Streitwagen (200), *Schiffsführung* (300), Schleichen (400), Schlittenfahren (60), *Schlösser öffnen* (800), Schreiben:Sprache (20), **Schwimmen** (30), Seemannsgang (100), Seilkunst (50), Singen (80), Skifahren (60), Sprechen: Sprache (10), Springen (60), Spurenlesen (400), *Stehlen* (600), Steuern (60), Stimmen nachahmen (50), *Streitwagen lenken* (120), Suchen (300), Tanzen (50), Tarnen (400), Tauchen (120), Tierkunde (100), Trinken (100), **Überleben** in Gebirge und Wald (je 25), Verbergen (300), Verführen (30), *Verhören* (300), Verkleiden (100), Wagenlenken (60), Wahrnehmung (300), Winden (250), Zauberkunde (200), **Zeichensprache** (10).

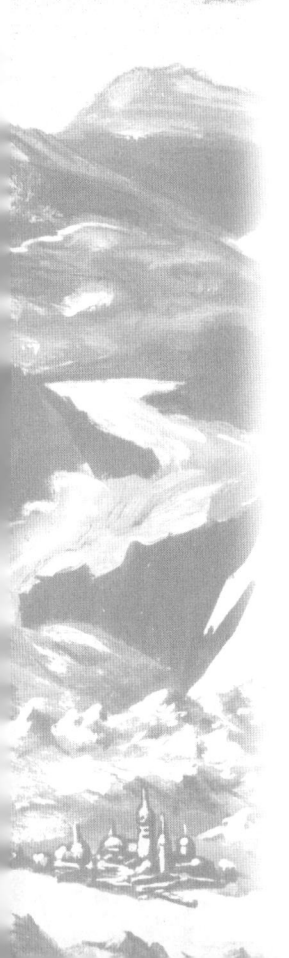

Waffen und weitere Besonderheiten

Für den Fian sind alle Waffenfertigkeiten Standardfähigkeiten - mit Ausnahme von Zauberstäben, die er gar nicht lernen kann.

Der Fian trägt im Normalfall nur ein kurzes Kettenhemd (KR) aus Sternensilber. Im Prinzip könnte er auch in Plattenrüstung auf Abenteuer ziehen, aber damit würde er sich selbst bestrafen, da die geringfügig größere Schutzwirkung die Einschränkung von Beweglichkeit und Zaubermöglichkeiten nicht wert ist.

Als druidischer Zauberkundiger setzt der Fian *Dweomer* ein. Hierzu zählen wie bei Druiden alle Sprüche druidischen Ursprungs mit dem Agens *Holz*.

Zaubersprüche

Der Ordenskrieger besitzt 7 Grundzauber und 2 Standardzauber der Stufe 1. Ausnahmezauber sind so teuer, daß sie für die Wahrung des Spielgleichgewichts weniger wichtig sind. Als Vergleichsmaßstab kann auch der Tiermeister herangezogen werden, der über 2 Grund- und 10 Standardzauber verfügt. Unter den Zauberern hat der Druide am meisten mit dem Fian gemeinsam, so daß sich der Spielleiter hier bei der Auswahl der Sprüche anregen lassen kann. Die Sprüche sollten zum Profil des neuen Abenteurertyps passen und in ihrer Menge und Nützlichkeit mit Ordenskrieger und Tiermeister vergleichbar sein. Er entscheidet sich für die 7 Grundzauber *Bärenwut, Feuerfinger, Handauflegen, Kälteschutz, Reinigen, Wandeln wie der Wind, Wundersame Tarnung* und die 4 Standardzauber *Erkennen von Leben, Macht über das Selbst, Reinigen, Zähmen*. Der Fian soll *Handauflegen* nur auf sich selbst anwenden können; als Ausgleich erhält er zusätzlich die Standardzauber *Scharfblick* und *Hören von Fernem,* die er ebenfalls nur auf sich selbst anwenden kann. Die etwas höhere Zahl an preiswerten Sprüchen 1. Stufe ist außerdem durch die im Vergleich zum Ordenskrieger geringere Zahl an Sprüchen 2. Stufe gerechtfertigt.

Unter den Sprüchen der 2. Stufe sind 15 Grundzauber des Ordenskriegers und 2 Standardzauber. Allerdings wird ein „richtiger" Ordenskrieger kaum *Austreibung des Guten* oder *Bannen von Götterwerk* wählen - das sind eher Optionen für Nichtspieler-Streiter, die auf der Seite finsterer Götter stehen. Der Fian soll in erster Linie Zauber beherrschen, die ihn persönlich stärken oder schützen und nicht seine Umwelt verändern. Unter diesem Gesichtspunkt bleiben wenige Sprüche 2. Stufe aus der Druidenliste übrig. Sie werden ergänzt durch einige neue Zauber. Ähnlich ergeben sich die Sprüche der höheren Stufen im Vergleich zur Liste der Ordenskrieger.

Der Fian trägt ein kurzes Kettenhemd aus Sternensilber. Als druidischer Zauberkundiger setzt der Fian Dweomer ein.

Fian

Stufe	Spruchname	Kosten
1 ✳	**Bärenwut**	50
1 ✳	Erkennen von Leben	80
1	**Feuerfinger**	40
1 ✳	*Geräusche dämpfen*	500
1 ✳	**Handauflegen** *	50
1 ✳	Hören von Fernem *	60
1	**Kälteschutz**	50
1 ✳	Macht über das Selbst	60
1	**Reinigen**	30
1 ✳	Scharfblick *	60
1 ✳	*Schatten verstärken*	400
1 ✳	**Wandeln wie der Wind**	50
1 ✳	**Wundersame Tarnung**	50
1 ✳	Zähmen	120
2 ✳	*Entgiften*	1500
2 ✳	Fährtenduft	200
2 ✳	**Heilen von Wunden** *	150
2 ✳	Macht über d. bel. Natur	300
2 ✳	Rindenhaut	300
2 ✳	Sehen in Dunkelheit	200
2	Unsichtbarkeit	250
2 ✳	**Wagemut**	100
2	Wasseratmen *	200
2 ✳	Wittern	200
2 ✳	*Warnung*	1000
2 ✳	**Zaubersprung**	100
3	**Beschleunigen** *	400
3	**Elfenklinge**	400
3	Geistesschild	1000
3 ✳	**Heilen schw. Wunden** *	450
3 ✳	**Laufen wie der Wind**	400
3 ✳	*Schutzgeist* *	800
3	**Zielsuche**	400
4	*Elfenfeuer*	7500
4 ✳	**Lindern v. Entkräftung** *	600
4	Marmorhaut	1500
4 ✳	**Schlachtenwahnsinn**	750
4	Schwarze Zone	1800
4	**Tiersprache**	750
4	Zweite Haut	1800
5 ✳	**Tiergestalt**	1000
5	Wahrsehen	3000
6 ✳	Geas	5000

*: nur auf sich selbst anwendbar

Die Fianna

Die Fianna ist eine kleine, auserlesene Kriegerschar, deren Fian (Mehrzahl: Fiann) genannte Mitglieder zu den besten Kämpfern ganz Erainns gehören. Diese Männer und Frauen entstammen allen Schichten und Regionen des Landes. Sie bilden den wehrhaften Schutz und Arm der heiligen Stätte Teámhair und unterstehen dem Rat der Weisen Frauen. Jeder Fian muß seine Loyalität gegenüber Familie und Fürsten zurückstellen. Im Zweifelsfall zählen zuerst die Interessen der Fianna und das Wort seines Befehlshabers.

Der Bund der Fian entstand während des Kriegs der Magier, der für die Erainner zur Zeit der Legenden gehört, über die nur wenige handfeste Informationen, dafür aber umso reichere Mythen und Sagen existieren. Damals kämpften die Coraniaid auf Vesternesse gegen die Dunklen Seemeister und unterwiesen die besten Kämpfer ihrer menschlichen Bundesgenossen in ihren eigenen Kampftechniken, damit sie gegen die von den feindlichen Beschwörern gerufenen Dämonen und Untoten bestehen konnten. Die Fianna bildete den Kern des Heeres in den Schlachten gegen die dunklen Meister und unterstand direkt dem Befehl der Weisen Frauen, um deren Zauberkräfte mit blankem Stahl zu unterstützen.

Mit dem Zusammenbruch des valianischen Reiches und nach der Entstehung der erainnischen Fürstentümer nahm die Zahl der Fiann deutlich ab. Ihre Aufgabe ist seither die Wacht über die heiligen Stätten von Teámhair und die Bekämpfung der dunklen Mächte und Wesen, die bis heute in der Mallachteára und in den Corran-Bergen hausen. Gerüchten, daß kleine Trupps der Fianna den erainnischen Rebellen in Ywerddon gegen die twyneddischen Besatzer beistehen, wird von offizieller erainnischer Seite immer widersprochen, und wenn doch einmal ein Fian jenseits der Grenze erwischt wird, so handelt es sich „natürlich" um einen jungen Heißsporn, der auf eigene Faust unterwegs gewesen ist ...

Der Aufbau der Fianna

Hauptquartier und Ausbildungszentrum der Fianna ist Fiannabaíl (d.h. Heim der Helden) bei Teámhair, wo der Ard-Fian, der Hohe Fian, residiert und den Bund leitet. Ein zweiter größerer Stützpunkt ist die Festung Ealafaer (d.h. Schwanenwacht) bei Ealalinn im Locheántar südlich des Corran-Gebirges. Derzeit (im Jahre 2412 nL) besteht der Bund aus rund 350 aktiven Fiann, die in Trupps zu ca. 25 Personen, den Catha (Einzahl: Cath), unterteilt sind. Zwei Catha sind stets in Teámhair stationiert, ein weiterer in Ealalinn. Andere Trupps und auch kleinere Gruppen von Fianna ziehen in Erainn umher und können im allgemeinen mit der Gastfreundschaft von Hoch- und Niedriggeborenen rechnen.

Zu jedem Cath gehören neben den eigentlichen Fiann auch Weise Frauen, die sich als Heilerinnen um Verletzte kümmern und auch selbst mit ihren magischen Kräften zum Einsatz kommen, wenn Waffen allein nichts ausrichten können. Zu den Catha, denen einer der Comhartúir (s. Kasten) anvertraut ist, gehören außerdem Zauberer, die die magischen Vorrichtungen zur Übermittlung von Nachrichten und zum Transport von Personen bedienen können.

Im aktiven Dienst bleibt jeder Fian so lange er will und kann. Ernsthafte Verletzungen, die dauerhaft die körperliche Unversehrtheit schmälern, führen automatisch zum Ausscheiden, selbst wenn dem Kämpfer nur ein Ohr oder ein Finger fehlt. Nach ihrer Dienstzeit können Fiann entweder zu ihrer Familie zurückkehren oder dem Bund der Fianna dienen, z.B. als Lehrer, als Richter bei den Wettkämpfen der Jugend auf Jahrmärkten, wo die Fianna nach Nachwuchs Ausschau hält, oder als Handwerker, der Waffen und andere Ausrüstung herstellt.

Die Fiann sind untereinander völlig gleichberechtigt. Unterschiede ergeben sich nur durch Erfahrung und erwiesenes Können. Der Umgangston ist entsprechend formlos, und viele der Fiann beiderlei Geschlechts sind miteinander verbunden, wenn auch im Regelfall nur in Form der Saorcéile, der einfachen Lebensgemeinschaft. Im Einsatz sind die Fiann jedoch außerordentlich diszipliniert. So mancher Händler und Abenteurer verdankt sein Leben auf der Reise entlang des Corran-Gebirges nur ihrem effizienten Handeln. Ihnen ist es zu verdanken, daß die Orcs des Gebirges den Handelsweg nicht völlig unbrauchbar gemacht haben.

Kein Fian ist ständig im Dienst. So gibt es regelmäßig Urlaub, in dem jeder tun kann, was er will, und der dann häufig dazu benutzt wird, die eigene Familie zu besuchen. Außerdem kann ein Fian sich mit Genehmigung des Hohen Fian auf „Wanderschaft" begeben. Dabei kann es sich um junge Kämpfer handeln, aber auch um erfahrene Fiann. Sie reisen durch ganz Erainn und manchmal auch darüber hinaus, um neue Kenntnisse über die Nachbarn des Volks der Schlange mitzubringen und Übeltaten finsterer Geschöpfe zu strafen.

Ein Fian, der als Abenteurer durch die Welt zieht, ist entweder auf Wanderschaft oder in jungen Jahren wegen einer Verletzung aus dem aktiven Dienst ausgeschieden, die der Bedingung der körperlichen Unversehrtheit widerspricht. Beide können weiterhin bei den Lehrmeistern der Fianna ihre Fähigkeiten vervollkommnen, müssen dafür aber wie üblich auch Gold zahlen. Sie dienen der Fianna nicht, und ihre Vorgesetzten gehen davon aus, daß ihnen ein Anteil an den durch Ausüben der vermittelten Fähigkeiten errungenen Reichtümer zusteht. Außerdem können auch Fiann außer Dienst überall in Erainn mit Unterstützung durch die Fianna (Unterkunft, Informationen, Empfehlungen, im Extremfall sogar Waffenhilfe) rechnen, wenn sie sich an die Richtlinien dieser Gemeinschaft halten und ihr Hilfeersuchen mit den Zielen der Fianna übereinstimmt.

Glaube und Magie der Fianna

Ewig wandeln sich die Grenzen unseres Geistes,
und viele Geister vermögen zusammenzufließen,
einen einzigen Geist zu erschaffen,
zu enthüllen eine einzige Kraft.

Das Volk der Schlange verehrt Nathir, die Allumfassende Schlange, deren Zeichen die ihren eigenen Schwanz verschlingende Schlange als Symbol des Ewigen Kreislaufs allen Seins ist. Ihre Farben sind das Silber des Mondes, das Grün der Wiesen und Wälder und das Blau des Meeres und des Himmels. Nathir ist keine Gottheit in gewöhnlichem Sinn, sondern sie ist die Personifikation der vereinten Seele ihres Volkes und der Kräfte von Nadhúr, der Natur an sich. Die Anhänger Nathirs sind bestrebt, im Einklang mit dem Geist der Welt und mit sich selbst zu leben. Ihr Glaube fordert nicht „Mache Dir die Welt untertan!", sondern „Lebe in Harmonie mit Deiner Umwelt, strebe nach Vervollkommnung Deines Geistes, nach Bewußtsein Deiner selbst und Deiner Umgebung, und wache über das Gleichgewicht!"

Im Gegensatz zu vielen anderen Religionen kennt der Glaube an Nathir keinen Dualismus wie Gut-Böse, Licht-Finsternis, Chaos-Ordnung usw. Zustände zwi-

Die Türme der Nachrichten

Herausragendes Merkmal von Fiannabaíl und Ealafaer sind schlanke Rundtürme aus einem hellen Stein, in den winzige Spuren von Steinen der Macht eingelagert sind. Diese Bauwerke glitzern im Sonnenlicht, und sie schimmern im Dunkeln schwach, wenn die magischen Vorrichtungen im Innern benutzt werden. Auf der Turmplattform stehen große Feuerbecken, mit denen der Bevölkerung des Umlandes durch farbigen Rauch am Tage bzw. durch farbiges Licht in der Nacht Nachrichten übermitteln werden, z.B. Warnungen vor marodierenden Orcbanden, Waldbränden, Stürmen, aber auch Aufrufe zu Versammlungen in der nächstgelegenen Stadt. Daher werden die Türme im Volksmund Comhartuír (d.h. *Türme der Nachrichten*; sgl. Comhartúr) genannt.

Weitere Comhartuír stehen in der Nähe oder in den Städten von Airthir, Areinnall, Cruachan, Cuanscadan, Deásciath, Forrach Sean und Imrith, während drei weitere Türme nördlich des Corran während der twyneddischen Invasion zerstört wurden. Die Bauwerke, die vor etwa 800 Jahre von den Coraniaid errichtet wurden, sind mit einer Reihe magischer Vorrichtungen ausgestattet, u.a. mit einem *Heimstein*, einem *Muster der Wege* sowie einem *Großen Stein des Verständnisses*. Damit tauschen die Fianna regelmäßig Nachrichten über weite Entfernungen hin aus. Die Transportmöglichkeiten der *Muster der Wege* werden nur in seltenen Fällen genutzt; sie lassen sich nach Ausbrennen zwar mit einem aufwendigen Ritual wieder aufladen, doch ist dieser Vorgang bei dem Comhartúr von Airthir vor 250 Jahren so gründlich schiefgegangen, daß dabei das Muster endgültig zerstört worden ist. Das Wissen über die Errichtung neuer Muster steht den Fianna und auch den Weisen Frauen von Teámhair nicht zur Verfügung. Jeder Comhartúr wird von einem Cath der Fianna bemannt und bewacht. Im Normalfall hält sich aber nur ein Teil des Trupps hier auf, während der Rest in der Umgebung herumstreift.

Muster der Wege (ABW 1)
Versetzen - 1×5. Grad
AURA: *dämonisch*

Das *Muster der Wege* arbeitet ähnlich wie ein *Großer Stein des Ortswechsels*, ist allerdings ortsgebunden und einfacher zu bedienen. Mit ihm kann ein Zauberer, der *Versetzen* beherrscht, bis zu sechs andere Personen (samt ihrer Ausrüstung) an seinen eigenen Standort versetzen, wenn sie am Ausgangsort ebenfalls in einem *Muster der Wege* stehen. Diese magische Vorrichtung besteht aus einem in den Boden eingelassenen Hexagon aus Silber und einem für den jeweiligen Ort typischen Muster aus Silber und Splittern von Steinen der Macht. Das Symbol des Turms von Ealafaer ist z.B. einen weißer Schwan auf einem grünen See vor einem blauen Berg. Der Zauberer, der die Vorrichtung in Gang setzt, muß sich das Muster am Ausgangsort genau eingeprägt haben (vor dem Muster am Zielort steht er sowieso), d.h. er muß diesen Ort persönlich aufgesucht haben.

schen den Extremen und Zeiten des Übergangs haben besondere Bedeutung: die Dämmerung zwischen Tag und Nacht; der Tau, der weder Regen, noch Meereswasser, noch Wasser eines Flußes oder Brunnens ist; die Mistel, die weder Baum noch Kraut ist. Der Schlüssel zum Weltbild des Volkes der Schlange ist die Verschmelzung zwischen der spirituellen, der physischen und der imaginären Kraft.

Nathir lebt in ihrem Volk und braucht so keine Priesterschaft und keine vom Rest der Gläubigen abgehobenen Druidenzirkel. Feierlichkeiten zu Ehren der Allumfassenden Schlange werden von den Frauen geleitet, die unter den Anwesenden über das stärkste Talent (Tiolaís Nathrach, d.h. Gabe der Schlange) verfügen. Eng verwoben mit den Prinzipien der Grünen Magie, d.h. des Dweomer, werden diese Rituale zu Zeiten und an Orten abgehalten, die Knotenpunkte des magischen Flusses sind. Tempel kennt das Volk der Schlange nicht; es praktiziert seinen Glauben unter freiem Himmel an heiligen Orten, z.B. in geweihten Hainen, an Quellen oder auffälligen Felsformationen. Um höchste Wirkung zu erreichen, wird die Harmonie dieser Orte durch geringfügige Veränderungen (Pflanzungen, Steinsetzungen, Felsornamente etc) erhöht.

Die Fianna ist als Gemeinschaft fest im Glauben Erainns verankert. Ihre Aufgabe ist es, die Gemeinschaft aller Angehörigen des Volkes der Schlange zu schützen, und zwar sowohl vor dem Eindringen finsterer Mächte wie auch vor den Machtgelüsten der menschlichen Nachbarreiche. Ein Fian ist geschult, einzeln oder in kleinen Gruppen aktiv zu werden, zum Teil auch in feindlichem Terrain. Daher ist er pragmatischer als so manche Weise Frau, die seit ihrer Weihung die Heiligen Stätten von Teámhair nicht mehr verlassen hat, oder als so mancher engstirnige twyneddische Druide, auch wenn er eine ähnliche Sicht der Welt hat.

Jeder Fian besitzt in schwachem Ausmaß die Gabe der Schlange, was im dritten Teil der Aufnahmeprüfung festgestellt wird. Dank der Geheimnisse der Coraniaid, die der Fianna bei ihrer Gründung überlassen worden sind, kann er daher einige Zauber wirken. Mit wenigen Ausnahmen kann er hiermit nur seine eigenen Fähigkeiten steigern, aber nicht andere Personen oder seine Umwelt verzaubern.

Die Lehrjahre des Fian

Jeder Erainner, egal ob Mann oder Frau, kann Fian werden. Im ganzen Land wird die Zugehörigkeit zur Fianna als große Ehre angesehen und jeder Fian mit Respekt behandelt. Daher herrscht auch kein Mangel an Bewerbern. Die Ausbildung dauert drei Jahre und endet mit der *dreifachen Prüfung,* der Triaíl-triarach. Bewerber müssen mindestens 16 und dürfen höchstens 26 Jahre alt sein. Körperliche Fitness und Unversehrtheit (der Bewerber darf noch keinen Körperteil verloren haben und alle müssen voll funktionsfähig sein) werden vorausgesetzt. Die Bewerber werden vor der Aufnahme getestet und eingehend befragt, und offensichtlich ungeeignete Personen werden gleich abgewiesen. Ansonsten erhält jeder eine Chance. Frauen mit besonders ausgeprägten Zauberfähigkeiten werden nur in Ausnahmefällen zur Fianna zugelassen, da sie nach allgemeiner Ansicht Nathir besser als Weise Frau dienen.

Zu Beginn der Ausbildung muß jeder Schüler einen bis zur Prüfung geltenden Eid ablegen, daß ab jetzt zuerst die Fianna und erst dann jede andere Bindung an Familie, Fürst usw. von Bedeutung ist. Ein Verstoß führt zu sofortigem Ausschluß und einem zur Buße auferlegten Geas des Hohen Fian.

Die Schüler sind in Fiannabaíl nach Jahrgängen getrennt in Gemeinschaftsunterkünften untergebracht. Die „Erstlinge" haben die östliche, die „Mittleren" die südliche und die „Älteren" die westliche Halle im Süden des zentral gelegenen Übungsplatzes. Im Norden befinden sich die Schulungsgebäude. Jeder Schüler darf nur eine beschränkte Ausstattung an Bekleidung und persönlichen Besitztümern mitbringen. Schüler armer Familien erhalten aus den Mitteln der Fianna eine angemessene Ausrüstung gestellt. Von Beginn an wird auf eine möglichst gleiche Behandlung geachtet und darauf, daß die Schüler entsprechend miteinander umgehen. Für einen adligen Schüler, der Arroganz und Standesdünkel gegenüber seinen Kameraden zeigt, ist die Ausbildung rasch beendet.

Der Schwerpunkt des Unterrichts liegt auf Körperbeherrschung und Waffenfertigkeiten. Daneben lernen die Fiann, sich in der Wildnis zurechtzufinden, und werden mit der Geschichte und den Sagen ihres Volkes vertraut gemacht. Die geheime Zeichensprache der Fianna, mit der sie unbemerkt von Fremden kommunizieren und sich auch im Freiland kurze Botschaften hinterlassen können, wird erst nach Bestehen der Prüfung gelehrt. Die Fähigkeiten, die ein typischer Fian am Ende seiner Ausbildung beherrscht, bilden den Lehrplan des Abenteurertyps. Die Lehrerschaft in Fiannabaíl setzt sich aus den dort stationierten aktiven und nicht mehr aktiven Fiann sowie einigen Weisen Frauen zusammen. Hin und wieder unterrichtet auch einer der Barden aus der nahen Bardenschule.

Voll ausgebildete Fian können in Fiannabaíl die im Lehrplan unter *Fachkenntnissen* und *Waffenfertigkeiten* aufgeführten Fähigkeiten und zusätzlich *Kampf zu Pferd, Schreiben: Erainnisch, Scharfschießen* sowie den Umgang mit *Anderthalbhänder* und *Langbogen* lernen und verbessern. Außerdem gibt es hier Lehrmeister für alle dem Abenteurertyp zugänglichen Zauber.

Die dreifache Prüfung (Triail-triarach)

Die Prüfung am Ende der dreijährigen Lehrzeit besteht aus drei Hauptteilen: Am ersten Tag wird das Wissen der Schüler geprüft. Aufgrund der guten Vorbereitung fällt hier nur sehr selten jemand durch. Danach folgt an sieben aufeinanderfolgenden Tagen die praktische Prüfung. Am ersten Tag muß der Schüler ein Tier erjagen. Am zweiten Tag folgt eine Prüfung im Reiten oder Geländelauf. Der dritte Tag ist Wurf- und Schußwettbewerben vorbehalten. Am vierten Tag muß der Schüler seine Verteidigungsfähigkeiten unter Beweis stellen. Am fünften Tag finden Zweikämpfe ohne Waffen statt und am sechsten Tag Zweikämpfe mit Waffen. Der siebte Tag bildet den Höhepunkt mit einem Test der Beweglichkeit und der Ausdauer.

Bei der Jagd sind die Schüler nur mit Material für eine einfache Falle, mit einem Dolch und mit einer weiteren Nahkampfwaffe ausgerüstet. Alle Teilnehmer starten gleichzeitig in der Morgendämmerung und müssen bei Einbruch der Dunkelheit zurück sein. Nur wer ein eßbares Tier von wenigstens der Größe einer Tagesration zurückbringt, hat bestanden. Die Reit- oder Laufprüfung besteht aus einem Hindernisparcours, der ohne Abwurf bzw. ohne Berühren der Hindernisse zu durchqueren ist, und aus Geschicklichkeitstests, wie das Einsammeln von Ringen oder Stangen in einer vorgegebenen Zeit. In den Schuß- und Wurfwettbewerben müssen die Schüler Ziele in unterschiedlicher Distanz stehend, kniend, gehend und laufend treffen. Dieser Teil ist bestanden, wenn mindestens drei Viertel aller Versuche zu Treffern führen. Der Test der Verteidigungsfähigkeiten kann verschiedene Formen annehmen. So wird z.B. ein Schüler bis zur Taille eingegraben und muß dann mit dem Kampfstab neun auf ihn geworfene Speere abwehren, oder er erhält einen Schild und muß neun Pfeile abwehren. Wird er verwundet, so hat er versagt. Bei den Zweikämpfen treten die Schüler gegen einen vom Vorsitzenden der Prüfer ausgewählten aktiven Fian an. Um zu bestehen, müssen sie entweder gewinnen oder ohne schwere Verletzung oder Aufgabe 5 Minuten lang durchhalten. Die Kämpfe finden in einem Kreis, dem Compall, statt. Sobald einer der Kontrahenten aus dem Kreis tritt oder gedrängt wird, hat er aufgegeben und verloren.

Der letzte Teil der praktischen Prüfung geht auf den sagenumwobenen Gründer der Fianna, Fionn ay'Cumhaill, zurück. Der Prüfling muß eine Hindernisstrecke durch ein Wäldchen hindurchlaufen, wobei er von drei Fiann verfolgt wird. Er hat einen Vorsprung, darf aber bei seinem Lauf keinen Zweig abbrechen, und sein zu einem Zopf gebundenes Haar muß in Ordnung bleiben. Er muß so leise wie möglich sein und Hindernisse bis Kniehöhe unterqueren bzw. über Hüfthöhe überspringen. Der Lauf erfolgt barfuß. Sollte der Kandidat in Dornen oder ähnliches treten, darf er diese nur im Lauf entfernen. Sobald er einmal anhält oder von den Verfolgern erwischt wird, hat er versagt. Zum Abschluß muß er eine 4m hohe Mauer hochklettern.

Zuletzt folgt die Seelenprüfung. Der Schüler betritt allein einen kleinen steinernen Rundbau, Clochan genannt, und atmet dort Kräuterdämpfe ein, die ihn in Trance versetzen. Eine der Weisen Frauen überwacht dabei jeden Schüler von außen. Der Eingang wird mit einem Schutz aus Flechtwerk und Leder verschlossen. Zwei Fiann halten davor Wache.

Die Kandidaten erleben Visionen von Situationen, in denen sie Entscheidungen treffen müssen. Sind diese richtig, so erwacht der Schüler nach 4-8 Stunden und bahnt sich mit Hilfe des im Clochan vorhandenen Schwertes den Weg durch den Lederschutz. Die Erlebnisse in der Trance sind völlig unterschiedlich, und niemals wird ein Fian davon erzählen. Entscheidet sich ein Schüler falsch oder ist er überhaupt ungeeignet, so schläft er ein und wird dann nach zehn Stunden geweckt und herausgeholt. Handelt es sich bei dem Kandidaten um einen Übeltäter, so wird er wahnsinnig. Aus diesem Grund stehen auch die beiden Fiann vor der Türe bereit.

Hat der Schüler auch diese Prüfung erfolgreich bestanden, so nimmt ihn der Hohe Fian in die Fianna auf. Sein Loyalitätseid wird damit bindend für den Rest seines Lebens, und er erhält einen silbernen Ring, der die Allumfassende Schlange Nathir darstellt und an der linken Hand getragen wird.

Hat der Schüler bei nur einem Teil der Prüfung versagt, so wird er nicht in die Fianna aufgenommen. Je weiter er gekommen ist, um so größer ist die Ehre. Eine zweite Chance gibt es nicht. Sorgen brauchen sich die durchgefallenen Schüler aber nicht zu machen, denn als Herdtruppen oder Leibwachen der erainnischen Fürsten oder als Söldner in fernen Ländern finden sie oft genug ihr Auskommen.

Die Flammenaugen

*Wir sind die Augen des Lichtes
und die Flamme der Wahrheit;
wer sich vor unserem Licht verbirgt,
wird unseren Flammen nimmer entkommen.*

(Motto der Flammenaugen)

Die Flammenaugen sind eine ordensähnliche Gemeinschaft moravischer Hexenjäger. Sie verstehen sich als Diener des „Lichts" als einer allen Göttern übergeordneten Macht, die *Midgard* und alle Ebenen durchdringt, der ewigen Feindin der aus dem unendlichen Chaos geborenen Finsternis. Die Farbe des Lichtes ist weiß, sein Symbol eine weiße Feuerlohe. Gerüchte, hinter dem „Licht" verberge sich der Fürst der Flamme, werden von den Flammenaugen vehement bestritten, denn für sie sind auch heraufbeschworene Elementarwesen Hexenwerk. Im Unterschied zu manchen anderen religiösen Vereinigungen *Midgards* streben die Flammenaugen nicht nach Missionierung: Sie betrachten es als gegeben, daß das Licht über allem steht und daher auch von allen verehrt wird, und sei es auch auf dem Umweg über Götter oder gar Naturerscheinungen.

Flammenaugen agieren meist einzeln, häufig von einer Anzahl bewaffneter Hilfstruppen begleitet. Im Auftrag ihrer Gemeinschaft ziehen sie aus, um die Feinde des Lichtes auszulöschen: Zauberer, die schwarze Magie weben, und ihre Geschöpfe sowie Personen, die unkontrolliert mit anderen Zaubern Chaos verbreiten. Häufig bedienen sich die Flammenaugen zweifelhafter Methoden, um die gestellten Zauberer der finsteren Hexerei zu überführen (Hexerproben nach dem Grundschema: *Wer im Feuer brennt, war kein Schwarzmagier!*). Flammenaugen sind im Kampf geschult und erhalten durch die Macht des Lichtes Zauber wider die finstere Magie und deren Anwender. Ihre Stärke liegt im Aufspüren und Bekämpfen von Anhängern der „Schwarzen Künste", und sie dienen ihrer Gemeinschaft, zu der auch Waffenknechte und andere einfache Helfer gehören, als Inquisitoren. Aufgrund ihres ständigen Mißtrauens gegenüber jedermann werden sie nicht überall willkommen geheißen und oftmals sehr distanziert oder sogar argwöhnisch behandelt.

Um ihre Verbundenheit mit dem Licht auszudrücken, tragen die Flammenaugen weiße Umhänge und Kleidung und schimmernd polierte Rüstungen. Der Sohn des Lichts und einige besonders bewährte Flammenaugen besitzen magische Rüstungsteile, in welche die magieabweisende Komponente des Zaubers *Umkehrschild* eingearbeitet wurde (meist mit ABW 5) und die so effektiv vor magischen Angriffen schützen.

Das Lichthaus der Dreiunddreißig

Die Flammenaugen bezeichnen sich selbst als Lichthaus der Dreiunddreißig, denn seit etwa 900 Jahren gibt es stets exakt 33 Hexenjäger in diesem moravischen Orden. Ihrem Glauben zufolge wird großes Unheil über Moravod kommen, sollte eines Tages diese mystische Mitgliederzahl nicht mehr erfüllt sein. Zumindestens nominell haben die Dreiunddreißig dem weltlichen Oberhaupt des Landes, dem Großfürsten zu Geltin, Gefolgschaft geschworen. Sie sind zwar meistens in Moravod aktiv, aber der Kampf gegen die Finsternis führt sie manchmal auch in ferne Länder. Fremde Hexenjäger werden meist als Brüder und Schwestern im Geiste betrachtet und können in Moravod mit der Unterstützung der Flammenaugen rechnen. Das Lichthaus liegt etwas außerhalb von Geltin und gleicht einer trutzigen Feste; außerdem gehören noch mehrere Morgen Land dazu sowie eine Hundertschaft Waffenknechte, die den Dreiunddreißig direkt unterstellt sind. Die mehrere Meter dicken Mauern des Festungshauses sind an der niedrigsten Stelle sieben Meter hoch und werden vierteljährlich frisch geweißt.

Der *Sohn des Lichts* genannte Anführer des Ordens zu Geltin ist der 50jährige ehemalige Gardekrieger Odoaster, der erst im reifen Alter von 38 die Berufung zum Flammenauge spürte. Er ist ein knapp zwei Meter großer, breitschultriger Hüne, dessen stahlgraue Augen tief in Höhlen unter buschigen weißen Brauen liegen. Odoaster hat einen grimmigen Zug um den Mund und vertritt seit seinem Amtsantritt sehr effektiv eine strenge Auslegung von Zucht und Ordnung und von den magischen Künsten Von Diplomatie und feinsinniger Konversation hält der Sohn des Lichts nichts, für ihn zählt lediglich das Ergebnis. Zu seinem Großfürsten steht Odoaster in unverbrüchlicher Treue, wenngleich er dies nie offen zugeben würde. Dem Hofmagus Myxxel Ban'Dor und der Hofschamanin Tabatha traut er allerdings nicht weiter als bis zu seiner Nasenspitze. Odoaster besitzt eine silberne Plattenrüstung, die bei Einsatz von Magie automatisch einen *Umkehrschild* errichtet (ABW 1).

Odoasters Stellvertreter Vladim hat die 60 schon lange hinter sich gelassen hat. Im Gegensatz zum Sohn des Lichts ist er von hagerer Gestalt, und sein Gesicht trägt ungleich aristokratischere Züge, wozu der seidenweiche weiße Bart sicherlich nicht unwesentlich beiträgt. Vladim pflegt über seiner Rüstung stets eine weiße Seidenrobe zu tragen, denn er reitet schon seit Jahren nicht mehr in die Schlacht, sondern übernimmt die meisten Verwaltungsaufgaben des Lichthauses und pflegt die diplomatischen Kontakte. Wandrosch ist der Mentor der Dreiunddreißig, der spirituelle Führer des Lichthauses. Dieses Amt hält er aufgrund seines enormen magischen Potentials seit mehr als vier Jahren - ungeachtet seiner Jugend (er ist gerade erst 25 Jahre alt). Die Aufgaben des flachsblonden, sommersprossigen Mentors sind das Ergründen der Magie, das Aufspüren der Bösen und die Segnung der Guten.

Das Vorgehen der Dreiunddreißig ist alles andere als subtil: Für gewöhnlich reitet ein Flammenauge mit einem größeren Trupp Waffenknechte dorthin, wo Hinweisen zufolge dunkle Magie angewandt wurde, und beginnt seine Nachforschungen, die selten ohne Ergebnis bleiben, zumal die Methoden sehr durchschlagend sind. Um das Böse aufzuspüren und auszutreiben, setzen die Dreiunddreißig auch Magie jeder Art ein. Beherrschen sie selbst die nötigen Zauber nicht, heuern sie ihnen vertrauenswürdig erscheinende Zauberer an - von denen es allerdings nur sehr wenige gibt. Hinter den Dreiunddreißig steht nicht nur die - sehr abstrakte - Macht des Lichts, sondern auch die direkte Bedrohung durch das kleine Privatheer und die einzelnen 33 Flammenaugen persönlich: Jedes Mitglied der Dreiunddreißig ist ein erfahrener Kämpfer von mindestens siebtem Grad. Zu dem enormen Einfluß des Lichthauses in Moravod trägt auch ihr im Laufe der Jahrhundert angesammeltes Vermögen bei: der Besitz von Schwarzmagiern, die die Flammenaugen unschädlich gemacht haben, fällt bis auf eine Abgabe von 20% an den Großfürsten dem Orden zu.

Die Dreiunddreißig werden in ganz Moravod gefürchtet, da sie unbestechlich sind und völlig unvermutet zupacken. Beweise müssen beileibe nicht hieb- und stichfest sein. Manch aufsässiger Fürst fürchtet ihren Besuch, aus Angst, der Großfürst könne sie geschickt haben. Diese Sorge ist freilich unbegründet, denn die Dreiunddreißig haben keine politischen Neigungen, sind dafür aber nicht frei von religiösem Fanatismus. Da die Flammenaugen jedoch einen enormen Nutzen für das Land bedeuten - halten sie doch Dämonen, Vampire, Werwesen und andere finstere Geschöpfe unter Kontrolle - und nicht leicht zu besiegen sein würden, ist ihre Machtposition ungebrochen stark. Eine nachdrücklicher Rat von ihnen wird überall in Moravod eher befolgt als ein ausdrücklicher Befehl des Großfürsten.

Die Anwärter

Manche Flammenaugen waren vor ihrer Aufnahme in das Lichthaus Krieger, Schamanen oder sogar einfache Waldbauern. Sie haben beim Tod eines der Flammenaugen den Ruf des Lichtes verspürt und sich an das Lichthaus gewandt, wo sie nach eingehender Überprüfung als rechtmäßige Nachfolger des Verstorbenen anerkannt und anschließend in den Künsten der Hexenjäger ausgebildet worden sind. Da der Ruf des Lichtes aber nicht immer ergeht, akzeptiert das Lichthaus auch einige wenige interessierte Personen als Anwärter. Sie können in die Position eines Flammenauges, das ohne berufenen Nachfolger verstirbt, nachrücken. Die Anwärter sind Hexenjäger, die nicht zum Lichthaus gehören, dort aber ausgebildet werden und Unterstützung finden. Sie werden ermutigt, auf eigene Faust in die Welt hinauszuziehen und Erfahrungen im Kampf gegen die Finsternis zu sammeln. Eine Spielerfigur kann Anwärter des Lichthauses sein; sobald sie (frühestens auf dem 7. Grad) zum Flammenauge wird, ist es mit dem Abenteurerleben vorbei, da die Dreiunddreißig einem strengem Reglement unterliegen. De facto sollte die Aufnahme in das Lichthaus also erst dann geschehen, wenn der Spieler eine hochgradige Figur in den Ruhestand schicken will.

Wer das Licht in ihren Augen flammen sieht,
sieht der Finsternis jenseits des Lebens entgegen.

(Sprichwort über die Flammenaugen)

Der Lehrplan

Die **Zahl** der Fertigkeiten, Waffen und Zauber, die ein Fian bei Spielbeginn beherrscht (s. Seite 48), orientieren sich am Ordenskrieger, die **Art** am Waldläufer bzw. Druiden. Der neue Abenteurertyp hat eine größere Auswahl an Fähigkeiten, die aber alle vergleichsweise viele Lernpunkte kosten. Nur bei den Fachkenntnissen, die er für einen 1 Lernpunkt erwerben kann, ist er geringfügig bevorzugt. Dies wird aber mehr als ausgeglichen durch die geringe Auswahl und die Kosten der Waffenkünste, die er im Vergleich zum Ordenskrieger anfangs beherrscht. Als weiteren Bonus erhält der Fian daher von Anfang an ein besonderes Schwert und ein besonderes Kettenhemd (s. »Ausrüstung«). Als seine **Spezialwaffe** kann er *Dolch*, *Langschwert*, *Bogen* oder *Kurzbogen* wählen.

Zusätzliche Informationen

Heimat: Der Fian stammt aus Erainn oder aus der erainnischen Bevölkerung Ywerddons; seine Lehrjahre haben automatisch in Teámhair stattgefunden. Er zählt daher auf jeden Fall als vom Land stammend, auch wenn er seine Kindheit in einer der erainnischen Städte verbracht hat. Nur Menschen können Fian werden.

Glaube: Der Fian hängt automatisch dem druidischen Glauben an Nathir, die Allumfassende Schlange, an.

Eigenschaften und Stand: Der Fian würfelt Sb und AP wie ein Ordenskrieger aus. Er ist in seiner Heimat so angesehen, daß er beim Festlegen des Standes wie ein Heiler +10 zum W%-Wurf addiert.

Ausrüstung: Der Fian würfelt seine anfängliche Rüstung nicht aus. Er trägt automatisch ein kurzes Kettenhemd aus *Sternensilber* (s. *Das Arkanum*, S. 227), in dem er auch den Zauber *Beschleunigen* auf sich selbst anwenden kann. Außerdem ist eine seiner Waffen ein Langschwert aus *Elfenstahl* (s. *Das Arkanum*, S. 227). Beide Gegenstände hat er bei der endgültigen Aufnahme in die Fianna erhalten. Der Fian würfelt für Waffen und Geld wie ein Waldläufer.

Zauberwerkstatt: Der Fian besitzt kein **Thaumagral**.

Der Hexenjäger ist ein auf das Aufspüren finsterer Mächte und das Aufklären ihrer Verbrechen spezialisierter Ermittler.

Der Hexenjäger übt seine Tätigkeit in erster Linie durch Befragungen und Einsatz seiner magischen Künste aus.

Der Hexenjäger

Wie bereits erwähnt, ist der **Hexenjäger (Hj)** ein auf übernatürliche Machenschaften spezialisierter Ermittler. Die Bandbreite der Rollenvorbilder reichen vom glaubensfesten Inquisitor, wie er in Nahuatlan oder Aran im Auftrag des Staatskultes Jagd auf Dämonen, Schwarzmagier und andere zauberkundige Übeltäter macht, über den nicht weniger fanatischen Einzelgänger, der auf Grund eines Ereignisses in seiner Vergangenheit allen finsteren Zauber haßt und nun einen einsamen Rachefeldzug führt, bis zum in erster Linie an einer angemessenen Bezahlung interessierten Detektiv, der im Auftrag von Magiergilden oder Privatkunden Verbrechen aufklärt, die mit Magie oder von magischen Wesen begangen worden sind.

Der Hexenjäger wurde von dem gleichnamigen Beitrag im GILDENBRIEF 36 angeregt.

Allgemeine Fertigkeiten

Der Ordenskrieger besitzt sieben Grundfähigkeiten. Der Hexenjäger erhält dementsprechend ebenfalls sieben Grundfähigkeiten, die unbedingt notwendig für diesen Abenteurertyp erscheinen: *Beredsamkeit*, *Landeskunde*, *Menschenkenntnis*, *Schreiben*, *Suchen*, *Verhören* und *Wahrnehmung*. Alle gehören zu den Grundfertigkeiten des Ermittlers, der aber noch 15 weitere zum Teil sehr nützliche besitzt. Der Hexenjäger übt seine Tätigkeit in erster Linie durch Befragungen und Einsatz seiner magischen Künste aus, so daß sich das Herumtreiben in zweifelhaften Kneipen oder das heimliche Eindringen in die Wohnung Verdächtiger und die damit verbundenen Talente des Ermittlers erübrigen.

Zu Standardfähigkeiten des Hexenjägers werden die folgenden Ausnahmefertigkeiten des Ordenskriegers: *Alchimie*, *Fälschen*, *Fallen entdecken*, *Geheimmechanismen öffnen*, *Giftmischen*, *Kräuterkunde*, *Lesen von Zauberschrift*, *Rechnen*, *Schauspielern* und *Zauberkunde*. Als Ersatz kann der neue Abenteurertyp eher kampfbetonte Standardfähigkeiten des Ordenskriegers nur ausnahmsweise lernen: *Athletik*, *Ballista bedienen*, *Bogenkampf zu Pferd*, *Fallenstellen*, *Kampf in Dunkelheit*, *Kampf in Schlachtreihe*, *Kampf in Vollrüstung*, *Kampf zu Pferd*, *Kampf vom Streitwagen*, *Kampftaktik*, *Kata-*

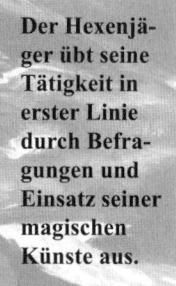

pult bedienen, Scharfschießen, Schiffsführung, Streitwagen lenken. *Beidhändiger Kampf* und *Fechten* bleiben Standardfertigkeiten, da sie zu einem städtischen Kämpfer passen und sich der Hexenjäger mit seinen Untersuchungen nicht nur Freunde macht und sich daher seiner Haut wehren können muß.

In der folgenden Liste sind die Grundfähigkeiten des Hexenjägers **fett** gedruckt, die Ausnahmefähigkeiten *kursiv*. In Klammern folgen jeweils die Kosten zum Lernen der Fertigkeit.

Abrichten (400), Akrobatik (120), Alchimie (100), Astrologie (400), *Athletik* (100), Balancieren (60), *Ballista bedienen* (200), Baukunde (100), Beidhändiger Kampf (1500), **Beredsamkeit** (100), Beschatten (300), *Bogenkampf zu Pferd* (400), Dichten (80), Erste Hilfe (100), Erzählen (80), Fälschen (150), Fallen entdecken (400), *Fallenmechanik* (1200), *Fallenstellen* (400), Fangen (60), Fechten (800), Fechten tevarrischer Stil (400), Gassenwissen (200), *Gaukeln* (160), Geheimmechanismen öffnen (400), Geheimzeichen (20), Geländelauf (60), Geschäftstüchtigkeit (2000), Giftmischen (100), Glücksspiel (200), Heilkunde (100), Himmelskunde (50), *Kampf in Dunkelheit* (600), Kampf in Schlachtreihe (100), *Kampf in Vollrüstung* (4000), *Kampf zu Pferd* (400), *Kampf vom Streitwagen* (400), *Kampftaktik* (300), *Katapult bedienen* (200), Klettern (60), Kräuterkunde (100), **Landeskunde** (50), Laufen (50), Lesen von Zauberschrift (20), Lippenlesen (250), Meditieren (200), **Menschenkenntnis** (125), *Meucheln* (1600), Musizieren (80), *Naturkunde* (200), *Orakelkunst* (120), *Pflanzenkunde* (200), Rechnen (100), Reiten (60), Rudern (60), Sagenkunde (100), Schätzen (100), *Scharfschießen* (1600), Schauspielern (50), *Schießen vom Streitwagen* (400), *Schiffsführung* (300), Schleichen (400), Schlittenfahren (60), *Schlösser öffnen* (800), **Schreiben:Sprache** (10), Schwimmen (60), Seemannsgang (100), Seilkunst (50), Singen (80), Skifahren (60), Sprechen:Sprache (10), Springen (60), Spurenlesen (400), *Stehlen* (600), Steuern (60), Stimmen nachahmen (100), *Streitwagen lenken* (120), **Suchen** (150), Tanzen (50), Tarnen (400), Tauchen (120), *Tierkunde* (200), Trinken (100), Überleben (je 50), Verbergen (300), Verführen (30), **Verhören** (75), *Verkleiden* (100), Wagenlenken (60), **Wahrnehmung** (150), *Winden* (500), Zauberkunde (100), Zeichensprache (20).

Waffen und weitere Besonderheiten

Der Hexenjäger lernt Waffenfertigkeiten wie der Ordenskrieger, d.h. mit Ausnahme der Zauberstäbe sind alle Waffen Standardfähigkeiten.

Auch wenn manche Hexenjäger im Auftrag von Priestern und mit dem besonderen Segen ihres Glau-

> Auch wenn manche Hexenjäger im Auftrag von Priestern handeln, wirken sie keine Wundertaten.

Hexenjäger

Stufe	Spruchname	Kosten
1	Angst	60
1	Dschinni-Auge	40
1	Dschinni-Horn	40
1 ✶	**Erkennen der Aura**	50
1	Flammenkreis	50
1 ✶	Lauschen	60
1 ✶	Macht über das Selbst	60
1	Silberstaub	50
2 ✶	**Austreibung des Bösen**	250
2 ✶	**Bannen v. Finsterwerk**	150
2	Bannen v. Zauberwerk	175
2	Bannsphäre, Blaue	150
2	Bannsphäre, Goldene	150
2	Bannsphäre, Silberne	200
2	Dschinni-Ohr	200
2 ✶	**Erkennen v. Besessenheit**	100
2 ✶	**Erkennen v. Zauberei**	150
2	Juwelenauge	800
2	**Person wiederfinden**	100
2 ✶	*Schattenrobe*	1000
2 ✶	Sehen von Verborgenem	150
2	Zauberschlüssel	150
3	**Beeinflussen**	400
3 ✶	Binden des Vertrauten	1000
3	Geistesschild	1000
3 ✶	**Hören der Geister**	250
3 ✶	Leuchtspur	400
3 ✶	**Macht über Menschen**	250
3 ✶	Schutzgeste	300
3	Zauberschmiede	400
4	Bannsphäre, Schwarze	600
4	Flammenklinge	600
4 ✶	**Macht über mag. Wesen**	500
4	Mag. Kr. d. Widerstehens	500
4 ✶	**Rauchbild**	900
4	Schwarze Zone	1800
4	**Zauberauge**	1000
4	Zauberschild	1500
4	Zweite Haut	1800
4 ✶	**Zwingkreis, Blauer**	750
4 ✶	**Zwingkreis, Silberner**	800
5	Umkehrschild	3000
5	**Wahrsehen**	1500
Talisman verzaubern *		
Stufe 1	**100**	
Stufe 2	**100**	
Stufe 3	**250**	
Stufe 4	**500**	
*: nur auf sich selbst anwendbar		

Hexenjäger können eine einfache Waffe zum Thaumagral im Kampf gegen die Mächte der Finsternis umgestalten lassen. Dabei können sie zwischen dem Hexenhammer und dem Hexenfänger wählen.

bens handeln, wirken sie keine Wundertaten. Zum Ausgleich können sie geringfügig mehr Zaubersprüche als Ordenskrieger einsetzen.

Zaubersprüche

Die Zahl der Zaubersprüche der einzelnen Stufen und der Grundfähigkeiten unter ihnen orientieren sich wie beim Fian an den Möglichkeiten des Ordenskriegers. Für den Hexenjäger werden in erster Linie Sprüche ausgewählt, die ihm im Kampf gegen finstere Mächte und ihre menschlichen Diener Informationen verschaffen oder Schutz gewähren. Einige Zauber dieser Art bleiben ihm allerdings versagt, da sie zu sehr an das besondere Verhältnis von Priestern, Schamanen und Glaubenskämpfern zu ihren Gottheiten gebunden sind. Der Hexenjäger hat weniger Zauber zur Auswahl als der Ordenskrieger; zum Ausgleich kann er sich für den Eigenbedarf Talismane anfertigen. Seinen Mitmenschen kann er diesen Schutz nicht gewähren.

Hexenjäger ziehen als Vertraute Frettchen, Iltis, Marder und ihre Verwandten vor, da sie eine besondere Seelenverwandtschaft zu diesen einsamen und furchtlosen Jägern fühlen. Außerdem können diese Tiere klettern und sich durch enge Spalte zwängen.

Der Lehrplan

Die Zahl der Fertigkeiten, Waffen und Zauber des Hexenjägers bei Spielbeginn (s. S. 50) orientieren sich wieder am Ordenskrieger, die Art am Ermittler. Die Waffenauswahl ist ähnlich wie die des Ordenskriegers, da der Hexenjäger eher damit rechnet als ein normaler Ermittler, den Geschöpfen, die er verfolgt, mit dem Schwert in der Hand entgegentreten zu müssen. Als **Spezialwaffe** kann er nur *Dolch, Kurzschwert, Streitkolben* oder *Kriegshammer* wählen.

Zusätzliche Informationen

Heimat: Hexenjäger können aus praktisch allen Gegenden *Midgards* stammen und in der Stadt oder auf dem Land aufgewachsen sein. Zu diesem Abenteurertyp gehören so unterschiedliche Persönlichkeiten wie der akademisch gebildete Ermittler aus den Küstenstaaten, der sich auf die Aufklärung übernatürlicher Verbrechen spezialisiert hat, oder wie der Barbar aus dem Ikengabecken, dessen Familie Opfer eines Schamanen und der von ihm beschworenen bösen Waldgeister geworden ist und der nun das einzige Ziel im Leben darin sieht, solch finsteren Zauber und seine Kreaturen auszumerzen. Nur Menschen und Zwerge können Hexenjäger werden.

Glaube: Hexenjäger können jeder Glaubensrichtung anhängen. Einzelgänger können den Religionen *Midgards* gegenüber sogar gleichgültig eingestellt sein.

Eigenschaften und Stand: Der Hexenjäger ist ein Fanatiker, dessen Gedanken meist nur um den Kampf gegen finstere Mächte kreisen. Seine Selbstbeherrschung bestimmt er daher wie ein Assassine.

Der Hexenjäger würfelt seine AP und seinen Stand wie ein Ordenskrieger aus.

Ausrüstung: Der Hexenjäger würfelt für die Rüstung bei Spielbeginn wie ein Händler.

Zauberwerkstatt: Hexenjäger können eine einfache Waffe zum **Thaumagral** im Kampf gegen die Mächte der Finsternis umgestalten lassen. Dabei können sie zwischen dem sogenannten *Hexenhammer*, der je nach Form als Streitkolben oder Kriegshammer zählt, und dem *Hexenfänger*, einer zweischneidigen Blankwaffe, die je nach Größe im Kampf wie ein Dolch oder ein Kurzschwert eingesetzt wird, wählen.

Kampfzauberer

Die MIDGARD-Grundregeln kennen Zauberer mit magischen Fähigkeiten und Kämpfer mit Waffen- und anderen Fertigkeiten. Einige Kämpfer wie der Ordenskrieger, der Barde oder der Hexenjäger können auch ein wenig zaubern, aber im Vergleich zu den richtigen Zauberern ist ihre Spruchauswahl doch eingeschränkt. Die Fantasyliteratur kennt aber auch Rollenvorbilder für Abenteurer, die mit Schwert und mit Magie meisterhaft umgehen können. In diesem Abschnitt wird beschrieben, wie man einen solchen **Kampfzauberer** entwerfen und in das Spiel einbauen kann.

Kampfzauberer wie die unten als Beispiel beschriebenen Todeswirker, Elfen-Klingenmagier und Gnomen-Schattenweber sind besonders fähige Abenteurer, die alle Vorteile eines guten Kämpfers mit einer reichhaltigen Auswahl an Zaubersprüchen verbinden. Als Ausgleich müssen sie dafür einen großen Nachteil bei der Erfahrungsvergabe akzeptieren: Kampfzauberer erhalten zwar genauso viele allgemeine Erfahrungspunkte wie andere Abenteurer, aber nur **halb so viele Kampf- und Zaubererfahrungspunkte** (aufgerundet). Bei Elfen kommt zusätzlich noch hinzu, daß sie mehr Fähigkeitspunkte zum Lernen benötigen. Ein elfischer Kampfzauberer lernt also nur sehr langsam etwas hinzu.

Kampfzauberer entstehen durch die Kombination eines Zauberers mit einem Kämpfer. Dabei sind aus kulturellen Gründen manche Kombinationen nicht sinnvoll. Einen Derwisch, der gleichzeitig ein Spitzbube oder Glücksritter ist, kann man sich nicht vorstellen, da die religiöse Grundhaltung des Derwischs und seine Vorliebe für ein Leben in der Natur fernab von Menschenmassen nicht so recht zu einem Kämpfertyp paßt, der erst in den überfüllten Gassen einer Stadt aufblüht. Die folgende Liste führt zu jedem Typ von Zauberer die Kämpfertypen auf, die mit ihm zu einem Kampfzauberer kombiniert werden können. Dies sind allerdings keine festen Regeln, sondern nur Empfehlungen. Wenn es eine gute Erklärung gibt, können auch andere Kombinationen - z.B. Priester mit Spitzbube für den Diener eines Gottes der Diebe - sinnvoll sein.

In der Liste werden die üblichen Abkürzungen benutzt: Assassine (**As**) - Barbar, Nordland (**BN**) - Barbar, Steppe (**BS**) - Barbar, Waldland (**BW**) - Ermittler (**Er**) - Glücksritter (**Gl**) - Händler (**Hä**) - Krieger (**Kr**) - Kundschafter (**Ku**) - Seefahrer (**Se**) - Söldner (**Sö**) - Spitzbube (**Sp**) - Waldläufer (**Wa**) - Barde (**Ba**) - Fian (**Fi**) - Hexenjäger (**Hj**) - Ordenskrieger (**Or**) - Tiermeister (**Tm**) - Wildläufer (**Wi**).

Beschwörer: As, BN, BS, BW, Er, Gl, Hä, Kr, Ku, Se, Sö, Sp, Wa - Ba, Hj, Tm
Derwisch: As, BS, Kr, Ku - Ba, Hj, Or
Druide: BN, Gl, Kr, Wa - Ba, Hj, Wi
Heiler: Er, Gl, Kr, Ku, Se, Sö, Wa - Ba, Fi, Or, Tm, Wi
Hexer: As, BN, BS, BW, Er, Gl, Hä, Kr, Ku, Sö, Sp, Wa - Ba, Hj, Tm
Magier: As, Er, Gl, Hä, Kr, Se, Sö, Sp - Ba, Fi, Hj, Or
Priester, Fruchtbarkeit: BN, BS, BW, Ku, Wa - Or
Priester, Handel/Handwerk: Er, Hä - Or
Priester, Herrschaft: BN, BS, BW, Er, Hä - Or, Hj
Priester, Krieg: BN, BS, BW, Ku, Wa - Ba, Or
Priester, Meer: BN, BS, BW, Er, Hä, Se - Or
Priester, Tod: BN, BS, BW, As, Er - Or, Hj
Priester, Weisheit: Er, Hä - Ba, Or, Hj
Schamane: BN, BS, BW, Hä, Kr, Ku, Sö, Sp, Wa - Ba, Hj, Tm
Thaumaturg: As, Er, Gl, Hä, Kr, Se, Sö, Sp - Ba, Hj, Or

Weitere Einschränkungen werden durch den Glauben des Abenteurers bestimmt. Wer einen Derwisch, Druiden, Priester, Schamanen oder Glaubenskämpfer mit einem Kämpfer kombinieren will, der muß den passenden Glauben haben. Nichtmenschliche Abenteurer müssen außerdem darauf achten, daß Zauberer- und Kämpfertyp beide für ihre Rasse zulässig sind (vgl. MIDGARD - *Das Fantasy-Rollenspiel,* S. 29f).

> **Kampfzauberer entstehen durch die Kombination eines Zauberers mit einem Kämpfer.**

> **Kampfzauberer sind besonders fähige Abenteurer, die alle Vorteile eines guten Kämpfers mit einer reichhaltigen Auswahl an Zaubersprüchen verbinden. Als Ausgleich müssen sie dafür einen großen Nachteil bei der Erfahrungsvergabe akzeptieren.**

Die Entstehung eines Kampfzauberers

Ein Kampfzauberer entsteht durch Kombinieren eines Zauberers mit einem Kämpfer. Nachdem man die beiden Typen ausgewählt hat, werden zuerst die Fertigkeiten und Zauber festgelegt. Die prinzipielle Vorgehensweise, bei der im Zweifelsfall meist zugunsten des Abenteurers entschieden wird, sieht dabei so aus:

Grundfähigkeiten des Kampfzauberers sind alle Fertigkeiten, die Grundfähigkeiten **eines der beiden** Ausgangstypen sind. Die Kombination aus einem Krieger und einem Magier kann zum Beispiel *Kampf zu Pferd* und *Zauberkunde* beides als Grundfähigkeit lernen.

Standardfähigkeiten des Kampfzauberers sind alle Fertigkeiten, die zu den Standardfähigkeiten **beider** Ausgangstypen gehören. Bei der Kombination von Krieger und Magier wären das zum Beispiel *Balancieren* und *Menschenkenntnis*.

Die restlichen Fertigkeiten sind Ausnahmefähigkeiten des Kampfzauberers, d.h. Fertigkeiten, die einer der beiden Ausgangstypen nur ausnahmsweise oder gar nicht lernen kann und die gleichzeitig nicht zu den Grundfähigkeiten des anderen Ausgangstyps gehören. Hierzu gehören z.B. *Geheimmechanismen öffnen* und *Verführen* für die Kombination aus Krieger und Magier.

Ein Kampfzauberer lernt alle Waffen einschließlich der Zauberstäbe als Standardfähigkeiten. Dies gilt auch für die kombinierten Abenteurertypen, bei denen auf der Kämpferseite von einem Krieger und Söldner ausgegangen wird. Im Gegensatz zu einem richtigen Krieger oder Söldner hat ein Abenteurer, der sich auch intensiv mit der Zauberei befaßt, nicht die Zeit, sich so einseitig auf der Erlernen des Waffenhandwerks zu konzentrieren. Die maximal erreichbaren Erfolgswerte sind +17 für Angriffs- und +7 für Verteidigungswaffen (vgl. MIDGARD - *Das Fantasy-Rollenspiel,* S. 196, 214).

Wird ein normaler magisch unbegabter Kämpfer oder ein Barde mit einem Zauberer kombiniert, so lernt der entstehende Kampfzauberer dieselben Sprüche zu denselben Kosten wie der Ausgangszauberer. Als halber Barde beherrscht er zusätzlich Zauberlieder wie ein normaler Barde.

Wird ein Zauberer dagegen mit einem anderen zauberkundigen Kämpfer kombiniert, so kann der Kampfzauberer Magie aus dem Repertoir beider Ausgangstypen anwenden. Bei der Entscheidung, ob ein Spruch Grund-, Standard- oder Ausnahmezauber ist, wird erst einmal zugunsten des neuen Abenteurertyps entschieden. *Lebenskeule* gehört als Grundzauber eines Druiden und Ausnahmezauber eines Wildläufers zu den Grundfähigkeiten der Kombination aus den beiden Abenteurertypen, und *Eisiger Nebel* (Standard für den Druiden, unzulässig für den Wildläufer) ist für ihn Standardzauber. Anschließend muß man die Spruchliste kritisch durchgehen, ob auch jeder Spruch zu dem gewünschten Abenteurertyp paßt. Ein Wildläufer kann auch in der Kombination mit einem Hexer keine schwarzmagischen Sprüche einsetzen, da das seiner Grundeinstellung widerspricht. Vorsichtig muß man hier besonders bei Kampfzauberern sein, bei denen einer der Ausgangstypen wie Derwisch, Druide, Priester, Schamane oder Glaubenskämpfer durch seinen Glauben bestimmt wird und der so eventuell vor dem einen oder anderen Spruch besondere Abscheu empfindet.

Das eben beschriebene Verfahren zur Auswahl der Fertigkeiten von Kampfzauberern reicht aus, wenn ein Spieler möchte, daß sein fortgeschrittener Kämpfer zaubern lernen will oder ein Spielermagier auf einmal sein Herz für den Schwertkampf entdeckt, ohne daß sie ganz zu einem anderen Abenteurertyp wechseln wollen (s. *»Ein Kämpfer lernt zaubern«* und *»Ein Zauberer lernt kämpfen«*). In diesem Fall braucht man natürlich auch keinen Lehrplan.

Will man dagegen einen eigenen Abenteurertyp schaffen, der magische, kämpferische und andere Fähigkeiten gleichgewichtig verbindet, so liefert das Zusammenwerfen eines bekannten Kämpfers mit einem bekannten Zauberertyp nur selten sofort das gewünschte Ergebnis. Manche Kombinationen sind zu sehr bevorteilt (z.B. Spitzbube/Thaumaturg am Beispiel des *Schattenwebers),* andere dagegen benachteiligt. Vor allem die Kampfzauberer auf der Basis von Krieger oder Söldner sind problematisch, da der Hauptvorteil dieser Kämpfer, das preiswerte

Lernen fast aller Waffenfertigkeiten, entfällt. Besonders extrem ist die Ausgangssituation beim *Klingenmagier* als Krieger/Magier, der zusätzlich als Elf eine Reihe von Fertigkeiten gar nicht lernen darf und der so erst einmal nur eine kleine Auswahl an nützlichen Grundfertigkeiten hat, während er viele Fertigkeiten nur als Ausnahme lernen kann. In solchen Fällen ist ein Nachbearbeiten der Fähigkeiten notwendig. Im Fall des Schattenwebers werden einige Grundfertigkeiten zu Standardfertigkeiten herabgestuft, während beim Klingenmagier einige Fertigkeiten aufgewertet werden. Auch bei besser ausbalancierten Kombinationen kann der Spielleiter an der nach den obigen Richtlinien erstellten Rohform der Fertigkeitenliste Feinarbeiten vornehmen, um den neuen Kampfzauberertyp besser den eigenen Vorstellungen anzupassen. Hier kann er Fertigkeiten, die ihm nicht gefallen, abwerten - z.B. von Grund zu Standard. Zum Ausgleich dafür werden ähnlich nützliche Fertigkeiten aufgewertet - im Beispiel von Standard zu Grund. Ähnlich kann er mit den Zaubersprüchen verfahren. Die Vorgehensweise gleicht weitgehend dem Erschaffen eines normalen neuen Abenteurertyps wie Wildläufer oder Hexenjäger durch schrittweise Ändern der Fähigkeiten eines bekannten Typs (Tiermeister bzw. Ordenskrieger).

Der Lehrplan eines Kampfzauberers ergibt sich durch Addieren der Lehrpläne beider Ausgangstypen. Kann eine Waffe, eine Fertigkeit oder ein Spruch von beiden bei Spielbeginn gewählt werden, so zahlt der Kampfzauberer dafür den geringeren Preis in Lernpunkten. Ausnahmefertigkeiten des Kampfzauberers werden allerdings ganz aus den Lehrplänen gestrichen. Ein Beispiel wäre *Abrichten* bei einer Kombination aus Nordlandbarbar und Priester mit Spezialisierung Krieg, da diese Fertigkeit Standard für den Barbar, Ausnahme für den Priester und damit Ausnahme für den kombinierten Abenteurer ist. Das Ergebnis dieser Prozedur kann der Spielleiter wieder nach eigenen Vorstellungen bearbeiten.

Zu beachten ist auch, daß die Kombinationen mit einem Druiden weiterhin das Tabu der Druiden gegenüber Waffen aus geschmiedetem Metall beachten müssen, es also keinen Sinn macht, sie Schwerter und andere Waffen, die - abgesehen von Nahuatlan - nicht aus Holz und geschliffenem Stein hergestellt werden, lernen zu lassen. Viele Zauberer müssen bei Spielbeginn *Schreiben* lernen, und Priester müssen zuerst ihre Kultwaffe wählen. Diese Einschränkungen gelten auch für entsprechende kombinierte Abenteurertypen.

Kampfzauberer im Spiel

Gelten unterschiedliche Regeln für Kämpfer und Zauberer, so wird ein Kampfzauberer, der ja beiden Gruppen angehört, stets so behandelt, daß es für ihn am vorteilhaftesten ist - abgesehen von den im letzten Abschnitt erwähnten Ausnahmen beim Erwerben von Fähigkeiten. Ein Söldnerthaumaturg würfelt zum Beispiel seine Ausdauerpunkte wie ein Söldner aus und hat die Resistenz eines Thaumaturgen.

Kampfzauberer bei Spielbeginn

Normale Personen sind bei Beginn ihrer Abenteurerlaufbahn zu jung, um gleichzeitig eine solide Ausbildung im Kämpfen und im Zaubern erhalten zu haben. Menschen, Zwerge und Halblinge, die das Spiel als Kampfzauberer beginnen, sind die ganz große Ausnahme, und es bleibt jedem Spielleiter freigestellt, ob er sie in seiner Kampagne zulassen will. Die einzige Möglichkeit für solche kurzlebigen Wesen, vor dem ersten Abenteuer eine gleichermaßen gute Ausbildung im Kämpfen und Zaubern genossen zu haben, ist die Mitgliedschaft in einer besonderen Gemeinschaft, die Kinder und Jugendliche in ihrer Freiheit stark einschränkt und sie einer strengen und stark reglementierten Schulung unterwirft. Diese Gemeinschaft erwartet im Gegenzug, daß der ausgebildete Abenteurer jederzeit den Befehlen seiner Oberen gehorcht und Aufträge für sie ausführt. Der Spielleiter hat in der Rolle der Vorgesetzten solcher Kampfzauberer jederzeit Zugriff auf die Spielerfigur, die sich den Anordnungen nicht widersetzen kann. Als Beispiel für einen solchen Abenteurertyp wird der Todeswirker vorgestellt. Ein Austreten aus solchen Gruppen ist nicht möglich; wer fahnenflüchtig wird, muß damit rechnen, daß sich Verfolger an seine Spur heften und überall auf *Midgard* und jederzeit versuchen, ihn zu eliminieren.

Anders sieht es bei Elfen und Gnomen aus, die dank ihrer Langlebigkeit erst im für Menschen fortgeschrittenen Alter ihre Abenteuerzeit beginnen. Sie haben vorher genügend Gelegenheit für eine Aus-

---

Menschen, Zwerge und Halblinge sind bei Beginn ihrer Abenteurerlaufbahn zu jung, um eine solide Ausbildung sowohl im Kämpfen als auch im Zaubern erhalten haben zu können.

Elfen und Gnome haben dank ihrer Langlebigkeit genügend Gelegenheit für eine Ausbildung als Kämpfer und Zauberer vor Beginn ihrer Abenteurerlaufbahn.

bildung als Kämpfer und Zauberer. Entscheidet sich ein Spieler dafür, daß sein Elf oder Gnom zwei Abenteurertypen in sich vereinigen soll, muß er je einen passenden Kämpfer- und Zauberertyp auswählen. Die Kombination sollte allerdings sinnvoll sein, und der Spieler muß sich ein passendes Motiv überlegen, warum sein Abenteurer diesen Ausbildungsweg gewählt hat. Ein Gnom, der gleichzeitig Assassine und Heiler sein will, dürfte in Erklärungsnöte gelangen, wenn der Abenteurer nicht eine gespaltene Persönlichkeit in der Art von Dr. Jekyll und Mr. Hide haben soll. Als Beispiele werden die Klingenmagier der Elfen und die Schattenweber der Gnome vorgestellt.

Ob Mensch, Elf oder Zwerg - allen Kampfzauberern stehen bei Spielbeginn zum Erwerb von **Waffenfertigkeiten** und **Zaubersprüchen** nur jeweils **1W6+1** Lernpunkte zur Verfügung. Als Ausgleich erwerben sie ihre Fähigkeiten ja zu den jeweils niedrigsten Lernpunktepreisen. Außerdem müssen sie die Bedingungen beider herkömmlicher Abenteurertypen erfüllen. Klingenmagier und Schattenweber müssen zum Beispiel *Schreiben* lernen.

Rollenwechsel

Erfahrene Abenteurer entwickeln manchmal den Wunsch, ihren Lebenswandel zu ändern und völlig neue Fähigkeiten zu erwerben. Der Krieger, der schon immer einen Hang zur Gelehrsamkeit hatte und dem in seiner Jugend eine entsprechende Ausbildung verwehrt blieb, möchte sich seinen Jugendtraum erfüllen und das Zaubern lernen, nachdem er sich mit dem Schwert seinen Platz in der Gesellschaft erobert hat und wohlhabend geworden ist. Der Ordenskrieger will in fortgeschrittenem Alter seinen Göttern lieber als Priester dienen. Den Spitzbuben juckt es in seinen geschickten Fingern, die magischen Gegenstände, die er erbeutet hat, als Thaumaturg auch selbst herstellen zu können. Der Magier, der ein großes Interesse an den Sagen seine Volkes und eine schöne Stimme hat, möchte die Kunst der Barden lernen. Solche Rollenwechsel sind möglich, aber bewußt so kostspielig und zeitaufwendig, daß sie erst höhergradigen Spielerfiguren offen stehen. Außerdem ist die Entscheidung endgültig; ein zweiter Wechsel ist später nicht mehr möglich und auch nicht sinnvoll. Ein gestandener Abenteurer sollte schließlich wissen, was er will, und nicht jedes Jahr seine Meinung ändern.

Kämpfer können ihre alte Karriere vollständig hinter sich lassen und ganz zu Zauberern werden. Statt dessen können sie sich auch für eine Rolle als Kampfzauberer und damit für die Kombination ihres alten Kämpfertyps mit einem Zauberertyp entscheiden. Ein älterer **Zauberer**, der seine körperlichen Fähigkeiten seit seiner Jugend zugunsten der Magie vernachlässigt hat, kann allerdings das Versäumte nicht mehr nachholen und ganz zum Kämpfer werden. Außerdem müßte er dann eigentlich auf seine magischen Fähigkeiten verzichten, was kaum sinnvoll ist. Zauberer können aber den Weg des Kampfzauberers einschlagen und so einen zusätzlichen Schwerpunkt auf nichtmagische Fähigkeiten legen.

Spielerfiguren, die ihre Laufbahn schon als **Kampfzauberer** begonnen haben, können überhaupt keinen Rollenwechsel ausführen. Elfen und Gnome waren alt genug, um zu wissen, auf was sie sich einlassen, und sie altern auch so langsam, daß nachlassende körperliche Kräfte keinen Anlaß zur alleinigen Konzentration auf die Zauberfähigkeiten bieten. Andere Kampfzauberer wie der Todeswirker sind so fest in die Organisation, die ihnen ihre besondere Ausbildung ermöglicht hat, eingebunden, daß ein Wechsel der Laufbahn, für die sie vorgesehen sind, unmöglich ist.

Ein Kämpfer lernt zaubern

Beschließt ein Kämpfer, zum Zauberer zu werden, so muß er sich für einen Zauberertyp entscheiden. Mit Ausnahme der Glaubenskämpfer kann sich jeder Kämpfer zum Magier oder Thaumaturgen ausbilden lassen oder die Fähigkeiten eines Hexers oder Beschwörers erwerben. Die Laufbahn eines Derwischs, Druiden, Priesters und Schamanen können nur diejenigen Abenteurer einschlagen, die seit mehreren Jahren einem entsprechenden Glauben anhängen.

Ordenskrieger, die ganz zum Zauberer werden wollen, können ausschließlich in die Rolle eines Derwischs oder Priesters wechseln, Tiermeister nur zum Schamanen und Wildläufer nur zum Druiden wer-

---

Manche erfahrene Abenteurer entwickeln den Wunsch, ihren Lebenswandel zu ändern und völlig neue Fähigkeiten zu erwerben. Solche Rollenwechsel sind möglich, aber kostspielig und zeitaufwendig.

Will ein Kämpfer zum Zauberer werden, so muß er die Fähigkeit Zaubern lernen.

den. Glaubenskämpfer, die sich nur zum Kampfzauberer weiterentwickeln wollen, sind weniger Einschränkungen unterworfen. Ordenskriegermagier und Tiermeisterhexer sind zulässig, da der Abenteurer weiterhin durch den Kämpferanteil der Kombination seinem Glauben treu bleibt.

Will ein Abenteurer, der seine Karriere als Kämpfer begonnen hat, im weiteren Spielverlauf zum Zauberer werden, so muß er die Fähigkeit *Zaubern* lernen. Dies kostet ihn **5000 FP** und etwa eineinhalb Jahre Zeit. Krieger und Söldner benötigen sogar **10000 FP** und etwa drei Jahre Zeit. Kämpfer, die Druide, Magier, Priester oder Thaumaturg werden wollen, müssen weitere zwei Jahre mit dem Lernen der Regeln ihrer neuen Gemeinschaft verbringen. Ordenskrieger sind von dieser Forderung ausgenommen, da sie von Anfang an eng mit der Priesterschaft ihres Gottes verbunden und in den Lehren ihres Glaubens geschult sind.

Auch **zauberkundige Kämpfer** wie Barde, Fian, Hexenjäger, Ordenskrieger, Tiermeister oder Wildläufer müssen noch einmal von Grund auf *Zaubern* lernen und dafür 5000 FP zahlen, wenn sie eine neue Laufbahn als Zauberer einschlagen wollen.

Sobald ein Kämpfer *Zaubern* gelernt hat, genießt er sofort die folgenden Vorteile:

- er ersetzt seine Resistenz als Kämpfer (MIDGARD - *Das Fantasy-Rollenspiel,* S. 37) durch die höhere Resistenz eines Zauberers, d.h. er addiert +3/+1/+3 zu seinen bisherigen Resistenzwerten.
- er beherrscht **Zaubern+10** (+ persönlicher Zauberbonus) wie ein Zauberer vom Grad 1. Zauberkundige Kämpfer behalten ihren alten Erfolgswert für *Zaubern,* den sie vor dem Rollenwechsel erworben haben.
- wenn er Beschwörer als seinen Zauberertyp gewählt hat, beherrscht er *Lehrersuche.* Bevor er weitere Zauber lernen kann, muß er zuerst mit dieser Beschwörung einen übernatürlichen Lehrer finden.

Nachdem der ehemalige Kämpfer seine Wahl getroffen hat, muß er sich entscheiden, ob er sich in Zukunft ausschließlich auf das Studium der Zauberei konzentrieren oder ob er lieber auch seine kämpferischen Fähigkeiten weiterentwickeln will. Im ersten Fall wird der Abenteurer mit allen Konsequenzen ganz zum Zauberer. Er behält zwar seine alten Waffenfertigkeiten und allgemeinen Fähigkeiten, muß aber wie ein Zauberer Fähigkeitspunkte aufbringen, wenn er die Erfolgswerte noch weiter steigern will. Seine Ausdauerpunkte ändern sich nicht; wenn er sie aber erhöhen will, muß er die entsprechende Zaubererzeile in Tabelle 5.13 (MIDGARD - *Das Fantasy-Rollenspiel,* S. 289) benutzen.

Will ein Abenteurer nach dem Lernen von *Zaubern* gleichzeitig seine alten kämpferischen und seine neuen magischen Fähigkeiten pflegen, so wird er zum Kampfzauberer, z.B. zum Kriegermagier oder zum Waldläuferdruiden. Für solche Spielerfiguren mit doppeltem Abenteurertyp gelten die Regeln des Abschnitts »Kampfzauberer«. Dabei ist zu beachten, daß manche Kombinationen unzulässig sind. Ein geläuterter Assassine kann zum Heiler werden, aber die Kombination Assassinenheiler ist nicht erlaubt.

Ein Zauberer lernt kämpfen

Zauberer können nur zum Kampfzauberer werden, wobei sie einen Kämpfertyp zu ihrem alten Zauberertyp hinzufügen. Auch dabei ist zu beachten, daß ausschließlich die Kombinationen aus dem Abschnitt »Kampfzauberer« zulässig sind. Um diesen Wechsel zu einer eher kampfbetonten Rolle durchzuführen, muß der Zauberer je eine Nahkampfwaffe (außer *Dolch, Garotte, Keule, Magierstab* und *-stecken, Faustkampf* und *waffenloser Kampf*), eine Fernkampfwaffe (außer *Bola, Lasso, Netz* und *Werfen*) und eine Verteidigungswaffe, die im Lernschema des gewählten Kämpfertyps jeweils nur 1 oder 2 Lernpunkte kostet, genügend gut beherrschen. Sobald er zu den hohen Lernkosten eines Zauberers den Erfolgswert **+13** für beide Angriffswaffen und **+5** für die Verteidigungswaffe erworben hat, ist der Abenteurer kampferfahren genug, um den Wechsel zum Kampfzauberer zu vollziehen. Weitere Bedingungen muß er nicht erfüllen.

Ein Thaumaturg, der lieber mit magischen Artefakten handeln als sie selbst herstellen will, kann zum Beispiel *Kurzschwert+13, leichte Armbrust+13* und *kleiner Schild+5* lernen. Sobald er diese Erfolgswerte erreicht hat, kann er jederzeit zum Händlerthaumaturgen werden. Sobald der Spieler seine Entscheidung dem Spielleiter mitgeteilt hat, genießt er die Vorteile eines Kampfzauberers, muß aber auch

Spielerfiguren, die ihre Laufbahn als Kampfzauberer begonnen haben, können keinen Rollenwechsel ausführen.

mit den Nachteilen, vor allem beim Sammeln von Erfahrung, leben.

Es ist auch möglich, einen Zauberertyp mit einem zauberkundigen Kämpfer zu kombinieren. Der Abenteurer kann dann mehrere Formen von Magie gleichzeitig anwenden, zum Beispiel normale Magie und Wundertaten als Ordenskriegermagier und Dweomer, normale Magie und Zauberlieder als Bardendruide. Gerade bei Barden muß natürlich auch die übliche Voraussetzung für den Einsatz von Zauberinstrumenten *(Musizieren+12* oder besser) erfüllt sein.

Der Todeswirker oder Thanaturg

Der **Todeswirker (To)** ist ein zauberkundiger Assassine, der einem geheimen Orden mit strikten Regeln angehört. Dieser schon in *Hexenzauber & Druidenkraft* vorgestellte Abenteurertyp wird hier an die 4. Ausgabe der MIDGARD-Regeln angepaßt und ausgewogener gestaltet - vor allem was die Zahl der Grundzauber angeht. Der Einfachheit halber werden hierbei die geringen Unterschiede zwischen dem valianischen *Orden der Schwarzen Lilie* und dem chryseischen *Orden der Weißen Rose* ignoriert.

Thanaturgen werden bereits als kleine Kinder im Auftrag ihres Ordens entführt und in einer der beiden von der Außenwelt isolierten Ordensschulen aufgezogen. Meist handelt es sich dabei um Straßenkinder aus den großen Städten rings um das Meer der Fünf Winde, die im täglichen Überlebenskampf durch Intelligenz, Durchsetzungsvermögen und körperliche Härte aufgefallen sind und deren Schicksal sich durch die Zwangsrekrutierung eher zum Besseren wendet. So kommt es, daß Kinder und Jugendliche aller Altersstufen und Hautfarben nebeneinander leben und lernen. Ihre Lehrer sind Assassinen, Hexern und Thaumaturgen, die mit den Einnahmen aus den mörderischen Aktivitäten des Ordens für ihre Dienste bezahlt und zum Schweigen verpflichtet werden. Todeswirker sind so in erster Linie Assassinenhexer mit einigen wenigen thaumaturgischen Kenntnissen.

Todeswirker können auch später noch ihre Fähigkeiten in den Ordensschulen erweitern. Dies hat den Vorteil, daß ihnen hier ein Teil des Lohnes für die Lehrmeister erlassen wird, wenn sie vorher Aufträge ihres Ordens ausgeführt haben. Sie dürfen die Dienste der Ordensschulen kostenlos in Anspruch nehmen und dort durch Unterweisung lernen, solange der Geldwert des Unterrichts nicht mehr als drei Viertel der Geldsumme beträgt, die der Orden durch ihre Aktivitäten eingenommen hat. Wie üblich müssen aber mindestens ein Drittel der Lernkosten mit Erfahrungspunkten bestritten werden.

Allgemeine Fertigkeiten

Als Assassinenhexer kann der Todeswirker erst einmal alle Grundfähigkeiten der Assassinen und alle Grundfähigkeiten der Hexer als Grundfähigkeiten erwerben. Gemeinsame Standardfähigkeiten beider Abenteurertypen sind auch für ihn Standard, während der verbleibende Rest die Ausnahmefähigkeiten bilden. Das Resultat wird noch geringfügig korrigiert, um dem Bild des neuen Abenteurertyps besser zu entsprechen: *Landeskunde* wird gegen *Kräuterkunde* als Grundfähigkeit eingetauscht, da Thanaturgen sich eher mit den Gebräuchen ihrer Heimat als mit den Gewächsen in Wäldern und Wiesen auskennen müssen. *Scharfschießen* wird zur Standardfähigkeit herabgestuft, da ein magiebegabter Assassine andere Möglichkeiten hat, seinen Opfern aus der Ferne zu schaden, als mit Pfeil oder Armbrustbolzen. Zum Ausgleich erhält er dafür *Beredsamkeit* und *Zeichensprache* als Grundfähigkeiten. Auf *Thaumatographie* wird ganz verzichtet, da der Thanaturg besseres zu tun hat, als eigenhändig magische Objekte zu analysieren. Dafür kann der Orden auf Spezialisten zurückgreifen und sie auch bezahlen.

In der folgenden Liste sind die Grundfähigkeiten des Todeswirkers **fett** gedruckt, die Ausnahmefähigkeiten *kursiv*. In Klammern folgen jeweils die Kosten zum Lernen der Fertigkeit.

Abrichten (400), **Akrobatik** (60), *Alchimie* (200), Astrologie (400), Athletik (100), **Balancieren** (30), *Ballista bedienen* (200), Baukunde (100), *Beidhändiger Kampf* (3000), **Beredsamkeit** (100), **Beschatten** (150), *Bogenkampf zu Pferd* (400), Dichten (80), Erste Hilfe (100), Erzählen (80), **Fälschen** (75), **Fallen entdecken** (200), **Fallenmechanik** (300),

Fallenstellen (100), Fangen (60), **Fechten** (400), **Fechten tevarrischer Stil** (200), **Gassenwissen** (100), Gaukeln (80), Geheimmechanismen öffnen (400), **Geheimzeichen** (10), Geländelauf (60), Geschäftstüchtigkeit (2000), **Giftmischen** (50), Glücksspiel (200), Heilkunde (200), *Himmelskunde* (100), **Kampf in Dunkelheit** (150), *Kampf in Schlachtreihe* (100), *Kampf in Vollrüstung* (8000), *Kampf zu Pferd* (400), *Kampf vom Streitwagen* (400), *Kampftaktik* (300), *Katapult bedienen* (200), **Klettern** (30), Kräuterkunde (100), **Landeskunde** (50), *Laufen* (100), **Lesen von Zauberschrift** (10), **Lippenlesen** (125), Meditieren (200), Menschenkenntnis (250), **Meucheln** (400), Musizieren (80), Naturkunde (100), **Orakelkunst** (30), Pflanzenkunde (100), Rechnen (100), Reiten (60), Rudern (60), **Sagenkunde** (50), Schätzen (100), Scharfschießen (800), **Schauspielern** (25), *Schießen vom Streitwagen* (400), *Schiffsführung* (300), **Schleichen** (200), Schlittenfahren (60), *Schlösser öffnen* (800), **Schreiben:Sprache** (10), Schwimmen (30), *Seemannsgang* (200), Seilkunst (50), Singen (80), Skifahren (60), **Sprechen:Sprache** (5), **Springen** (30), *Spurenlesen* (800), Stehlen (600), Steuern (60), **Stimmen nachahmen** (25), *Streitwagen lenken* (120), **Suchen** (150), Tanzen (50), **Tarnen** (200), *Tauchen* (240), Tierkunde (100), Trinken (100), Überleben (je 50), **Verbergen** (150), Verführen (30), Verhören (150), **Verkleiden** (25), Wagenlenken (60), Wahrnehmung (300), **Winden** (125), **Zauberkunde** (50), **Zeichensprache** (10).

Waffenfertigkeiten

Der Todeswirker lernt alle Waffenfertigkeiten als Standardfähigkeiten. Dies gilt ausdrücklich auch für Garotte, Wurfpfeil und -scheibe, Werfen und Blasrohr, die für normale Assassinen Grundfähigkeiten sind.

Zaubersprüche

Anzahl und Art der Zaubersprüche des Todeswirkers orientieren sich an den Fähigkeiten des Grauen Hexers. Da einige typische Hexenzauber weniger zu dem Bild eines magischen Assassinen passen, werden sie durch andere, im Kampf, beim heimlichen Annähern an das Opfer und bei der Informationsbeschaffung nützliche Zauber ersetzt. Bei den Sprüchen der Stufe 1 werden zum Beispiel *Verwirren* und *Anziehen* zu Standardzaubern herabgestuft, *Dinge wiederfinden, Dschinni-Auge, Dschinni-Horn, Lichtrunen, Liniensicht, Zauberschloß, Zwiesprache* zu Ausnahmezaubern, und *Brot und Wasser, Flammenkreis, Handauflegen, Hörnerklang* und *Silberstaub* werden ganz gestrichen. Zum Ausgleich erhält der Todeswirker als neue Grundzauber *Bärenwut, Bannen von Licht, Stimmenwerfen* und *Schwäche*, und *Bannen von Dunkelheit, Kraft entziehen, Wandeln wie der Wind* sowie *Wundersame Tarnung* werden zu Standardzaubern aufgewertet. Ähnlich wird bei den höherstufigen Sprüchen vorgegangen.

Todeswirker besitzen keine Vertrauten. Wie graue Hexer haben sie Mentoren, bei denen es sich ausnahmslos um Dämonen aus den Nahen Chaosebenen oder Elementarmeister handelt.

Insgesamt hat der Thanaturg etwas weniger Grund- und Standardzaubersprüche in seinem Repertoir als der Graue Hexer, da seine magischen Aktivitäten einseitiger sind. Dafür kann er als bisher einziger Zauberer neben dem Thaumaturgen **Schutzrunen** als Standardfähigkeit lernen. Außerdem zählt der Umgang mit allen **Zaubersalzen** für ihn wie beim Hexer als Standardfähigkeit. Im Gegensatz zum Hexer kann der Todeswirker **keine Zaubertänze** lernen.

Der Lehrplan

Der Lehrplan des Todeswirkers (s. S. 50) ergibt sich durch Addition der Lehrpläne von Assassine und Hexer, wobei wie bei der Auswahl an Grund- und Standardfähigkeiten einige kleine Änderungen vorgenommen werden. *Kräuterkunde* und *Verhören* werden zugunsten von *Landeskunde* und *Beredsamkeit* gestrichen. *Scharfschießen* entfällt ganz; dafür lernt der Thanaturg *Giftmischen* für nur einen Lernpunkt. Bei den Waffen sind einige wenige Waffen des Assassinen gestrichen bzw. leicht verteuert worden, da sie in der Heimat des Todeswirkers (in der Mehrzahl Valian, Chryseia, Eschar oder Küstenstaaten) ungewöhnlich sind. Als **Spezialwaffe** kann der Thanaturg nur *Dolch, Kurzschwert, Rapier, Wurfmesser* oder *leichte Armbrust* wählen. Bei den Zaubersprüchen sind größere Änderungen nötig gewesen, da die typischen Zauber von Hexern am Beginn ihrer Laufbahn von Thanaturgen gar nicht

Todeswirker besitzen keine Vertrauten.

Todeswirker haben Dämonen aus den Nahen Chaosebenen oder Elementarmeister als Mentoren.

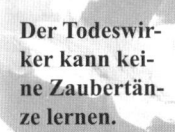

Der Todeswirker kann keine Zaubertänze lernen.

Die Orden der Todeswirker

Die Wurzeln der Gemeinschaft der Todeswirker reichen bis in die Zeit vor dem Krieg der Magier zurück, als Thalassa ein Wespennest voller gegeneinander intrigierender Seemeister war, die nicht davor zurückschreckten, Meuchelmörder auf ihre Feinde anzusetzen. Diese Assassinen mußten auch magisch geschult sein, denn mit einfachem Dolch, Gift oder Pfeil ist einem Viarchen nicht so leicht beizukommen.

Angewidert von den skrupellosen Machtspielen seiner Auftraggeber kehrte einer dieser Magierassassinen seinem blutigen Handwerk den Rücken und schloß sich dem Glauben an die Göttin Nea Dea und ihren Sohn Wredelin an, bei dem die einfachen Leute und ihre Sorgen und Nöte und nicht die Mächtigen des Reiches im Mittelpunkt standen. Dieser in den Untergrund verbannte Kult diente als Sammelbecken für Gegner der Magierherrschaft und wurde zeitweise mit großer Energie verfolgt. Vermutlich auf Initiative des bekehrten Magierassassinen fand sich eine kleine radikale Gruppe von Anhängern des Glaubens zusammen, die sich gezielt an das Auslöschen der mächtigen Viarchen und anderer Mächtiger des Reiches machten, um ihre Glaubensgemeinschaft zu schützen und die Herrschaft der Seemeister zu schwächen. Dazu schulten sie sich in der Kunst des heimlichen Tötens mit der Waffe wie mit der Magie. Nach dem todbringenden Aspekt der Göttin als Unabwendbare, die am Ende den Lebensfaden durchtrennt, nannten sie sich Atropoi, die Unabwendbaren.

Während des Kriegs der Magier gingen die Atropoi ein Zweckbündnis mit den Grauen Meistern ein und arbeiteten erfolgreich als Spione und Attentäter hinter den Linien. Nach dem Untergang des Seemeisterreiches änderten sich die Aufgaben der Gruppe, die jetzt offen als Verteidiger des Glaubens auftrat und in der Anfangszeit für die neue Religion und gegen alle Reste des alten Reiches kämpfte. Ihr Orden existiert in Chryseia heute noch, hat aber nach mehr als 800 Jahren nur noch einen rein zeremoniellen Charakter. Die Mitglieder dienen als Ehrenwache in Tempeln und als Reliquienträger bei Umzügen.

Dieser Gemeinschaft der Unabwendbaren schloß sich vor einigen Jahrzehnten ein junger Mann, Moiragon Katathymas, an, der sich für ihre ruhmreiche Geschichte begeisterte, aber schnell von den in Tradition verhafteten und in der Gegenwart machtlosen Strukturen enttäuscht war. Er nahm daher das Angebot seines Vaters an, ihn auf eine mehrjährige Handelsreise nach Sirao zu begleiten. Im TsaiChen-Tal war er von der Weisheit des ButsuDo und der DaoChia beeindruckt und von den Geschichten um die NinYas als Assassinen, die bei ihren wagemutigen Einsätzen wahre Wunder vollbringen, fasziniert. Auf dem Rückweg trennte er sich in Aran von seinem Vater, um in Rawindra den Ursprüngen des ButsuDo nachzuspüren. Dort lernte er einen jungen Taki namens Teschkamal kennen, der in dem Chryseier einen Geistesverwandten erkannte und ihn in die Geheimnisse seines Glaubens einweihte.

Moiragon versuchte, die verschiedenen Glaubensvorstellungen des TsaiChen-Tals, Rawindras und seiner Heimat Chryseia zu vereinbaren und kam letztendlich zu dem Schluß, daß auch die Macht der Götter begrenzt ist und sie - wie die Menschen - dem Schicksal unterworfen sind. Diese Kraft, die über allem steht, glaubte er in allen hochentwickelten Religionen repräsentiert zu sehen: in dem geheimnisvollen Zauberbuch HungFan der KanThai, in dem rawindischen Samsara, dem Kreislauf der Wiedergeburten, und in dem Aspekt der Nea Dea als Unabwendbare, der niemand entgeht. Nur die Einsicht in die Existenz dieser Schicksalsmacht, als deren Sinnbild er die Waage wählte, und das Bemühen, dem Wirken des Schicksals keine Hindernisse in den Weg zu legen, führen nach Moiragons Lehre zur wahren Erleuchtung.

Moiragon begann, Schüler um sich zu sammeln, als erste Teschkamal und die valianische Zauberin Callandra, die er auf dem Heimweg in Candranor kennenlernte. Gemeinsam trugen sie das Wissen über Zauberei und besondere körperliche Fähigkeiten zusammen, die für die Ausbildung von magisch begabten Assassinen nötig waren, und begannen, einen dem Schicksal dienenden Orden nach dem Vorbild der frühen Atropoi zu formen. Während Moiragon sich aber mit der Zeit zurückzog und seine Zeit in einsamer Meditation verbrachte, entwickelten Teschkamal und Callandra ihre eigenen Vorstellungen von der Schicksalswaage als dem ordnenden Prinzip des Multiversums, dem zu dienen die Pflicht der Erleuchteten ist. Callandra sah die Unabwendbaren als Henker, die Widerstrebende mit Gewalt ihrem vorbestimmten Schicksal zuführen, während Teschkamal die Auffassung vertrat, sie sollten erst als Richter erkunden, welches Schicksal einer Person gerecht wird. Beide begannen aber, die Dienste des Ordens auf den Markt zu tragen - zuerst nur, um gegen eine angemessene Bezahlung hartherzige Gutsherren, gewissenlose Handelsfürsten oder finstere Zauberer ihrem verdienten Schicksal zuzuführen. Da auch hier die beiden ersten Schüler Moiragons unterschiedliche Vorstellungen hatten, was die Art der noch akzeptablen Aufträge anging, kam es zum Zerwürfnis. Ihr Lehrmeister soll noch vergeblich versucht haben, einen Kampf der beiden zu verhindern, und seither ist Moiragon spurlos verschwunden. Dies geschah im Jahr 2359 nL.

Seither gibt es zwei Orden der Unabwendbaren oder Thanaturgen, wie sie sich inzwischen nennen: den *Orden der Schwarzen Lilie*, den Callandra in ihrer Heimat Candranor ansiedelte, und den *Zirkel der Weißen Rose*, den Teschkamal in der Ruinenstadt Thalassa leitet. Wie die beiden inzwischen hochbetagten Anführer sind auch ihre Orden bis heute verfeindet.

Das geheime Ordenshaus der Schwarzen Lilie liegt in der Nähe der alten Arena von Candranor. Nach außen hin ist es ein unauffälliges altes Patrizierhaus, und von den weitläufigen, unterirdisch angelegten Räumlichkeiten ist nichts zu ahnen. Alle Kontrakte werden außerhalb Candranors geschlossen, die Aufträge nur über Mittelsmänner Callandra unterbreitet. Die Ordensobere akzeptiert keinen Auftrag, der sich gegen den Seekönig oder dessen Familie richtet, denn sie weiß, daß ihre anerkannte Loyalität dem valianischen Herrscherhaus gegenüber auch ihrem Orden einen gewissen Schutz bietet. Wer als Auftraggeber Kontakt mit dem Orden knüpfen möchte, kann in einigen, über die Valianischen Inseln und die Küstenstaaten verstreuten Culsutempeln eine kurze Nachricht hinterlassen. Ein Vertrauensmann der Todeswirker sucht dann an einem Ort und zu einer Zeit, die von ihm selbst bestimmt sind, den Interessenten auf. Wo genau die Nachrichten hinterlassen werden müssen, ist nur wenigen bekannt. Entweder spricht man eine Person an, von deren früheren Kontakten zu den Thanaturgen man weiß, oder man macht sich mit einen EW–6: Gassenwissen auf die Suche nach einer solchen Person. Der Priesterschaft der Todesgöttin Culsu ist bekannt, daß ihre Tempel als „tote Briefkästen" benutzt werden.

Das Ordenshaus der Weißen Rose befindet sich im Herzen Thalassas. Offiziell ist Teschkamal der Wirt des Hauses *Zur Weißen Rose,* eines der wenigen intakten Gasthäuser der Ruinenstadt, in dem Besucher eine sichere und bequeme Unterkunft finden. Dieses Haus ist aber nur das Zentrum eines geheimen Netzes, das sich über mehrere andere Gebäude und ausgedehnte unterirdische Räumlichkeiten erstreckt. Teschkamal pflegt gute Beziehungen zu den Bettlern von Thalassa und insbesondere zum Mendarchen. Der *Zirkel der Weißen Rose* hat bisher niemals gegen den Bettlerkönig Stellung bezogen, sondern ist im Gegenteil schon mehrfach kostenlos in seinem Auftrag tätig geworden. Zur Kontaktaufnahme mit Teschkamals Todeswirkern kann man in größeren Städten Vesternesses solange Bettler ansprechen, bis man an einen Eingeweihten, einen treuen Gefolgsmann des Bettlerkönigs, gerät und dieser verspricht, einen Angehörigen des Zirkels zu informieren. Der Todeswirker sucht dann zu einem ihm genehmen Zeitpunkt den Interessenten auf

Im Auftrag des Ordens

Ihre Aufträge erhalten Todeswirker immer nur durch ihren Orden, wo sie auch ausgebildet und ausgerüstet werden und wo ihre eigentliche Heimat liegt. Dort finden sie Lehrmeister für alle Fertigkeiten und Zauberkünste, die zu den Grundfähigkeiten des Abenteurertyps gehören. Außerdem sind die Ordenshäuser der ideale Ort, um Nachforschungen anzustellen, denn in den Archiven werden Aufzeichnungen über viele nicht allgemein bekannte Informationen aufbewahrt, die im Laufe der Zeit angefallen sind. Da sich die Orden einen gewissen Ruf bei den Mächtigen ihrer Heimat verschafft haben, können sie ihren Einfluß auf vielerlei Arten entfalten und ihre Mitglieder unterstützen - auch wenn diese in die Mühlen der Gerichtsbarkeit geraten sind. Dabei würden die Orden aber nie öffentlich vorgehen, denn Heimlichkeit ist nicht von ungefähr ihr Markenzeichen. Nur wenige Bewohner *Midgards* wissen mehr über die Thanaturgen als Schauermärchen, in denen sie als unüberwindliche Streiter dargestellt werden, denen man ebensowenig entgehen kann wie dem Schicksal selbst.

So viele Vorteile der Orden auch bieten mag, er weist auch Nachteile auf: Die absolute und lebenslange Loyalität und Integrität gegenüber ihrem Orden und dessen Vorsteher stehen im Mittelpunkt des weltlichen Daseins der Todeswirker, während der Glaube an die Schicksalswaage das spirituelle Zentrum darstellt. Jeder Todeswirker ist zu allen Zeiten dem Ordensrecht unterstellt und muß sich vor dem Orden rechtfertigen. Für Aufträge erhält er nur einen vergleichsweise bescheidenen Lohn; von der Restsumme wird der Orden finanziert (was ihm natürlich wieder zugute kommt). Außerdem ist er zur Verschwiegenheit verpflichtet: Er darf selbst unter Folter keine näheren Informationen über seine Organisation oder seinen Auftraggeber preisgeben. Die Handlungen und Anweisungen seiner Vorgesetzten sind von einem Todeswirker zu keinem Zeitpunkt in Frage zu stellen, und sie dürfen keinen Auftrag des Ordens ablehnen. Verfehlungen gegen die Vorschriften des Ordens werden rasch und rigoros bestraft.

Da die Thanaturgen sich nicht als gemeine Mörder, sondern als Werkzeuge des Schicksals sehen, akzeptieren die Orden nur bestimmte Aufträge. Der Auftraggeber muß überzeugend darlegen, daß das auserwählte Opfer ein Verbrechen oder eine Tat gegen die grundlegenden Prinzipien der Menschlichkeit begangen hat; Eifersucht oder private Rache reichen nicht aus. Oft werden die Todeswirker daher von Königs- und Fürstenhäusern beauftragt, die eine rasche, unauffällige Lösung eines aufgetretenen Problems suchen - z.B. die Eliminierung eines gefährlichen Aufrührers, der sich in ein Nachbarland abgesetzt hat. Für Privatfehden lassen sich die Todeswirker nur selten anwerben: Der *Zirkel der Weißen Rose* macht nur in begründeten Einzelfällen Ausnahmen, während man beim *Orden der Schwarzen Lilie* mit mehr Entgegenkommen rechnen darf, doch auch hier werden solche Aufträge nur sporadisch angenommen. Auch Händler-, Magier- und Handwerkergilden und selbst verbrecherische Organisationen können Todeswirker anfordern, sofern der oder die Gesuchte sich eines schweren Vergehens gegen interne Regeln schuldig gemacht hat. Tyrannenmord meiden allerdings beide Orden, obwohl dies bei grausamen Herrschern ganz im Sinne ihres Glaubens wäre, aber durch solche Taten sehen die Ordensvorsteher die Sicherheit ihrer Gemeinschaft zu sehr gefährdet. Der Dienst eines Todeswirkers hat natürlich einen hohen Preis: mindestens 5.000 GS kostet ein Auftrag. Der Großteil der Summe (zwischen 75% und 95%) geht dabei direkt an den Orden, nur der Rest geht als Anerkennung an den Thanaturgen.

Aufträge müssen nicht unbedingt die Ermordung des Opfers beinhalten. Bei politischen Intrigen können Todeswirker auch beauftragt werden, Furcht zu verbreiten und die Zielperson einzuschüchtern oder zu vertreiben. Der Auftraggeber kann auch den Wunsch äußern, daß ihm das Opfer ausgeliefert wird - vorzugsweise lebendig. Der Todeswirker gibt seinem Opfer dann die Gelegenheit, sich zu ergeben.

Der Kodex der Schicksalswaage

Der für beide Thanaturgenorden verbindliche Kodex dreht sich um vier einfache Kernaussagen:

✦ *Dein Opfer ist wie eine Schachfigur auf den Ebenen des Schicksals.*

Das erste, was Todeswirker in ihrer Ausbildung lernen, ist, daß jedes Opfer, auf das sie angesetzt werden, nicht mehr als eigenständiges Lebewesen betrachtet werden darf. Es ist ein Ding, eine Sache, mit der das Schicksal verfahren kann, wie es ihm beliebt.

✦ *Dein Opfer wird nur vom Schicksal selbst gerichtet.*

Unnötiges Töten ist nicht im Sinne des Schicksals und darum Mord. Allerdings ist es den Todeswirkern erlaubt, gegen jeden vorzugehen, der sich ihnen bei der Erledigung eines Auftrags in den Weg stellt. Tote bleiben dabei nicht aus, denn wer sich dem Schicksal widersetzt, hat nichts anderes verdient. Unnötige und vor allem unbeteiligte Opfer sind aber zu vermeiden. Thanaturgen der Weißen Rose müssen ihren Opfern eine Warnung zukommen lassen, daß das Schicksal sie gezeichnet hat, und sie haben immer nur einen Versuch, ihren Auftrag zu erledigen. Werden sie geschlagen oder kann das Opfer sich ihnen nach dem ersten Angriff erfolgreich für sieben Tage entziehen, hat das Schicksal entschieden, das Opfer zu verschonen. Natürlich kann erneut eine Prämie auf dieselbe Person ausgesetzt werden. Todeswirker der Schwarzen Lilie dürfen ihr Opfer auch ohne Vorwarnung angreifen; es wird zwar nicht gerne gesehen, wenn dies aus dem Hinterhalt geschieht, aber schließlich hätte ja das Schicksal eingreifen und das Opfer retten können. Sie können auch eine Jagd niemals abbrechen, es sei denn aufgrund eines direkten Befehls ihrer Vorgesetzten oder wenn sie dem Opfer bekannt geworden oder beinahe von ihm getötet worden sind. Aus diesem Grund verbergen Todeswirker der Schwarzen Lilie ihre Identität auch möglichst lange und offenbaren sich dem Opfer erst im allerletzten Augenblick.

✦ *Der Ordensbruder ist unverletzlich, der Ordensfremde ein Feind.*

Todeswirker des gleichen Ordens gehen niemals direkt gegeneinander vor und dürfen sich nicht gegenseitig töten. Zwischen den beiden Orden besteht aber eine erbitterte Feindschaft: Es ist jederzeit erlaubt und sogar begrüßenswert, einen Todeswirker des anderen Ordens zu töten. Ausgenommen sind nur Todeswirker, die gerade mit der Erledigung eines Auftrags beschäftigt sind.

✦ *Stelle dich nie dem Schicksal in den Weg, aber folge stets seinem Ruf.*

Da jeder Todeswirker, der einen Auftrag erhalten hat, als Instrument des Schicksals angesehen wird, hat kein anderer Todeswirker das Recht, sich ungebeten in den fremden Auftrag einzumischen, denn dies hieße die Schicksalswaage zu mißachten. Das gilt auch zwischen Angehörigen unterschiedlicher Ordenshäuser ungeachtet ihrer Rivalität.

Todeswirker als Spielerfiguren

Todeswirker beziehen großen Stolz aus einer fehlerfrei geplanten und durchgeführten Operation und sind Meister auf dem Gebiet der Infiltration. Es gibt keinen vorgeschriebenen Weg, ein Opfer zu stellen. Daher entwickelt jeder Todeswirker sein eigenes individuelles Muster der Jagd. Das beginnt mit einer indirekten Vorgehensweise - man isoliert das Opfer von Freunden und Bekannten, was durch Intrigen ebenso geschehen kann wie durch das „Verschwinden" besagter Freunde und Bekannter - und reicht bis zum raschen, direkten Zweikampf - eine Herausforderung wird ausgesprochen, der Kampf wird ausgetragen, keine Umschweife!

Zwischen den Aufträgen genießen Todeswirker lange Ruhepausen, in denen sie unbehelligt vom Orden leben können. Es ist also durchaus möglich, daß sich ein Thanaturg einer Gruppe von Abenteurern anschließt, ohne seine wahre Identität zu offenbaren. Schließlich ist deren Lebensweise ein gutes Training für den Ernstfall. Er muß sich nur eine gute Ausrede für seine speziellen Fähigkeiten einfallen lassen, z.B. daß er im Dienste des Bettlerkönigs von Thalassa (*Zirkel der Weißen Rose*) oder des valianischen Seekönigs (*Orden der Schwarzen Lilie*) eine Ausbildung als Zauberer und Assassine durchgemacht hat und für ihn als Agent durch die Lande zieht, um Informationen zu sammeln und gelegentlich Spezialaufträge zu erledigen. Diese Erklärung sollte langfristig keinen Verdacht aufkommen lassen, da dem geheimnisumwitterten Bettlerkönig bzw. dem mächtigen Seekönig eine solche Handlungsweise zuzutrauen ist.

Gelegentlich sollte der Spielleiter eine Todeswirker-Spielerfigur aber an ihre Ordenszugehörigkeit erinnern und sie mit einem unliebsamen schwierigen Auftrag behelligen. Dieser Auftrag kann entweder isoliert mit einem Spieler gespielt werden oder als Abenteuer für die ganze Gruppe: Der Todeswirker hat keine Skrupel, seine Gefährten im Sinne der Schicksalswaage einzuspannen! Er muß sich nur eine plausible Motivation für die anderen Abenteurer einfallen lassen.

Todeswirker

Stufe	Spruchname	Kosten
1	**Angst**	60
1 ✷	Anziehen	120
1 ✷	Bannen von Dunkelheit	100
1 ✷	**Bärenwut**	50
1 ✷	**Bannen von Licht**	50
1 ✷	*Baum*	500
1	Befestigen	80
1 ✷	Dämonische Zaubermacht	100
1	Dinge verbergen	80
1	*Dinge wiederfinden*	400
1	*Dschinni-Auge*	400
1	*Dschinni-Horn*	400
1 ✷	*Erkennen von Leben*	400
1	Feuerfinger	80
1 ✷	Geräusche dämpfen	100
1	Hauch des Winters	80
1	Heranholen	100
1	Hitzeschutz	100
1 ✷	Hören von Fernem	60
1	Kälteschutz	100
1 ✷	Kraft entziehen	100
1 ✷	Lauschen	60
1 ✷	*Lichtrunen*	500
1 ✷	*Liniensicht*	400
1 ✷	Macht über das Selbst	60
1 ✷	Macht über die Sinne	120
1	Rost	100
1 ✷	Scharfblick	60
1 ✷	Schatten verstärken	80
1	Schlaf	120
1	**Schwäche**	40
1	Stärke	120
1	**Stimmenwerfen**	50
1 ✷	Verwirren	120
1 ✷	Wandeln wie der Wind	100
1	*Windstoß*	600
1 ✷	Wundersame Tarnung	100
1 ✷	*Zähmen*	600
1	*Zauberschloß*	500
1	*Zwiesprache*	500
2	Bannen von Zauberwerk	350
2 ✷	Besänftigen	200
2 ✷	Böser Blick	400
2	*Dschungelwand*	1200
2	**Eisiger Nebel**	125
2	*Eiswand*	1200
2 ✷	Entgiften	300
2 ✷	*Erkennen v. Besessenheit*	1000
2 ✷	Erkennen von Zauberei	300
2	Fährtenduft	200
2	Felsenfaust	200
2	Fesselbann	400
2	**Feuerkugel**	100
2	*Feuerwand*	1200
2	Flammende Hand	200
2	Frostball	200
2	Funkenregen	400
2	Hauch der Verwesung	2000
2	Juwelenauge	800
2 ✷	Macht über Unbelebtes	150
2	Nebel wecken	200
2	Person wiederfinden	200
2	Rauchwolke	300
2 ✷	Schattenrobe	200
2	**Schmerzen**	100
2 ✷	*Schwarm*	1500
2	Seelenkompaß	200
2 ✷	Sehen in Dunkelheit	200
2 ✷	Sehen v. Verborgenem	150
2	Steinkugel	200
2	Steinwand	400
2	**Stille**	100
2	Sumpfboden	200
2	*Ungeheuer rufen*	1000
2	**Unsichtbarkeit**	125
2 ✷	Verursachen v. Krankheit	400
2 ✷	Verursachen v. Wunden	300
2 ✷	Wagemut	200
2 ✷	Wandelhand	300
2	*Wasseratmen*	1000
2 ✷	Wittern	200
2	Zauberschlüssel	150
2	*Zaubersprung*	1000
2	Zauberstimme	150
3	**Beeinflussen**	400
3	Belebungshauch	1000
3	Beschleunigen	800
3	**Blitze schleudern**	500
3	Eiswandlung	600
3	*Elementenwandlung*	4000
3	*Elfenklinge*	4000
3	Erdfessel	800
3 ✷	*Feenfluch*	700
3 ✷	Feenzauber	800
3	Feuerlanze	1000
3	*Feuerlauf*	4000
3	Feuerschild	1000
3	*Geistesschild*	5000
3	Goldener Panzer	600
3	Hauch der Betäubung	800
3 ✷	*Laufen wie der Wind*	4000
3 ✷	Leuchtspur	800
3 ✷	Macht über Menschen	500
3	Pflanzenfessel	600
3	Staubkämpfer	900
3	Tiere rufen	600
3	**Todeshauch**	400
3 ✷	Todeskeule	1000
3	Verdorren	1000
3 ✷	**Vergiften**	400
3	Vergrößern	800
3	Verkleinern	800
3	Verlangsamen	800
3	Vertieren	800
3 ✷	Verurs. schwerer Wunden	900
3	Wasserlauf	800
3 ✷	Zaubermacht	600
3	Zauberschmiede	800
3	Zielsuche	800
4	Blendwerk	2000
4	**Dämonenfeuer**	800
4	Deckmantel	1500
4	Donnerkeil	1800
4	Eisenhaut	1500
4	Elfenfeuer	1600
4	Flammenklinge	1200
4	Knochenbestie	1500
4	Lichtbrücke	2000
4	Luftlauf	1500
4 ✷	*Macht über Leben*	10000
4 ✷	*Macht über mag. Wesen*	5000
4	Marmorhaut	1500
4	**Namenloses Grauen**	1000
4	Nebel schaffen	1500
4 ✷	Pflanzenmann	1500
4 ✷	*Rauchbild*	9000
4 ✷	*Schattenschrecken*	6000
4 ✷	*Schlachtenwahnsinn*	7500
4 ✷	**Schlangenbiß**	1000
4	Schwarze Zone	1800
4 ✷	Torwandeln	1600
4	Vereisen	2000
4	Versetzen	2000
4 ✷	**Verzweiflung**	1000
4	Wasserstrahl	2000
4	*Wasserwandlung*	7000
4	Windmeisterschaft	2000
4	**Zauberauge**	1000
4	**Zauberhand**	900
4	Zauberschild	1500
4	Zauberzunge	1500
4	Zweite Haut	1800
5	*Erdwandlung*	15000
5	Erscheinungen	4000
5	Feuermeisterschaft	3000
5	Himmelsleiter	3000
5	Lähmung	3500
5 ✷	*Macht über den Tod*	10000
5	Schweben	3000
5 ✷	Spruch intensivieren	2000
5	*Sturmhand*	15000

5	*Sturmwind*	20000	5 ✳	Wandwandeln	3000	6	**Pestklaue**	3500
5 ✳	Thursenstein	3000	5	Wassermeisterschaft	4000	6	**Todeszauber**	5000
5	Tierisches Handeln	3000				6	Verwandlung	8000
5	Umkehrschild	3000	6	Auflösung	10000	6	Wahnsinn	3000
5 ✳	Verletzung	2500	6	*Fliegen*	30000	6	*Wirbelwind*	50000
5	**Versteinern**	1750	6	Graue Hand	7000	6	*Zauberwirklichkeit*	50000
5	Wahrsehen	3000	6 ✳	*Macht über die Zeit*	30000			

oder weniger gut beherrscht werden. Die Anzahl und Lernkosten der Zauberkünste entsprechen aber in etwa denen des Hexers.

Zusätzliche Informationen

Heimat: Todeswirker haben ihre Kindheit in einer der Städte rings um das Meer der Fünf Winde verbracht, und auch in den Ordensschulen erhalten sie eine städtische Ausbildung. Die meisten Angehörigen der Orden stammen aus Valian, Chryseia, Eschar (Kairawan) oder den Küstenstaaten, aber auch Albai, Araner und Moraven sind möglich. Thanaturgen sind ausnahmslos Menschen.

Glaube: Todeswirker hängen ihrem eigenen, strengen Glauben an das über den Göttern und allen anderen Mächten stehende Schicksal an. Den Religionen anderer Menschen stehen sie *gleichgültig* gegenüber.

Eigenschaften und Stand: Wie ein Assassine ist der Thanaturg auf seine Aufgabe eingeschworen worden und läßt sich nicht so leicht ablenken. Seine Selbstbeherrschung bestimmt er daher wie ein Assassine. Auch seine AP und seinen Stand würfelt er wie ein Assassine aus.

Ausrüstung: Der Todeswirker würfelt für Rüstung und Waffen bei Spielbeginn wie ein Assassine, für Geld wie ein Hexer.

Zauberwerkstatt: Thanaturgen benutzen ausnahmslos ein Stilett als **Thaumagral**. Durch ihre magischen Eigenschaften zerbricht diese Waffe im Kampf nicht so leicht. Der Wurf einer 1 beim EW:Angriff führt deswegen nicht automatisch zur Zerstörung der Klinge, sondern wird wie ein kritischer Fehler mit einem normalen Dolch behandelt - im Gegensatz zu anderen Waffenthaumagralen aber nicht wie mit einer (+3/+3)-Waffe.

Der Klingenmagier

Der **Klingenmagier (Km)** ist ein stolzer Elfenkrieger, der gleichzeitig in den arkanen Künsten geschult ist und mit Schwert und Magie gleich gut umgehen kann. Viele Angehörige des elfischen Kriegeradels haben eine entsprechende Ausbildung genossen, da ihr langes Leben ihnen Zeit genug läßt, sich in allen Künsten des Kampfes, magischen und nichtmagischen, zu schulen. Der Klingenmagier verbindet den Ehrenkodex des Kriegers mit der Ernsthaftigkeit, mit der der Magier sich der Zauberei widmet. Die hehren Prinzipien dieser Gruppe von Elfen garantieren, daß ihr Volk nie wieder wie zu den Zeiten des Anarchen der Verführung unkontrolliert ausgeübter Magie erliegt.

Allgemeine Fertigkeiten

Die Grundfähigkeiten des Klingenmagiers setzen sich aus den Grundfähigkeiten der Krieger und den Grundfähigkeiten der Magier zusammen. Gemeinsame Standardfähigkeiten beider Abenteurertypen sind auch für ihn Standard, während der verbleibende Rest die Ausnahmefähigkeiten bilden. Berücksichtigt man noch, daß er als Elf eine Reihe von Fertigkeiten gar nicht lernen darf, so bleiben nur wenige brauchbare Grundfertigkeiten übrig, während viele nützliche Fertigkeiten sogar Ausnahme sind. Bei normalen Kriegern ist dieser Mangel ein Ausgleich für die große Zahl Waffenfertigkeiten, die er billig als Grundfähigkeiten erwerben kann. Kampfzauberer genießen diesen Vorteil aber nicht. Daher ist es sinnvoll, die Fertigkeitenliste zugunsten des Klingenmagiers zu bearbeiten und die elfischen Spezialitäten *Schleichen*, *Tarnen* und *Wahrnehmung* zu Grundfähigkeiten und *Spurenlesen* zur Standardfähigkeit aufzuwerten. Als weniger zu Elfen passend werden *Ballista bedienen*,

Der Klingenmagier ist ein Elfenkrieger, der gleichzeitig in den arkanen Künsten geschult ist. Er kann mit Schwert und Magie gleich gut umgehen.

Der Klingenmagier verbindet den Ehrenkodex des Kriegers mit der Ernsthaftigkeit, mit der der Magier sich der Zauberei widmet.

Klingenmagier

Stufe	Spruchname	Kosten
1	Angst	120
1 ✶	Anziehen	120
1 ✶	*Bannen von Dunkelheit*	500
1 ✶	*Bannen von Licht*	500
1 ✶	*Baum*	500
1	Befestigen	80
1 ✶	*Brot und Wasser*	100
1	Dinge verbergen	80
1	Dinge wiederfinden	80
1	Dschinni-Auge	80
1	Dschinni-Horn	80
1 ✶	**Erkennen von Leben**	40
1	Feuerfinger	80
1	Flammenkreis	100
1 ✶	Geräusche dämpfen	100
1	Hauch des Winters	80
1	**Heranholen**	50
1	*Hitzeschutz*	500
1 ✶	**Hören von Fernem**	30
1 ✶	Hörnerklang	100
1	*Kälteschutz*	500
1 ✶	**Lauschen**	30
1 ✶	**Lichtrunen**	50
1 ✶	*Liniensicht*	80
1 ✶	**Macht über das Selbst**	30
1 ✶	**Macht über die Sinne**	60
1	*Reinigen*	300
1	Rost	100
1 ✶	**Scharfblick**	30
1 ✶	*Schatten verstärken*	400
1	Schlaf	120
1	Schwäche	80
1	Silberstaub	100
1	Stärke	120
1	Stimmenwerfen	100
1 ✶	Verwirren	120
1	*Windstoß*	600
1	Zauberschloß	500
1	Zwiesprache	100
2	Bannen von Zauberwerk	350
2	Bannsphäre, Blaue	300
2	Bannsphäre, Goldene	300
2	Bannsphäre, Silberne	400
2	Dschinni-Ohr	200
2	Dschungelwand	400
2	Eisiger Nebel	250
2	Eiswand	400
2 ✶	**Erkennen v. Zauberei**	150
2	*Fährtenduft*	1000
2 ✶	*Felsenfaust*	1000
2	Fesselbann	400
2	Feuerkugel	200
2	Feuerwand	400
2	Flammende Hand	200
2	Frostball	200
2	Funkenregen	400
2	Hauch der Verwesung	400
2	**Juwelenauge**	400
2 ✶	**Macht ü. d. bel. Natur**	150
2 ✶	**Macht ü. Unbelebtes**	75
2	*Nebel wecken*	1000
2	Rauchwolke	300
2 ✶	*Rindenhaut*	1500
2 ✶	*Schattenrobe*	1000
2	Schmerzen	200
2 ✶	*Schwarm*	1500
2	Seelenkompaß	200
2 ✶	**Sehen in Dunkelheit**	100
2 ✶	**Sehen v. Verborgenem**	75
2	Steinkugel	200
2	Steinwand	400
2	Stille	200
2	Sumpfboden	200
2	Unsichtbarkeit	250
2 ✶	Wagemut	200
2 ✶	Wandelhand	300
2 ✶	Warnung	200
2	*Wasseratmen*	1000
2 ✶	*Wittern*	1000
2	*Zauberschlüssel*	750
2 ✶	*Zaubersprung*	1000
2	Zauberstimme	150
3	*Bannen von Kälte*	4000
3	Beeinflussen	800
3	Belebungshauch	1000
3	Beschleunigen	800
3	Blitze schleudern	1000
3	*Eiswandlung*	600
3	Elementenwandlung	800
3	**Elfenklinge**	400
3	Erdfessel	800
3 ✶	Feenfluch	700
3 ✶	Feenzauber	800
3	Feuerlanze	1000
3	*Feuerlauf*	4000
3	**Feuerschild**	500
3	**Geistesschild**	500
3	*Goldener Panzer*	600
3	Hauch der Betäubung	800
3 ✶	**Hören der Geister**	250
3 ✶	*Laufen wie der Wind*	800
3 ✶	**Macht über Menschen**	250
3	Magischer Kreis, klein	1000
3 ✶	Pflanzenfessel	600
3	Regenzauber	800
3	Schrumpfen	1200
3	Staubkämpfer	900
3	*Tiere rufen*	3000
3	*Todeshauch*	4000
3	Vergrößern	800
3	Verkleinern	800
3	Verlangsamen	800
3	Vertieren	800
3	Wachsen	1200
3	*Wasserlauf*	4000
3	Wetterzauber	1000
3 ✶	**Zaubermacht**	300
3	Zauberschmiede	800
3	Zielsuche	800
4	**Bannsphäre, Schwarze**	600
4	Blendwerk	2000
4	Dämonenfeuer	8000
4	Deckmantel	1500
4	Donnerkeil	1800
4	Eisenhaut	1500
4	Elfenfeuer	1600
4	Feuerring	2000
4	Flammenklinge	1200
4	Freundesauge	1200
4	Lichtbrücke	2000
4 ✶	*Liebeszauber*	10000
4	*Luftlauf*	7500
4	Luftsphäre	2000
4 ✶	Macht über Leben	2000
4 ✶	**Macht über mag. Wesen**	500
4	Mag. Kr. d. Bewachens	1000
4	Mag. Kr. d. Verschleierns	1000
4	Mag. Kr. d. Widerstehens	1000
4	Marmorhaut	1500
4	Namenloses Grauen	2000
4	Nebel schaffen	1500
4 ✶	**Reise der Seele**	800
4 ✶	Schattenschrecken	1200
4 ✶	*Schlachtenwahnsinn*	7500
4	**Schwarze Zone**	900
4	Tiersprache	750
4 ✶	*Torwandeln*	8000
4	Vereisen	2000
4	Versetzen	2000
4	Verzweiflung	2000
4	Wasserstrahl	2000
4	Wasserwandlung	1400
4	Windmeisterschaft	2000
4	Zauberauge	2000
4	Zauberhand	1800
4	Zauberschild	1500
4	Zauberzunge	1500
4	**Zweite Haut**	900
5 ✶	*Automat schaffen*	12000
5	*Erdbeben*	15000
5	Erdwandlung	3000
5	Erscheinungen	4000

5	Feuermeisterschaft	3000	5 ✵	**Tiergestalt**	1000	6 ✵	*Macht über die Zeit*	3000
5 ✵	Grüne Hand	3000	5	Tierisches Handeln	3000	6 ✵	**Reise zu den Sphären**	3000
5	Himmelsleiter	3000	5	Umkehrschild	3000	6 ✵	Baumkämpfer	6000
5	Lähmung	3500	5	Wahrsehen	3000	6	Verwandlung	8000
5 ✵	*Macht über den Tod*	5000	5 ✵	*Wandwandeln*	15000	6	Wahnsinn	3000
5 ✵	**Reise in die Zeit**	1200	5	Wassermeisterschaft	4000	6	Wirbelwind	10000
5	Schweben	3000	5 ✵	*Wiederkehr*	25000	6	Zauberwirklichkeit	10000
5 ✵	**Spruch intensivieren**	1000						
5	Sturmflut	4000	6	Auflösung	10000	GM ✵	*Baumwächter*	12000
5	Sturmhand	3000	6	Eismeisterschaft	5000	GM	Hagel	12000
5	Sturmwind	4000	6	Erdmeisterschaft	6000	GM	Feuerregen	15000
5 ✵	*Thursenstein*	3000	6	Fliegen	6000	GM ✵	**Hort der Natur**	7500

Katapult bedienen, Bogenkampf zu Pferd, Schiffsführung, Kampf in Vollrüstung zu Standardfähigkeiten herabgestuft, während im Gegenzug *Laufen, Scharfschießen, Natur-, Pflanzen- und Tierkunde* zu Standardfähigkeiten aufgewertet werden.

In der Liste sind die Grundfähigkeiten des Klingenmagiers **fett** gedruckt, die Ausnahmefähigkeiten *kursiv*. In Klammern folgen jeweils die Kosten zum Lernen der Fertigkeit. Die Fertigkeiten, die Elfen gar nicht lernen können, fehlen in der Liste.

Abrichten (800), *Akrobatik* (240), **Alchimie** (50), Astrologie (400), **Athletik** (25), Balancieren (60), Ballista bedienen (100), Baukunde (100), **Beidhändiger Kampf** (750), Beredsamkeit (200), Beschatten (300), Bogenkampf zu Pferd (200), Dichten (80), Erste Hilfe (100), Erzählen (80), *Fallen entdecken* (800), *Fallenmechanik* (1200), *Fallenstellen* (400), Fangen (60), *Fechten* (1600), *Fechten tevarrischer Stil* (800), *Gaukeln* (160), *Geheimmechanismen öffnen* (800), Geheimzeichen (20), Geländelauf (60), Geschäftstüchtigkeit (2000), Heilkunde (200), *Himmelskunde* (100), *Kampf in Dunkelheit* (600), **Kampf in Schlachtreihe** (25), Kampf in Vollrüstung (4000), **Kampf zu Pferd** (100), **Kampf vom Streitwagen** (100), **Kampftaktik** (75), Katapult bedienen (100), Klettern (60), **Kräuterkunde** (50), Landeskunde (100), Laufen (100), **Lesen von Zauberschrift** (10), Lippenlesen (250), Meditieren (200), Menschenkenntnis (250), Musizieren (80), Naturkunde (100), Orakelkunst (60), Pflanzenkunde (100), *Pyromantie* (200), Rechnen (200), **Reiten** (30), Rudern (60), **Sagenkunde** (50), Schätzen (100), Scharfschießen (800), *Schauspielern* (100), **Schießen vom Streitwagen** (100), Schiffsführung (150), **Schleichen** (200), Schlittenfahren (60), **Schreiben:Sprache** (10), **Schwimmen** (30), Seemannsgang (200), Seilkunst (50), Singen (80), Skifahren (60), Sprechen:Sprache (10), *Springen* (120), Spurenlesen (400), Steuern (60), *Stimmen nachahmen* (100), **Streitwagen lenken** (30), Suchen (300), Tanzen (50), **Tarnen** (200), *Tauchen* (240), Thaumatographie (2000), Tierkunde (100), Trinken (100), Überleben (je 50), Verbergen (300), *Verführen* (60), Verhören (150), *Verkleiden* (100), **Wagenlenken** (30), **Wahrnehmung** (150), *Winden* (500), **Zauberkunde** (50), Zeichensprache (20).

Waffenfertigkeiten

Der Klingenmagier lernt alle Waffenfertigkeiten einschließlich der Zauberstäbe als Standardfähigkeiten.

Zaubersprüche

Der Klingenmagier kann dieselben Sprüche wie ein Magier lernen. Als Elf darf er allerdings keine schwarzmagischen Zauber wählen, die aus der Lernliste gestrichen werden. Außerdem werden *Golem schaffen, Verjüngen, Heimstein* und *Todeszauber* durch *Baumwächter, Hagel, Hort der Natur* und *Baumkämpfer* ersetzt, da diese Zauber besser zu einer langlebigen Person druidischen Glaubens passen. Aus denselben Gründen kann der Klingenmagier *Anziehen, Wagemut, Pflanzenfessel, Tiersprache, Tiergestalt, Thursenstein* und *Grüne Hand* leichter lernen, während ihm im Gegensatz der Erwerb von *Zauberschloß, Zauberschlüssel, Todeshauch, Macht über Leben, Automat schaffen, Wiederkehr* und *Macht über den Tod* schwerer fällt.

> Die Grundfähigkeiten des Klingenmagiers setzen sich aus den Grundfähigkeiten der Krieger und den Grundfähigkeiten der Magier zusammen.

Der Lehrplan

Der Lehrplan des Klingenmagiers (s. S. 51) ergibt sich durch Kombinieren der Lehrpläne von Krieger und Magier unter Berücksichtigung der Sonderregeln für Elfen (MIDGARD - *Das Fantasy-Rollenspiel*, S. 47f). Da die typischen Elfen *Midgards* heute vorwiegend in Wäldern leben, scheiden für den Klingenmagier anfangs auch alle mit Wagen oder Streitwagen verbundenen Fähigkeiten sowie *Kampf in Schlachtreihe* und *Schiffsführung* aus. *Thaumatographie* wird ebenfalls als untypisch für diesen Abenteurertyp gestrichen; außerdem hat der Spieler genügend sinnvollere Möglichkeiten, seine Lernpunkte für Fachkenntnisse auszugeben.

Bei den Waffen werden für Elfen bei Spielbeginn unzulässige Waffen gestrichen. Die Lernkosten für Magierstab und Magierstecken werden etwas erniedrigt, da ein Kriegerzauberer wenigstens hier einen Vorteil gegenüber anderen Kampfzauberern haben kann. Seine **Spezialwaffe** kann der Klingenmagier wie ein Krieger wählen. Bei den Zaubersprüchen wird nur das für nachtsichtige Elfen weniger nützliche *Sehen in Dunkelheit* gegen *Wagemut* ausgetauscht.

Zusätzliche Informationen

Heimat: Klingenmagier stammen als Elfen automatisch vom Land.

Glaube: Klingenmagier haben als Elfen automatisch den druidischen Glauben.

Eigenschaften und Stand: Der Klingenmagier würfelt Sb und AP wie ein Krieger aus. Dank des hohen Ansehens, das er in seinem Volk genießt, addiert er wie ein Magier bei der Bestimmung des Standes +10 zum W%-Wurf.

Ausrüstung: Der Klingenmagier würfelt für Rüstung und Waffen bei Spielbeginn wie ein Krieger, für Geld wie ein Magier.

Zauberwerkstatt: Klingenmagier dürfen als **Thaumagral** einen Dolch, ein Kurzschwert oder ein Langschwert benutzen. Das **Aktivieren von alchimistischen Mitteln** und das **Verzaubern von Artefakten** (MIDGARD - *Das Fantasy-Rollenspiel*, Tabellen 5.11 und 5.12) lernen sie wie normale Magier.

Viele Angehörige des elfischen Kriegeradels lassen sich zum Klingenmagier ausbilden.

Der Schattenweber

Der **Schattenweber (Sw)** ist ein Berggnom, bei dem die seiner Rasse angeborene Neigung, sich über Zwerge und Menschen lustig zu machen, sich mit einer besonders ausgeprägten Liebe zu Edelsteinen, Schmuck und magischen Artefakten gepaart hat. Das Ergebnis ist ein zwielichtiger Abenteurer, der thaumaturgische Zauberkunst mit den diebischen Talenten des Spitzbuben verbindet. Nichtspieler-Schattenweber gehören zu den gefürchtetsten Einbrechern *Midgards,* denen nur stärkste magische Sicherheitsvorkehrungen und mit Eisen gepanzerte Kammern Einhalt gebieten. Seinen Namen trägt dieser Abenteurertyp wegen einiger von ihm entwickelter Zauber, mit denen er sich die Schatten zunutze macht und so sein diebisches Handwerk ungesehen ausüben kann.

Allgemeine Fertigkeiten

Der Schattenweber kann im Prinzip alle Grundfähigkeiten der Spitzbuben und alle Grundfähigkeiten der Thaumaturgen als Grundfähigkeiten erwerben. Gemeinsame Standardfähigkeiten beider Abenteurertypen sind auch für ihn Standard, während der verbleibende Rest die Ausnahmefähigkeiten bilden. Dabei stellt sich heraus, daß die Kombination Spitzbube/Thaumaturg ganz im Gegensatz zu der Ausgangssituation Krieger/Magier beim *Klingenmagier* beinahe optimal ist. Abgesehen von naturverbundenen Wissensfertigkeiten und speziellen Kampftechniken ergeben sich eine Vielzahl nützlicher Grundfertigkeiten und nur sehr wenige Ausnahmefertigkeiten. Daher ist es sinnvoll, den Schattenweber etwas abzuschwächen, vor allem, da er in erster Linie Einbrecher und kein Taschendieb ist, und *Stehlen* zur Standardfähigkeit herabzustufen. Als Gnom hat er außerdem wenig Aussichten, Verfolgern davonzulaufen oder sich ihnen im Kampf zu stellen, so daß auch *Geländelauf, Fechten* und *Kampf in Dunkelheit* nur Standardfertigkeiten sind. Der Schattenweber hat zwar ein besondere Sicht vom Eigentum anderer Leute, aber als Gnom schätzt er das Leben hoch ein und greift nur im äußersten Notfall zur Gewalt. Daher gehört auch *Meucheln* nicht zu seinen Grundfertigkeiten.

In der folgenden Liste sind die Grundfähigkeiten des Schattenwebers **fett** gedruckt, die Ausnahme-

Schattenweber sind zwielichtige Abenteurer unter den in Städten aufgewachsenen Berggnomen.

fähigkeiten *kursiv*. In Klammern folgen jeweils die Kosten zum Lernen der Fertigkeit.

Abrichten (200), **Akrobatik** (60), **Alchimie** (50), Astrologie (400), **Athletik** (100), **Balancieren** (30), *Ballista bedienen* (200), Baukunde (100), *Beidhändiger Kampf* (3000), Beredsamkeit (200), **Beschatten** (150), *Bogenkampf zu Pferd* (400), Dichten (80), Erste Hilfe (100), Erzählen (80), **Fälschen** (75), **Fallen entdecken** (200), **Fallenmechanik** (300), *Fallenstellen* (400), **Fangen** (30), Fechten (800), Fechten tevarrischer Stil (400), **Gassenwissen** (100), **Gaukeln** (40), **Geheimmechanismen öffnen** (200), **Geheimzeichen** (10), Geländelauf (60), Geschäftstüchtigkeit (2000), Giftmischen (100), **Glücksspiel** (100), Himmelskunde (100), Kampf in Dunkelheit (300), *Kampf in Schlachtreihe* (100), Kampf in Vollrüstung (8000), Kampf zu Pferd (400), *Kampf vom Streitwagen* (400), **Kampftaktik** (300), *Katapult bedienen* (200), **Klettern** (30), *Kräuterkunde* (200), Landeskunde (100), Laufen (50), **Lesen von Zauberschrift** (10), Lippenlesen (250), *Meditieren* (400), **Menschenkenntnis** (125), Meucheln (800), Musizieren (80), *Naturkunde* (200), Orakelkunst (60), *Pflanzenkun-*

Schattenweber

Stufe	Spruchname	Kosten
1 ✹	Anziehen (s)	60
1 ✹	Bannen v. Dunkelheit (r)	50
1 ✹	Befestigen (s)	40
1 ✹	Dinge verbergen (s)	40
1 ✹	Dinge wiederfinden (s)	40
1 ✹	Erkennen von Leben (s)	40
1 ✹	Feuerfinger (r)	40
1 ✹	Flammenkreis (s)	50
1 ✹	Geräusche dämpfen (s)	50
1 ✹	Handauflegen (s)	50
1 ✹	Hauch des Winters (r)	40
1 ✹	Heranholen (s)	50
1 ✹	Hitzeschutz (s)	50
1 ✹	Hörnerklang (r)	50
1 ✹	Kälteschutz (s)	50
1 ✹	Lauschen (s)	30
1 ✹	Lichtrunen	50
1 ✹	*Liniensicht*	400
1 ✹	Macht über d. Selbst (s)	30
1 ✹	Rost (s)	50
1 ✹	Schatten verstärken (s)	40
1 ✹	Silberstaub (s)	50
1 ✹	Stärke (s)	60
1 ✹	Windstoß (r)	60
1 ✹	Zauberschloß (s)	50
1 ✹	Zwiesprache (s)	50
2 ✹	Bannen v. Zauberwerk (s)	175
2 ✹	Bannsphäre, Blaue (s)	150
2 ✹	Bannsphäre, Silberne (s)	200
2 ✹	Erkennen v. Zauberei (s)	150
2 ✹	Fesselbann (r)	200
2 ✹	Feuerkugel (r)	100
2 ✹	Flammende Hand (s)	100
2 ✹	Frostball (r)	100
2 ✹	Hauch d. Verwesung (r)	200
2 ✹	Juwelenauge (s)	400
2 ✹	Macht ü. d. bel. Natur (s)	150
2 ✹	Rauchwolke (s)	150
2 ✹	Schattenrobe (s)	100
2 ✹	Sehen in Dunkelheit (s)	100
2 ✹	Sehen v. Verborgenem (s)	75
2 ✹	Stille (r)	100
2 ✹	Unsichtbarkeit (s)	125
2 ✹	Warnung (r)	100
2 ✹	Wasseratmen (s)	100
2 ✹	Zauberschlüssel (r)	75
2 ✹	Zauberstimme (s)	75
3 ✹	Beeinflussen (s)	400
3 ✹	Belebungshauch (s)	500
3 ✹	Beschleunigen (s)	400
3 ✹	Blitze schleudern (r)	500
3 ✹	Feuerlanze (r)	500
3 ✹	Feuerlauf (s)	400
3 ✹	Feuerschild (s)	500
3	Geistesschild	1000
3 ✹	Goldener Panzer (s)	300
3 ✹	Hauch der Betäubung (r)	400
3 ✹	Macht ü. Menschen (s)	250
3	Magischer Kreis, klein	1000
3 ✹	Schattenschrecken (r)	600
3 ✹	Schrumpfen (s)	600
3 ✹	Todeshauch (r)	400
3 ✹	Vergrößern (s)	400
3 ✹	Verkleinern (s)	400
3 ✹	Vertieren (s)	400
3 ✹	Wachsen (s)	600
3 ✹	Wasserlauf (s)	400
3 ✹	Zaubermacht (s)	300
3 ✹	Zauberschmiede (s)	400
3 ✹	Zielsuche (s)	400
4	Bannsphäre, Schwarze	1200
4 ✹	Blendwerk (s)	1000
4 ✹	Dämonenfeuer (r)	800
4 ✹	Deckmantel (s)	750
4 ✹	Donnerkeil (r)	900
4 ✹	Eisenhaut (s)	750
4 ✹	Elfenfeuer (r)	800
4 ✹	Feuerring (s)	1000
4 ✹	Flammenklinge (s)	600
4 ✹	Freundesauge (s)	600
4 ✹	Lindern v. Entkräft. (s)	600
4 ✹	Luftlauf (s)	750
4	Mag. Kr. d. Bewachens	1000
4	Mag. Kr. d. Verschleierns	1000
4	Mag. Kr. d. Widerstehens	1000
4 ✹	Marmorhaut (s)	750
4	Schwarze Zone	1800
4 ✹	Torwandeln (s)	800
4 ✹	Vereisen (r)	1000
4 ✹	Versetzen (s)	1000
4 ✹	Wasserstrahl (r)	1000
4 ✹	Zauberschild (s)	750
4	Zweite Haut	1800
5 ✹	Automat schaffen (s)	1200
5 ✹	Erscheinungen (s)	2000
5 ✹	Schweben (s)	1500
5 ✹	Spruch intensivieren	2000
5 ✹	Sturmwind (r)	2000
5 ✹	Tierisches Handeln (s)	1500
5 ✹	Umkehrschild (s)	1500
5	Wahrsehen	3000
5 ✹	Wandwandeln (s)	1500
6 ✹	Auflösung (r)	5000
6 ✹	Fliegen (s)	3000
6 ✹	Verwandlung (s)	4000
GM ✹	Heimstein (s)	7500

de (200), **Rechnen** (50), Reiten (60), Rudern (60), **Sagenkunde** (50), **Schätzen** (50), Scharfschießen (800), Schauspielern (50), *Schießen vom Streitwagen* (400), *Schiffsführung* (300), **Schleichen** (200), Schlittenfahren (60), **Schlösser öffnen** (200), Schreiben:Sprache (20), Schwimmen (60), *Seemannsgang* (200), **Seilkunst** (25), Singen (80), Skifahren (60), Sprechen:Sprache (10), **Springen** (30), *Spurenlesen* (800), Stehlen (300), Steuern (60), Stimmen nachahmen (50), *Streitwagen lenken* (120), **Suchen** (150), Tanzen (50), **Tarnen** (200), *Tauchen* (240), **Thaumatographie** (1000), *Tierkunde* (200), Trinken (100), Überleben (je 50), **Verbergen** (150), *Verführen* (60), Verhören (150), **Verkleiden** (25), Wagenlenken (60), Wahrnehmung (300), **Winden** (125), **Zauberkunde** (50), **Zeichensprache** (10).

Waffenfertigkeiten

Der Schattenweber lernt alle Waffenfertigkeiten als Standardfähigkeiten, wenn er sie als Gnom überhaupt anwenden kann. Dies gilt auch für die Garotte und den Magierstab.

Zaubersprüche

Der Schattenweber beherrscht dieselben Zauber wie der Thaumaturg. Der Vollständigkeit halber sind sie hier einschließlich der besonderen Künste des neuen Abenteurertyps abgedruckt. Außerdem lernt der Schattenweber **Zaubersalze** sowie **Schutzrunen**, **Siegel** und **Lettern** genauso wie ein Thaumaturg.

Der Lehrplan

Der Lehrplan des Schattenwebers (s. Seite 51) ergibt sich durch Kombinieren der Lehrpläne von Spitzbube und Thaumaturg. Da *Stehlen* weniger typisch für diesen Abenteurer ist und er auch oft als Einzelgänger arbeitet und daher nicht unbedingt die *Zeichensprache* der Diebe beherrscht, werden diese Fertigkeiten durch die besser passenden *Fälschen* und *Schätzen* ersetzt. Außerdem wird *Naturkunde* als Ausnahmefertigkeit gestrichen. Bei den Waffen werden für Gnome verbotene oder untypische Waffen entfernt. Als **Spezialwaffe** kann der Schattenweber nur *Dolch, Keule, Wurfaxt* oder *Wurfmesser* wählen. Bei den Zaubersprüchen, die ein Abenteurer bei Spielbeginn beherrschen kann, werden nur die besonderen Schattenweberzauber berücksichtigt. Sie ersetzen weniger typische Sprüche.

Zusätzliche Informationen

Heimat: Die Neigung zum Schattenweber entwickeln nur Berggnome, die in einer Stadt aufgewachsen sind.

Glaube: Schattenweber hängen als Gnome automatisch dem druidischen Glauben an oder sind *gleichgültig*.

Eigenschaften und Stand: Der Schattenweber würfelt Sb und AP wie ein Spitzbube aus. Beim Bestimmen des Stands addiert er wie ein normaler Thaumaturg +10 zum W%-Wurf; seine weniger ehrenhaften Aktivitäten hält er geheim. Als Gnom kann der Schattenweber nur zum Volk oder zur Mittelschicht gehören.

Ausrüstung: Der Schattenweber würfelt für Rüstung, Waffen und Geld bei Spielbeginn jeweils in der Spalte „alle anderen".

Zauberwerkstatt: Schattenweber können dieselben Gegenstände als **Thaumagral** verwenden wie Thaumaturgen. Außerdem lernen sie auch das **Aktivieren von alchimistischen Mitteln** und das **Verzaubern von Artefakten** (MIDGARD - *Das Fantasy-Rollenspiel*, Tabellen 5.11 und 5.12) zu denselben Kosten wie Thaumaturgen.

Der Chaospriester

Die Priester des Chaos (PC) des MIDGARD-Grundregelwerks sind wie auch Schwarze Hexer in erster Linie als Nichtspielerfiguren gedacht. Der Vollständigkeit halber wird auf S. 52 der Lehrplan dieses Abenteurertyps abgedruckt.

Schattenweber arbeiten in erster Linie als Einzelgänger.

Wildläufer (Wi)

Fachkenntnisse

1 Lernpunkt:
Abrichten+8 (pA61), Geländelauf+15 (**Gw31**), **Schleichen+8 (Gw61)**, **Spurenlesen+6* (In31)**, **Tarnen+8 (Gw31)**, Tierkunde+5 (**In61**), **Wahrnehmung+4 (In61)**

2 Lernpunkte:
Fallenstellen+4 (**Gs31**), Laufen+4 (**Ko61**), Naturkunde+5 (**In61**)

Waffenfertigkeiten

1 Lernpunkt:
Dolch+5 (Gs01), Kurzschwert+5 (Gs01), Keule+5 (St01), Handaxt+5 (St11), leichter Speer+5 (Gs01), Stoßspeer+5 (St31, Gs11) - Wurfspeer+5* (St31, Gs21), Wurfaxt+5* (St31, Gs31), Wurfkeule+5* (St31, Gs31) - kleiner Schild+1 (St31, Gs11)

2 Lernpunkte:
Langschwert+5 (St31, Gs21) - Bogen+5 (Gs31, St31), Kurzbogen+5 (Gs31, St11) - großer Schild+1 (St61)

3 Lernpunkte:
Anderthalbhänder (St31, Gs21), Magierstecken+5 (Gs61, St31) - Langbogen+5 (Gs61, St61), Schleuder+5 (Gs61)

4 Lernpunkte:
Kampfstab+5 (Gs61, St31), waffenloser Kampf+5 (St21, Gw21)

Zauberkünste

2 Lernpunkte:
Wandeln wie der Wind, Wundersame Tarnung, Zähmen

4 Lernpunkte:
Bärenwut, Macht über die belebte Natur

8 Lernpunkte:
Angst, Tiersprache

Als Elf **muß** der Wildläufer zuerst die Fertigkeiten *Schleichen*, *Spurenlesen*, *Tarnen* und *Wahrnehmung* wählen. Wildläufer dürfen keine Metallrüstungen tragen, wenn sie ihre Dweomerzauber anwenden und die Kontrolle über ihre tierischen Gefährten ausüben wollen.

Derwisch (De)

Fachkenntnisse

1 Lernpunkt:
Kamelreiten+15 (**Gw31**), **Springen+15 (St31)**, **Tanzen+15 (Gw31)**, Überleben in Wüste+8 (**In21**)

2 Lernpunkte:
Erste Hilfe+8 (**Gs31**, In31), Lesen von Zauberschrift+12 (**In21**), Naturkunde+5 (**In61**), Reiten+15 (**Gw21**), Sagenkunde+5 (**In61**)

3 Lernpunkte:
Geomantie+15 (**Zt61**), Meditieren+8 (**Wk21**)

Waffenfertigkeiten

2 Lernpunkte:
Dolch+4 (Gs01), leichter Speer+4 (Gs01)

3 Lernpunkte:
Krummsäbel+4 (St31, Gs11) - kleiner Schild+1 (St31, Gs11)

4 Lernpunkte:
Anderthalbhänder+4 (St31, Gs21) - Wurfspeer+4* (St31, Gs21)

9 Lernpunkte:
waffenloser Kampf+4 (St21, Gw21)

Zauberkünste

1 Lernpunkt:
Haram fil-Din, Heiliger Zorn

2 Lernpunkte:
Al-Mahram, Al-Mutadid, Tibb al-Mumani, Hitzeschutz

3 Lernpunkte:
Akbar fil-Ghadban, Al-Karama, Dalail al-Khairat, Macht über das Selbst

4 Lernpunkte:
Al-Tarka, Sadik es-Sidiki, Saijidat el-Masin

Derwische dürfen keine Metallrüstungen tragen, wenn sie ihre Zaubertänze tanzen. Dies würde ihre Beweglichkeit zu sehr einschränken. Derwische dürfen keine Zauber schwarzmagischen Ursprungs anwenden.

Magister (Mg)

Fachkenntnisse

0 Lernpunkte:
Schreiben:Alte Sprache+12* (**In61**), Sprechen:Alte Sprache+12 (**In31**)

1 Lernpunkt:
Himmelskunde+5* (**In21**), Landeskunde+10 Heimat (**In31**), Kräuterkunde+5 (**In61**), Pflanzenkunde+5 (**In61**), Sagenkunde+5 (**In61**), Tierkunde+5 (**In61**), Rechnen+8 (**In81**), Schreiben: Muttersprache+12 (**In61**), Sprechen: Sprache+12 (**In31**)

2 Lernpunkte:
Alchimie+5 (**In81**, **Gs61**), Beredsamkeit+8 (**pA61**, **In61**), Giftmischen+5 (**In61**, **Gs31**), Heilkunde+5* (**In61**), Lesen von Zauberschrift+12 (**In21**), Zauberkunde+5 (**In61**)

3 Lernpunkte:
Erste Hilfe+8 (**Gs31**, In31), Gassenwissen+5 (**In61**, pA31), Geheimmechanismen öffnen+6 (**In61**), Menschenkenntnis+5 (**In31**)

Magister müssen mindestens Schreiben:Muttersprache+9 als Teil der Fachkenntnisse oder der Allgemeinbildung erwerben.

Waffenfertigkeiten

1 Lernpunkt:
Dolch+5 (Gs01), Kurzschwert+5 (Gs01), Keule+5 (St01), Ochsenzunge+5 (Gs31), Rapier+5 (Gs51, St11) - kleiner Schild+1 (St31, Gs11), Buckler+1 (Gs61)

2 Lernpunkte:
Fuchtel+5 (Gs31, St61), Handaxt+5 (St11), Krummsäbel+5 (St31, Gs11), leichter Speer+5 (Gs01), Stoßspeer+5 (St31, Gs11), Streitkolben+5 (St31) - Schleuder+5 (Gs61), Wurfmesser+5* (Gs61), Wurfpfeil+5 (Gs31, St11) - Parierdolch+1* (Gs61)

3 Lernpunkte:
Kampfstab+5 (Gs61, St31), Langschwert+5 (St31, Gs21), waffenloser Kampf+5 (St21, Gw21) - Kurzbogen+5 (Gs31, St11)

4 Lernpunkte:
Bogen+5 (Gs31, St31), leichte Armbrust+5 (Gs31)

Zauberkünste

2 Lernpunkte:
Blicksalz, Bittersalz, Hitzsalz, Kühlsalz, Stottersalz, Hören von Fernem, Scharfblick, Verwirren

4 Lernpunkte:
Niessalz, Wehsalz, Angst, Erkennen der Aura, Erkennen von Leben, Zähmen

8 Lernpunkte:
Besänftigen, Erkennen von Zauberei

Fian (Fi)

Fachkenntnisse

0 Lernpunkte:
Zeichensprache+6 (**In31**, Gs21)

1 Lernpunkt:
Klettern+15 (**St31**, Gw61), Schwimmen+15 (**Gw11**), Springen+15 (St31)

2 Lernpunkte:
Geländelauf+15 (**Gw31**), Laufen+4 (**Ko61**), Naturkunde+5 (**In61**), Reiten+15 (**Gw21**), Sagenkunde+5 (**In61**), Spurenlesen+6* (**In31**), Überleben in Wald oder Gebirge+8 (**In21**)

3 Lernpunkte:
Fallenstellen+4 (**Gs31**), Pflanzenkunde+5 (**In61**), Schleichen+8 (**Gw61**), Tarnen+8 (**Gw31**), Tierkunde+5 (**In61**)

Waffenfertigkeiten

1 Lernpunkt:
Dolch+5 (Gs01), leichter Speer+5 (Gs01), Stoßspeer+5 (St31, Gs11) - Wurfaxt+5* (St31, Gs31), Wurfkeule+5* (St31, Gs31) - kleiner Schild+1 (St31, Gs11)

2 Lernpunkte:
Langschwert+5 (St31, Gs21) - Bogen+5 (Gs31, St31), Kurzbogen+5 (Gs31, St11), Wurfspeer+5* (St31, Gs21) - großer Schild+1 (St61)

3 Lernpunkte:
Kampfstab+5 (Gs61, St31)

4 Lernpunkte:
waffenloser Kampf+5 (St21, Gw21)

Zauberkünste

2 Lernpunkte:
Wandeln wie der Wind, Wundersame Tarnung

4 Lernpunkte:
Bärenwut, Macht über das Selbst, Wagemut, Zähmen

8 Lernpunkte:
Macht über die belebte Natur, Zaubersprung

Ritter (Ri)
(Alba, Küstenstaaten)

Fachkenntnisse

0 Lernpunkte:
Kampf in Schlachtreihe+5* (Gs01)

1 Lernpunkt:
Kampf in Vollrüstung+15 (St61), Musizieren+12 (**Gs31**), Reiten+15 (**Gw21**), Singen+12 (**pA31**), Tanzen+15 (**Gw31**)

2 Lernpunkte:
Beidhändiger Kampf+3 (**Gw61**), Kampf zu Pferd+15* (**Gw21**), Kampftaktik+8 (**pA61**, In31), Landeskunde+10 Heimat (**In31**), Verführen+8 (**pA61**, Au21)

3 Lernpunkte:
Athletik+4 (**St31**, Ko31), Beredsamkeit+8 (**pA61**, In61)

Waffenfertigkeiten

1 Lernpunkt:
Dolch+5 (Gs01), Langschwert+5 (St31, Gs21), Kurzschwert+5 (Gs01), Rapier+5 (Gs51, St11), Streitkolben+5 (St31), Kriegshammer+5 (St61, Gs11), Handaxt+5 (St11), Streitaxt+5 (St61, Gs11), Stoßspeer+5 (St31, Gs11), Lanze+5 (St61, Gs11), Stabkeule+5 (St81), Morgenstern+5 (St61, Gs61) - Wurfaxt+5* (St31, Gs31), Wurfhammer+5* (St61, Gs31) - großer Schild+1 (St61), kleiner Schild+1 (St31, Gs11), Buckler+1 (Gs61), Parierdolch+1* (Gs61)

2 Lernpunkte:
Bihänder+5 (St61, Gs31), Anderthalbhänder+5 (St31, Gs21), Schlachtbeil+5 (St61, Gs31), Hellebarde+5 (St61, Gs61), Stielhammer+5 (St81, Gs31), Kriegsflegel+5 (St61, Gs31), waffenloser Kampf+5 (St21, Gw21)

Ritter aus Alba dürfen bei Spielbeginn weder *Rapier*, *Buckler* noch *Parierdolch* wählen. Ritter aus den Küstenstaaten sind weder in *Kampf in Schlachtreihe* noch im Umgang mit dem *Schlachtbeil* ausgebildet.

Ritter (Ri)
(Eschar, Aran)

Fachkenntnisse

1 Lernpunkt:
Dichten+12 (**In61**), Erzählen+12 (**In31**, pA31), Kamelreiten+15 (**Gw21**), **Kampf in Vollrüstung+15 (St61)**, Reiten+15 (**Gw21**)

2 Lernpunkte:
Beidhändiger Kampf+3 (**Gw61**), Bogenkampf zu Pferd+15* (**Gs31**), Kampf zu Pferd+15* (**Gw21**), Kampftaktik+8 (**pA61**, In31), Landeskunde+10 Heimat (**In31**), Verführen+8 (**pA61**, Au21)

3 Lernpunkte:
Athletik+4 (**St31**, Ko31), Beredsamkeit+8 (**pA61**, In61)

Waffenfertigkeiten

1 Lernpunkt:
Dolch+5 (Gs01), Langschwert+5 (St31, Gs21), Krummsäbel+5 (St31, Gs11), Kurzschwert+5 (Gs01), Keule+5 (St01), Streitkolben+5 (St31), leichter Speer+5 (Gs01), Stoßspeer+5 (St31, Gs11) - Wurfspeer+5* (St31, Gs21), Wurfspieß+5* (St61, Gs21), Wurfkeule+5* (St31, Gs31) - großer Schild+1 (St61), kleiner Schild+1 (St31, Gs11), Buckler+1 (Gs61)

2 Lernpunkte:
Bihänder+5 (St61, Gs31), Anderthalbhänder+5 (St31, Gs21), Hellebarde+5 (St61, Gs61), waffenloser Kampf+5 (St21, Gw21) - Bogen+5 (Gs31, St31)

Der Ritter darf nicht den *Bogen* als Spezialwaffe wählen.

Hexenjäger (Hj)

Fachkenntnisse

1 Lernpunkt:
Landeskunde+10 Heimat (**In31**), Menschenkenntnis+5 (**In31**), Schreiben: Muttersprache+12 (**In61**)

2 Lernpunkte:
Beredsamkeit+8 (**pA61**, In61), Lesen von Zauberschrift+12 (**In21**), Suchen+8 (**In31**, Gs31), Verhören+8 (**pA61**), Zauberkunde+5 (**In61**)

3 Lernpunkte:
Spurenlesen+6* (**In61**), Wahrnehmung+4 (**In61**)

Waffenfertigkeiten

1 Lernpunkt:
Dolch+5 (Gs01), Krummsäbel+5 (St31, Gs11), Kurzschwert+5 (Gs01), Keule+5 (St01), Ochsenzunge+5 (Gs31), Streitkolben+5 (St31), Kriegshammer+5 (St61, Gs11), Handaxt+5 (St11), leichter Speer+5 (Gs01) - kleiner Schild+1 (St31, Gs11), Buckler+1 (Gs61)

2 Lernpunkte:
Anderthalbhänder+5 (St31, Gs21), Langschwert+5 (St31, Gs21), Morgenstern+5 (St61, Gs61), Rapier+5 (Gs51, St11), Stoßspeer+5 (St31, Gs11), Streitaxt+5 (St61, Gs11) - Wurfspeer+5* (St31, Gs21), Wurfaxt+5* (St31, Gs31), Wurfhammer+5* (St61, Gs31), Wurfkeule+5* (St31, Gs31) - großer Schild+1 (St61), Parierdolch+1* (Gs61)

3 Lernpunkte:
Fuchtel+5 (Gs31, St61), Kampfstab+5 (Gs61, St31), Hellebarde+5 (St61, Gs61), Kriegsflegel+5 (St61, Gs31), Stabkeule+5 (St81), Stielhammer+5 (St81, Gs31) - Bogen+5 (Gs31, St31), Kurzbogen+5 (Gs31, St11), leichte Armbrust+5 (Gs31), Schleuder+5 (Gs61), Wurfmesser+5* (Gs61), Wurfpfeil+5 (Gs31, St11)

4 Lernpunkte:
schwere Armbrust+5 (Gs31, St61)

Zauberkünste

2 Lernpunkte:
Angst, Erkennen der Aura

4 Lernpunkte:
Erkennen von Besessenheit, Flammenkreis, Macht über das Selbst, Silberstaub

8 Lernpunkte:
Austreibung des Bösen, Erkennen von Zauberei

Todeswirker (To)

Fachkenntnisse

1 Lernpunkt:
Fallenmechanik+4* (**Gs61**), Geheimzeichen+12 (**In21**), Giftmischen+5 (**In61**, Gs31), Lesen von Zauberschrift+12 (**In21**), **Meucheln+8** (**Gs61**, St31), Schleichen+8 (**Gw61**), Schreiben:Muttersprache+12 (**In61**), Stimmen nachahmen+15* (**In31**), Tarnen+8 (**Gw31**)

2 Lernpunkte:
Beredsamkeit+8 (**pA61**, In61), Beschatten+8 (**Gw61**, pA<81), Fallen entdecken+6 (**In61**), Fälschen+15 (**Gs61**), Gassenwissen+5 (**In61**, pA31), Kampf in Dunkelheit+2* (**Gw61**), Landeskunde+10 Heimat (**In31**), Lippenlesen+6* (**In31**), Suchen+8 (**In31**, Gs31), Verbergen+8 (**In61**), Verkleiden+15 (**Gs31**, In31), Zauberkunde+5 (**In61**)

Waffenfertigkeiten

1 Lernpunkt:
Dolch+5 (Gs01), Kurzschwert+5 (Gs01), Keule+5 (St01), Rapier+5 (Gs51, St11) - Wurfmesser+5* (Gs61) - Parierdolch+1* (Gs61)

2 Lernpunkte:
Ochsenzunge+5 (Gs31), Langschwert+5 (St31, Gs21), Streitkolben+5 (St31), Handaxt+5 (St11), leichter Speer+5 (Gs01), waffenloser Kampf+5 (St21, Gw21), Garotte+5* (Gs61, St21) - Bogen+5 (Gs31, St31), Kurzbogen+5 (Gs31, St11), leichte Armbrust+5 (Gs31), Werfen+5 (Gs21), Wurfspeer+5* (St31, Gs21), Wurfaxt+5* (St31, Gs31), Wurfpfeil+5 (Gs31, St11), Blasrohr+5 (Gs61)

3 Lernpunkte:
Fuchtel+5 (Gs31, St61), Stoßspeer+5 (St31, Gs11), Bihänder+5 (St61, Gs31), Anderthalbhänder+5 (St31, Gs21), Hellebarde+5 (St61, Gs61), Kampfstab+5 (Gs61, St31), Magierstab+5 (Gs31), Morgenstern+5 (St61, Gs61) - schwere Armbrust+5 (Gs31, St61), Schleuder+5 (Gs61), Wurfkeule+5* (St31, Gs31) - kleiner Schild+1 (St31, Gs11), Buckler+1 (Gs61)

Zauberkünste

1 Lernpunkt:
Schwäche

2 Lernpunkte:
Bannen von Licht, Bärenwut, Stimmenwerfen

3 Lernpunkte:
Macht über das Selbst, Schmerzen

4 Lernpunkte:
Angst, Stille

Klingenmagier (Km)

Fachkenntnisse

1 Lernpunkt:
Lesen von Zauberschrift+12 (**In21**), Reiten+15 (**Gw21**), **Schleichen+8** (**Gw61**), Schreiben:Muttersprache+12 (**In61**), **Spurenlesen+6*** (**In31**), **Tarnen+8** (**Gw31**), **Wahrnehmung+4** (**In61**)

2 Lernpunkte:
Beidhändiger Kampf+3 (**Gw61**), Kampf zu Pferd+15* (**Gw21**), Kampftaktik+8 (**pA61**, In31), Zauberkunde+5 (**In61**)

3 Lernpunkte:
Alchimie+5 (**In81**, Gs61), Athletik+4 (**St31**, Ko31)

Klingenmagier müssen mindestens Schreiben:Muttersprache+9 als Teil der Fachkenntnisse oder der Allgemeinbildung erwerben. Als Elfen müssen sie auf jeden Fall *Schleichen, Spurenlesen, Tarnen* und *Wahrnehmung* wählen.

Waffenfertigkeiten

1 Lernpunkt:
Dolch+5 (Gs01), Langschwert+5 (St31, Gs21), Kurzschwert+5 (Gs01), Keule+5 (St01), Streitkolben+5 (St31), Handaxt+5 (St11), leichter Speer+5 (Gs01), Stoßspeer+5 (St31, Gs11), Lanze+5 (St61, Gs11) - Wurfspeer+5* (St31, Gs21), Wurfaxt+5* (St31, Gs31), Wurfkeule+5* (St31, Gs31), Wurfmesser+5* (Gs61) - großer Schild+1 (St61), kleiner Schild+1 (St31, Gs11)

2 Lernpunkte:
Bihänder+5 (St61, Gs31), Anderthalbhänder+5 (St31, Gs21), Kampfstab+5 (Gs61, St31), waffenloser Kampf+5 (St21, Gw21) - Bogen+5 (Gs31, St31), Kurzbogen+5 (Gs31, St11), Langbogen+5 (Gs61, St61), Schleuder+5 (Gs61)

4 Lernpunkte:
Magierstab+5 (Gs31), Magierstecken+5 (Gs61, St31)

Zauberkünste

1 Lernpunkt:
Erkennen von Leben, Heranholen, Hören von Fernem, Lauschen, Macht über das Selbst, Scharfblick, Sehen von Verborgenem

2 Lernpunkte:
Macht über die Sinne, Macht über Unbelebtes

3 Lernpunkte:
Macht über die belebte Natur, Wagemut

4 Lernpunkte:
Erkennen von Zauberei, Macht über Menschen

Schattenweber (Sw)

Fachkenntnisse

1 Lernpunkt:
Fälschen+15 (**Gs61**), Fallenmechanik+4* (**Gs61**), Gaukeln+12 (**Gs61**), Geheimzeichen+12 (**In21**), Lesen von Zauberschrift+12 (**In21**), Schätzen+5 (**In61**), Schlösser öffnen+8 (**Gs61**), Schreiben:Muttersprache+12 (**In61**), Verbergen+8 (**In61**)

2 Lernpunkte:
Balancieren+15 (**Gw61**), Fallen entdecken+6 (**In61**), Gassenwissen+5 (**In61**, pA31), Geheimmechanismen öffnen+6 (**In61**), Klettern+15 (**St31**, Gw61), Schleichen+8 (**Gw61**), Suchen+8 (**In31**, Gs31), Tarnen+8 (**Gw31**), Winden+4* (**Gw61**), Zauberkunde+5 (**In61**)

3 Lernpunkte:
Akrobatik+15 (**Gw61**), Alchimie+5 (**In81**, Gs61), **Thaumatographie+6*** (**In61**)

Schattenweber müssen mindestens Schreiben:Muttersprache+9 als Teil der Fachkenntnisse oder der Allgemeinbildung erwerben.

Waffenfertigkeiten

1 Lernpunkt:
Dolch+5 (Gs01), Keule+5 (St01)

2 Lernpunkte:
Kurzschwert+5 (Gs01), Rapier+5 (Gs51, St11), Streitkolben+5 (St31), Handaxt+5 (St11), leichter Speer+5 (Gs01) - Werfen+5 (Gs21), Wurfmesser+5* (Gs61), Wurfaxt+5* (St31, Gs31) - kleiner Schild+1 (St31, Gs11), Buckler+1 (Gs61), Parierdolch+1* (Gs61)

3 Lernpunkte:
Schleuder+5 (Gs61), Wurfpfeil+5 (Gs31, St11)

4 Lernpunkte:
Blasrohr+4 (Gs61), Bogen+5 (Gs31, St31), Kurzbogen+5 (Gs31, St11), leichte Armbrust+5 (Gs31)

6 Lernpunkte:
Magierstab+5 (Gs31)

Zauberkünste

1 Lernpunkt:
Blicksalz, Bittersalz, Hitzsalz, Kühlsalz, Niessalz, Stottersalz, Wehsalz, Befestigen, Lichtrunen

2 Lernpunkte:
Durstsalz, Funkensalz, Hungersalz, Jucksalz, Löschsalz, Wassersalz, Geräusche dämpfen, Lauschen, Sehen von Verborgenem

3 Lernpunkte:
Schatten verstärken, Heranholen

4 Lernpunkte:
Schattenrobe, Sehen in Dunkelheit

Priester, Chaos (PC)

Fachkenntnisse

0 Lernpunkte:
Schreiben:Alte Sprache+12* (**In61**), Sprechen:Alte Sprache+12 (**In31**)

1 Lernpunkt:
Lesen von Zauberschrift+12 (**In21**), Schreiben:Muttersprache+12 (**In61**), Singen+12 (**pA31**),

2 Lernpunkte:
Giftmischen+5 (**In61**, Gs31), Schauspielern+8 (**pA61**), Verbergen+8 (**In61**)

3 Lernpunkte:
Verkleiden+15 (**Gs31**, In31)

5 Lernpunkte:
Meucheln+8 (**Gs61**, St31)

Priester müssen mindestens Schreiben:Muttersprache+9 als Teil der Fachkenntnisse oder der Allgemeinbildung erwerben.

Waffenfertigkeiten

2 Lernpunkte:
Dolch+4 (Gs01), leichter Speer+4 (Gs01)

3 Lernpunkte:
Magierstab+4 (Gs31) - Wurfspeer+4* (St31, Gs21), Wurfmesser+4* (Gs61) - kleiner Schild+1 (St31, Gs11)

4 Lernpunkte:
Wurfpfeil+4 (Gs31, St11)

6 Lernpunkte:
waffenloser Kampf+4 (St21, Gw21)

8 Lernpunkte:
Blasrohr+4 (Gs61)

Priester müssen als erstes ihre **Kultwaffe** lernen, auch wenn die Lernpunkte dafür nicht ausreichen. Die fehlenden Punkte bekommen sie geschenkt.

Zauberkünste

1 Lernpunkt:
Dämonische Zaubermacht, Kraft entziehen,

2 Lernpunkte:
Bannen von Licht, Erkennen der Aura, Heiliger Zorn

3 Lernpunkte:
Verfluchen, Verursachen von Wunden, Warnung

4 Lernpunkte:
Verursachen von Krankheit

Der Magische Almanach

Das Grundregelwerk wird vom *Magischen Almanach* um Zauber und Wahrsagefertigkeiten ergänzt, die zum Spielen der neuen Abenteurertypen aus dem ersten Kapitel gebraucht werden. Zum Teil sind sie schon in verschiedenen Quellenbüchern erschienen und werden hier der Vollständigkeit halber vorgestellt und für die vierte MIDGARD-Ausgabe überarbeitet.

Die folgenden Zauber sind Spezialitäten der neuen Abenteurertypen, und nur sie wissen von vornherein, wo und wie sie diese besonderen magischen Fähigkeiten lernen können. Andere Abenteurer, die an den Sprüchen interessiert sind, müssen erst einmal einen Lehrmeister finden und dessen Vertrauen gewinnen. So bleibt es allein dem Spielleiter überlassen, ob und wo ein Nicht-Fian *Zaubersprung,* ein Nicht-Hexenjäger *Leuchtspur* oder ein Nicht-Schattenweber *Torwandeln* lernen kann. Dies gilt genauso für landestypische Zauber aus den Quellenbüchern zu den Kulturen *Midgards*. Allein der Spielleiter entscheidet, ob man sie auch außerhalb des betreffenden Landes lernen kann. Generell sind Spruchlisten außerhalb des MIDGARD-Grundregelwerks keine Kataloge, aus denen Spieler sich zu jeder Zeit an jedem Ort nach Belieben bedienen können, sondern der Spielleiter entscheidet, ob und unter welchen Bedingungen man diese magischen Fähigkeiten erwerben kann.

Wahrsagefertigkeiten

Der Derwisch beherrscht die Kunst der *Geomantie,* mit der er aus Sandfiguren die Zukunft vorhersagen kann. Ähnliche Wahrsagefertigkeiten wie die *Pyromantie* scharidischer und aranischer Priester, die *Orakelkunst* der KanThai oder die *Astrologie* in Aran und Rawindra gibt es auch in anderen Kulturen *Midgards*. Sie sind aber regionale Besonderheiten und können nur in bestimmten Ländern gelernt werden, so daß sie im Grundregelwerk fehlen. Alle Wahrsagefertigkeiten können durch Einsatz von AEP und ZEP gelernt und gesteigert werden.

Astrologie

Zt61, *Himmelskunde, Rechnen*
  Erfolgswert+4   (+5 / +12)

200: Ma, PRI, Th - **400:** alle anderen - **800:** KÄM a. (Ba, Hä, Hj, Mg)

Astrologie ist die beliebteste Art der Zukunftsvorhersage in Aran und Rawindra, und sie liefert im Vergleich zu den anschließenden Wahrsagefertigkeiten die genauesten Informationen. Einheimische Astrologen benutzen dabei große Foliantensammlungen mit relativen Sternpositionen und ähnlich wichtigen Daten. Im Merugebirge betreiben einige rawindische Astrologen sogar exakte Sternenbeobachtung, aber diese werden von den meisten ihrer Kollegen als Scharlatane abgetan. Ein Abenteurerastrologe braucht mindestens ein astrologisches Tabellenwerk, um seine Fertigkeit auszuüben. Dieses ist in allen rawindischen und aranischen Städten für **100 GS** erhältlich. Für genauere Vorhersagen benötigt man umfangreiche astrologische Bibliotheken und muß bei den renommierten Samm-

---

Zuschläge und Abzüge für Astrologie

Aufgewendete Zeit:
3 h	–4
6 h	–2
12 h	+0
2 Tage	+2
ab 4 Tage	+4

Benutzung einer Bibliothek:
normale Bibliothek	+2
renommierte Bibliothek	+4

Art der Vorhersage:
allgemein	+0
detailliert	–4
speziell	–8

Geburtsort/zeit:
Geburtshoroskop liegt vor:	+2
exaktes Geburtsdatum bekannt:	+0
nur ungefähres Geburtsdatum bekannt (bis auf 14 Tage):	–2
nur Jahreszeit der Geburt bekannt:	–4
genauer Geburtsort bekannt:	–2
Geburtsort unbekannt:	–4

lungen Benutzungsgebühren von bis zu **50 GS pro Tag** zahlen. Ein Astrologe muß auch *Himmelskunde* und *Rechnen* mit Erfolgswerten beherrschen, die mindestens so hoch wie sein Erfolgswert für *Astrologie* sind.

Will ein Abenteurer etwas über kommende Ereignisse erfahren, führt der Spielleiter einen verdeckten **EW:Astrologie** aus. Bei Erfolg erhält der Spieler Informationen über das gewünschte Thema, die umso ungenauer sind, je allgemeiner die Fragestellung und je spärlicher das Wissen des Abenteurers über das Thema war. Bei Mißerfolg findet der Astrologe keine für die gestellte Frage relevanten Informationen in den Sternen. Bei einem kritischen Fehler erhält er falsche Antworten. Die Erfolgsaussichten hängen von der aufgewandten Zeit und von den bekannten astrologischen Rahmenbedingungen ab.

Ein Astrologe kann seine Fähigkeiten nur einmal einsetzen, um Informationen über das Schicksal eines Kunden zu erhalten. Bei Erfolg kann er allerdings anschließend versuchen, weitere Einzelheiten aus den Sternen zu lesen.

> Dhomamitra *(Astrologie+12)* erstellt Berry Balodin, der auf eine längere Reise gehen will, für 20 GS ein Horoskop. Der Astrologe hat dazu einen Tag Zeit und außer seinen Tabellen noch Berrys Geburtshoroskop vorliegen, das er vor einiger Zeit erstellt hat. Der Spielleiter muß also mindestens eine 10 (–4 wegen einer detaillierten Vorhersage, +2 dank Geburtshoroskop) würfeln, damit der Halbling durch Dhomamitras Horoskop einige Informationen über seine bevorstehende Reise erhält. Da eine 14 fällt, nennt das Horoskop zwei besonders günstige Termine für Vertragsabschlüsse und einen Tag, an dem Berry besser nicht unterwegs sein sollte, aber keine genauen Gründe. Der Halbling will sicher gehen und investiert 70 GS und einen weiteren Tag für eine Vorhersage über die Ereignisse dieses Tages. Dhomamitra entschließt sich, für dieses Horoskop die örtliche Bibliothek aufzusuchen. Diesmal muß der Spielleiter mindestens eine 12 (–8 für die spezielle Vorhersage und je +2 für die Bibliotheksbenutzung und das Geburtshoroskop) würfeln, damit etwas Verwertbares aus dem Horoskop herauszulesen ist. Diesmal würfelt der Spielleiter aber eine 1, so daß der Astrologe dem Abenteurer etwas von einer Krankheit erzählt, obwohl ihm an diesem Tag eine Räuberbande auflauern wird.

Geomantie

Zt61　　　　　Erfolgswert+4　　　(+5 / +12)

50: De, PF, Sc - **100:** Dr, Hl, Hx, PRI a. F - **200:** Be, Ma, Th, Tm

Geomantie ist die Kunst der Derwische, aus Sandfiguren die Zukunft vorherzusagen. Sie glätten bei Sonnenaufgang eine Sandfläche und verteilen darauf in geometrischen Mustern mehrfarbigen Sand. Nachdem der Wüstenwind den Tag über Gelegenheit hatte, den Sand zu verwehen, betrachtet der Zauberer bei Sonnenuntergang die entstandenen Figuren und versucht, sie zu interpretieren. Der Erfolg dieser Wahrsagemethode hängt von der Bedeutung der Person, für die das Sandorakel eingesetzt wird, ab. Der Spielleiter würfelt verdeckt einen **EW+Grad:Geomantie**, bei dem der Grad der Person, deren Zukunft erforscht werden soll, als Zuschlag eingesetzt wird. Bei Erfolg kann der Geomant aus den Sandfiguren nützliche Informationen herauslesen, bei einem kritischen Fehler erhält er falsche Hinweise.

Diese Wahrsagefertigkeit liefert im besten Fall verschlüsselte Hinweise in der Art des Zaubers *Vision*.

Die Ratschläge, die der Geomant erteilt, sind aber manchmal wesentlich nützlicher als der bloße Inhalt der Sandfiguren, da er auch auf seine Menschenkenntnis und Lebenserfahrung zurückgreift. Im Gegensatz zur *Astrologie* oder *Orakelkunst* werden keine spezifischen Fragen beantwortet, sondern es wird allgemein die Zukunft der betreffenden Person erkundet. Ein Wahrsager kann *Geomantie* in jedem Mond nur einmal für eine bestimmte Person einsetzen.

Orakelkunst

In61, **Zt61**　　　Erfolgswert+4　　　(+5 / +12)

30: As, PRI, Sc, To - **60:** alle anderen - **120:** De, Dr, KÄM a. (As, Mg)

In KanThaiPan gibt es verschiedene Methoden, Näheres über die Zukunft zu erfahren. Man kann sich an eine Vielzahl von Astrologen wenden, die Sterndeutung betreiben und persönliche Horoskope erstellen können - und es gibt Orakelmeister, die sich meistens einer der drei folgenden Methoden bedienen:

Schamanen bevorzugen die alte Kunst des **Schildkrötenorakels**. Der Ratsuchende nimmt einen Panzer und ritzt die Alternativen ein, die er zur Wahl hat. Danach bohrt der Wu den Panzer mit einer glühenden Nadel an einer passenden Stelle an: der Panzer spaltet sich in zwei Teile. Das Setzen der Nadel

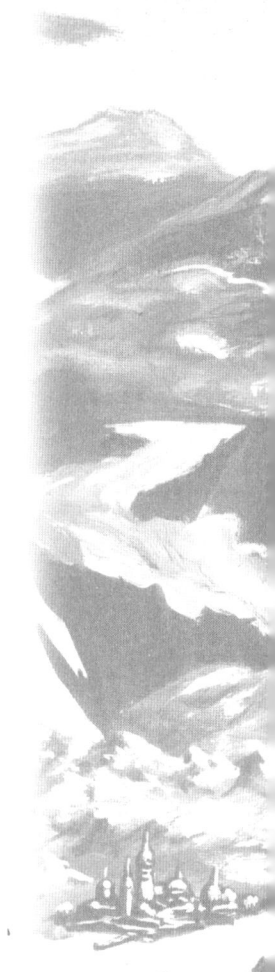

Verbessern von Wahrsagefertigkeiten

Astrologie+4		Geomantie+4		Orakelkunst+4		Pyromantie+4	
+5, +6, +7	50	+5, +6, +7	20	+5, +6, +7	20	+5, +6, +7	20
+7, +8, +9	100	+7, +8, +9	50	+7, +8, +9	50	+7, +8, +9	50
+10, +11	200	+10, +11	100	+10, +11	100	+10, +11	100
+12	400	+12	200	+12	200	+12	200

Grund: Ma, PRI, Th
Standard: alle anderen
Ausnahme: KÄM a. (Ba, Hä, Hj, Mg)

Grund: De, PF, Sc
Standard: Dr, Hl, Hx, PRI a. F
Ausnahme: Be, Ma, Th, Tm

Grund: As, PRI, Sc, To
Standard: alle anderen
Ausnahme: De, Dr, KÄM a. (As, Mg)

Grund: De, Dr, PHa, PHe
Standard: Hl, Hx, PRI a. Ha/He, Sc
Ausnahme: Be, Km, Ma, Or, Th, Wi

erfordert großes Geschick und viel Erfahrung. Nun kommt es darauf an, durch welche der eingeritzten Möglichkeiten der Riß läuft: diese ist die Richtige. Aus der Form des Risses kann der Wahrsager auch noch Informationen über günstige Zeitpunkte und Orte herauslesen. Läuft der Riß in gleichem Abstand an beiden Möglichkeiten vorbei, bleibt das Orakel die Antwort schuldig.

Gelehrte verwenden gerne das alte Wahrsagebuch **IKing**. Der Ratsuchende wirft sechs Mal drei Münzen - die Ergebnisse und ihre Reihenfolge verweisen auf einen bestimmten Eintrag im Buch, der die Antwort liefern kann.

Einfache Priester und auch manche Schamanen, die keine Ausbildung als Gelehrte haben, arbeiten mit einer volkstümlichen Variante des IKing. Der Ratsuchende zieht aus einem Kästchen einen **Schafgarbenstengel** mit einer bestimmten Nummer; der Wahrsager liest aus einem Buch den zugehörigen Satz vor und erläutert ihn sogar gegen ein geringes Aufgeld. Diese Technik benutzen auch kanthanische Assassinen, wenn sie sich als Priester ausgeben, und Thanaturgen, wenn sie den Willen des Schicksals erkunden wollen.

In allen Fällen kann das Orakel stets nur zwei Fragen beantworten: Soll man eine Handlung ausführen oder unterlassen? Und wenn man handeln soll, wann ist der günstigste Zeitpunkt oder der günstigste Ort? *Soll ich das Fräulein Li heiraten oder nicht - und wenn ja, wo? Soll ich mein Geschäft verkaufen oder nicht - und wenn ja, wann?*

Die Kunst der Orakelkundigen besteht in der passenden Auslegung der erhaltenen Antwort oder des Rißmusters im Schildkrötenpanzer. Ohne die Fertigkeit kann man nur raten, was das Orakel wohl eigentlich meint. Der Spielleiter würfelt **verdeckt** den EW:Orakelkunst. Gelingt der Wurf, erhält der Fragesteller eine klare Auskunft, die mit der Ansicht des Spielleiters übereinstimmt. Mißlingt er, bleibt die Interpretation genauso vage wie das Orakel. Bei einem kritischen Fehlern erhält der Fragesteller sogar eine völlig falsche Auskunft. Der Orakelmeister kann nur einmal versuchen, seine Kunst zur Beantwortung einer bestimmten Frage einzusetzen.

Pyromantie

Zt61 Erfolgswert+4 (+5 / +12)

50: De, Dr, PHa, PHe - **100:** Hl, Hx, PRI a. Ha/He, Sc - **200:** Be, Km, Ma, Or, Th, Wi

Die *Pyromantie* ist die Kunst der scharidischen und aranischen Priester und Ordenskrieger, aus den Flammen eines Ewigen Feuers die Zukunft vorherzusehen. Derjenige, der etwas über sein Schicksal erfahren will, wirft hierbei eine Handvoll Salz in das Feuer. Der Priester konzentriert sich anschließend 15 min lang auf die Flammen und interpretiert die Farben und Formen, die sein Auge zu erkennen glaubt. Über den Erfolg dieser Wahrsagekunst wird wie bei der Anwendung von *Geomantie* entschieden. Eine ähnliche Wahrsagekunst kennen auch andere Kulturen. So lesen Priester des Zwergengottes Torkin die Zukunft aus einem Schmiedefeuer, während Druiden und Wildläufer den Funkenflug eines nächtlichen Lagerfeuers im Wald interpretieren.

Informationen durch Wahrsagen und andere Magie

Die Handhabung von Wahrsagefertigkeiten und auch von Wahrsagezaubern wie *Göttliche Eingebung* oder *Vision* erfordert einiges Fingerspitzengefühl vom Spielleiter. Verrät er den Spielern zu viel, so kann ein spannendes Abenteuer vorzeitig beendet sein. Andererseits erwarten die Spieler zu recht nützliche Fingerzeige, wenn sie entsprechende Fertigkeiten und Zauber mühevoll gelernt haben. Die folgenden Überlegungen sind hier hilfreich.

Die eigentliche Quelle der Informationen, die mit Magie oder auch mit Wahrsagen beschafft werden sollen, sind meistens Götter, höhere Dämonen, Elementarmeister, Totemgeister oder niedere Naturgeister. Diese mächtigen Wesen wissen mehr oder weniger gut über die Verhältnisse auf *Midgard* bescheid. Aber selbst ein Gott ist nicht allwissend! Die Götter *Midgards* ähneln den Gottheiten irdischer polytheistischer Religionen wie die der Germanen, Griechen, Inder oder Chinesen. Sie besitzen einen reichen Schatz an Wissen und Erfahrungen, und sie haben ihre eigenen Methoden, sich Informationen, an denen sie besonders interessiert sind, zu beschaffen. Sie kennen aber nicht jeden einzelnen ihrer Gläubigen, geschweige denn seinen Tagesablauf. Es ist also keineswegs gesagt, daß ein Gott weiß, wer einen unbedeutenden Krämer umgebracht hat. Etwas anderes wäre der Mord an einem Hohepriester oder an dem Herrscher des Landes, in dem die Gottheit verehrt wird. Selbst in wichtigen Situationen mangelt es Göttern aber Informationen, wenn andere übernatürliche Wesen bewußt Spuren verwischen. Hera in all ihrer Macht wußte zum Beispiel nie, wann Zeus einen Seitensprung machte, und sie erfuhr nur nachträglich und über Umwege davon.

Um so begrenzter sind die Informationen, die Naturgeister besitzen, zumal sie ein ganz anderes Zeitgefühl und eine fremdartige Wahrnehmung der Wirklichkeit haben - im Gegensatz zu den Göttern, die ja aus dem Glauben der Menschen heraus entstanden sind und so viel mit ihren Anhängern gemein haben. Die Frage an einen Berggeist, wo an den Hängen seines Hausberges ein Trupp Zwergenabenteurer vor 52 Jahren einen Schatz versteckt hat, ist daher müßig. Welcher Mensch weiß schon, wann und wo ihn innerhalb der letzten zehn Jahre eine Mücke gestochen hat. Nur wenn dies mit einem anderen, denkwürdigen Ereignis verbunden war, erinnert er sich vielleicht: *„Ja, die Mücke, die mich vor 3 Jahren auf den rechten Handrücken gestochen hat. Beim Versuch, sie zu erwischen, habe ich den Weinpokal umgerissen und den Inhalt über das kostbare Brokatkleid der Nichte des Archonten von Palabrion geschüttet. Es hat mich all meine Beredsamkeit und außerdem 500 Orobor Schadensersatz gekostet, um sie wieder zu beruhigen."*

Es bleibt also dem Spielleiter überlassen, was der übernatürliche Informant weiß und was er den Spielern verrät. Er sollte nicht zu knausrig mit Hinweisen sein, die er ja verschlüsselt formulieren kann. Verlangen die Spieler aber eine Information, deren vorzeitige Preisgabe ein Abenteuer ruinieren kann, dann besitzt der Gott oder Naturgeist einfach das entsprechende Wissen nicht. Bei der Anwendung von Wahrsagefertigkeiten hat der Spielleiter zusätzlich die Möglichkeit, einen der verdeckten Würfe automatisch scheitern zu lassen. Das Ignorieren von Würfelergebnissen sollte zwar nur sparsam eingesetzt werden, aber wenn es dazu dient, den Spielern den Spaß an einem Abenteuer zu erhalten, ist es ohne weiteres gerechtfertigt.

Die Zaubertänze Eschars

Unter den heiligen Männern und Frauen von Eschar gibt es den *Orden der Tanzenden Derwische*, der eine eigene Form von Magie entwickelt hat. Zur Begleitung von Rhythmusinstrumenten wie Tamburins, Arm- und Fußbändern mit Schellen, Bronzebecken und Klanghölzern und zu der Melodie von Rohrflöten führen sie einen Tanz vor, der aus komplizierten Schrittfolgen, verwirrenden Arm- und Körperbewegungen und fast akrobatischen Sprüngen besteht. Ein Zauberer, der diese Tanzmagie lernen will, **muß** sich vorher im *Tanzen* und *Springen* üben. Wesentlich für die Wirksamkeit des Zaubers ist nicht die Begleitmusik, sondern allein die Abfolge der Bewegungen. Die Musik hilft dem Derwisch jedoch, nicht aus dem Takt zu kommen, und er erhält ohne sie –2 auf seinen EW:Zaubern. Im übrigen gelten für Zaubertänze dieselben Regeln wie für Zaubersprüche mit einer Ausnahme: sie wirken nur auf sehende Wesen von menschlicher Intelligenz; Tiere bleiben völlig unbeeindruckt.

Außerhalb des *Ordens der Tanzenden Derwische* ist die Magie des Tanzes in Eschar kaum verbreitet, da andere Zauberer den Aufwand scheuen, sich mit dieser ungewohnten Zauberei vertraut zu machen. Der *Al-Tarka* ist allerdings unter scharidischen Hexen recht populär, die ihn zu einem eigenen Tanz, dem *Schadd wa-Tarka* oder Schleiertanz, weiterentwickelt haben. Die heiligen Männer des Derwischordens betrachten dies als eine Pervertierung ihrer Kunst. In ihren Reihen trägt der Tanz den Namen *Al-Aib,* der Schamlose, was allerdings seine Popularität bei den weniger heiligen Männern Eschars nicht mindert.

Beginnt ein Derwisch, andere Wesen mit seinem Tanz zu verzaubern, so wird ihre Aufmerksamkeit sofort gefangen. Für die Dauer des Tanzes schauen sie gebannt zu, und erst am Schluß entscheidet ein WW:Resistenz, ob sie der Magie erliegen. Wird ein Opfer der Tanzmagie vorzeitig abgelenkt, z.B. durch einen Angriff, so bleibt der Zauber auf jeden Fall wirkungslos. Tänze können natürlich nicht von Spruchrollen gelernt werden.

Abu es-Samum (Vater des Sturms)

Gestenzauber der Stufe 6

Bewegen ⇨ Luft ⇔ Erde

AP-Verbrauch:	9
Zauberdauer:	5 min
Reichweite:	0m
Wirkungsziel:	Umgebung
Wirkungsbereich:	10 km Umkreis
Wirkungsdauer:	1 h
Ursprung:	göttlich

4000: De, Tt - **8000**: Hx, Sc

Dieser wirbelnde Tanz erzeugt im Wirkungsbereich einen heftigen Sandsturm. Die Sichtweite verringert sich auf wenige Meter, und Gegenstände, die nicht befestigt sind, werden mit 10% fortgeweht. Wer sich nicht von der Stelle bewegt, dem schadet der Sturm im übrigen nicht. Abenteurer, die unbedingt im Sandsturm weiterziehen wollen, tun dies mit halbierter Bewegungsweite, und sie verlieren 1 AP je 10 min. Außerdem ist es unmöglich, in den herumwirbelnden Sandmassen eine feste Richtung einzuhalten.

Ain es-Samum (Auge des Sturms)

Gestenzauber der Stufe 4

Verändern ⇨ Luft ⇔ Luft

AP-Verbrauch:	4
Zauberdauer:	5 min
Reichweite:	0m
Wirkungsziel:	Umgebung
Wirkungsbereich:	30m Umkreis
Wirkungsdauer:	1 h
Ursprung:	göttlich

750: De - **1500**: Hx, Sc

Der Tanz, der sich durch langsame, ruhige Schritte und Körperdrehungen auszeichnet, schafft inmitten eines Sandsturms eine ruhige Zone, die sich anschließend mit dem Derwisch bewegt. Im Wirkungsbereich leidet man nicht unter den Auswirkungen des

Sturms. Dank der geringen Sichtweite ist aber auch im Auge des Sturms keine Orientierung möglich.

Akbar fil-Ghadban (Groß im Zorn)

Gestenzauber der Stufe 2

Verändern ⇨ Luft ⇦ Erde

AP-Verbrauch:	2
Zauberdauer:	3 min
Reichweite:	-
Wirkungsziel:	Körper
Wirkungsbereich:	Zauberer
Wirkungsdauer:	30 min
Ursprung:	göttlich

100: De, Tt - **200:** Hx, Sc

Mit diesem Schwertertanz wird der Derwisch zu einem fanatischen Kämpfer für seinen Glauben, der im Nahkampf und Handgemenge +2 auf EW:Angriff und auf Schadenswürfe erhält. Außerdem kämpft er auch ohne Ausdauer unbehindert weiter, bis er mit 3 LP oder weniger schwerverletzt zusammenbricht. Auf jeden Fall verliert er nach Ende der Kampfhandlungen 1W6+2 AP durch die Anstrengung. Horden fanatisierter Derwische, die mit beiden Händen große Krummschwerter führen und wild um sich schlagen, bilden die erste Angriffswelle der Fußtruppen des Kalifen von Mokattam. Vor ihrer Kampfeswut schrecken selbst hartgesottene Söldner zurück.

Erwartet der Derwisch einen Kampf gegen Alamans Geschöpfe, d.h. gegen finstere Kreaturen jeglicher Art oder gegen dunkle Sekten, so erhält er +4 auf seinen EW:Zaubern. Vor einem Kampf mit Glaubensbrüdern kann er sich nur in den Kampfesrausch versetzen, wenn ihm ein EW–4:Zaubern gelingt. Bleibt der Tanz ohne Wirkung, so ist ein zweiter Versuch frühestens nach einer Stunde möglich.

Dalail al-Khairat (Zeichen des Segens)

Gestenzauber der Stufe 2

Verändern ⇨ Luft ⇦ Wasser

AP-Verbrauch:	2
Zauberdauer:	5 min
Reichweite:	0m
Wirkungsziel:	Geist
Wirkungsbereich:	15m Umkreis
Wirkungsdauer:	30 min
Ursprung:	göttlich

100: De - **200:** Hx, Sc

Dieser Tanz erzählt durch seine Bewegungen von Ormuts Sieg über die Mächte der Finsternis. Anhänger des Glaubens an die Zweiheit erhalten für die Dauer der Wirkung **+1** auf alle Erfolgs- und Widerstandswürfe und **–5** auf alle Prüfwürfe.

Dau ed-Din (Licht des Glaubens)

Gestenzauber der Stufe 5

Zerstören ⇨ Metall ⇦ Magan

AP-Verbrauch:	6
Zauberdauer:	10 min
Reichweite:	0m
Wirkungsziel:	Körper
Wirkungsbereich:	15m Umkreis
Wirkungsdauer:	0
Ursprung:	göttlich

1250: De, Tt - **2500:** Hx, Sc

Der Tanz, der Ormuts Licht und seine Verehrung durch die Gläubigen darstellt, wirkt auf finstere Kreaturen wie das *Heilige Wort*.

Al-Ghussat (Das Entsetzen)

Gestenzauber der Stufe 4

Beherrschen ⇨ Eis ⇦ Wasser

AP-Verbrauch:	6
Zauberdauer:	5 min
Reichweite:	0m
Wirkungsziel:	Geist
Wirkungsbereich:	10 km Umkreis
Wirkungsdauer:	10 min
Ursprung:	göttlich

1000: De, Tt - **2000:** Hx, Sc

Der schreckenerregende Tanz, der durch fast unmenschliche Verrenkungen auffällt, wirkt auf Dämonen und auf Wesen der Urwelten (Dvergar, Elementarmeister und -riesen) wie der Zauber *Namenloses Grauen* auf Menschen.

Haram fil-Din (Unverletzbar im Glauben)

Gestenzauber der Stufe 1

Verwandeln ⇨ Feuer ⇦ Erde

AP-Verbrauch:	1
Zauberdauer:	2 min
Reichweite:	-
Wirkungsziel:	Körper
Wirkungsbereich:	Zauberer
Wirkungsdauer:	30 min
Ursprung:	göttlich

50: De, Tt - **100:** Hx, Sc

Im *Haram fil-Din* wird die Bewegung von Flammen und die Verehrung des Feuers nachgetanzt. Der Zauberer schützt so seinen Körper vor normalem Feuer und vergleichbarer Hitze, während er durch magische Flammen nur halben Schaden erleidet. Seine Kleidung und sein Besitz kann weiterhin den Flammen zum Opfer fallen.

Al-Karama (Die Gabe der Weissagung)

Gestenzauber der Stufe 3

Erkennen ⇨ Luft ⇦ Luft

AP-Verbrauch:	3
Zauberdauer:	10 min
Reichweite:	5m
Wirkungsziel:	Körper
Wirkungsbereich:	1 Wesen
Wirkungsdauer:	8 h
Ursprung:	göttlich

400: De, Tt - **800:** Hx, Sc

Der langsame, fast hypnotische Tanz läßt eine Person, die den Mittelpunkt der tänzerischen Figuren bildet, in tiefen Schlaf versinken. Wenn sie nicht vorzeitig geweckt wird, schläft sie 8 Stunden lang und hat in dieser Zeit einen Traum, der verschlüsselte Hinweise auf ein Problem enthält, mit dem der Schläfer innerhalb der nächsten 24 Stunden konfrontiert wird. Wird der Tanzzauber auf eine Spielerfigur angewandt, so kann der Spielleiter ähnlich wie bei der schamanistischen *Vision* einen nicht zu offensichtlichen Hinweis auf bevorstehende Ereignisse geben. Im Gegensatz zur *Vision* bezieht sich der Traum jedoch ausschließlich auf den nächsten Tag.

Al-Mahram (Der heilige Bereich)

Gestenzauber der Stufe 2

Beherrschen ⇨ Luft ⇦ Eis

AP-Verbrauch:	3
Zauberdauer:	5 min
Reichweite:	0m
Wirkungsziel:	Geist
Wirkungsbereich:	6m Umkreis
Wirkungsdauer:	30 min
Ursprung:	göttlich

200: De - **400:** Hx, Sc

Der Zauberer tanzt um den Wirkungsbereich herum und macht mit den Händen schutzbringende und üble Wesen bannende Gesten. Der Tanz wirkt auf Untote wie die *Blaue Bannsphäre*.

Al-Mutadid (Dem Ormut hilft)

Gestenzauber der Stufe 2

Beherrschen ⇨ Luft ⇦ Feuer

AP-Verbrauch:	3
Zauberdauer:	5 min
Reichweite:	0m
Wirkungsziel:	Geist
Wirkungsbereich:	6m Umkreis
Wirkungsdauer:	30 min
Ursprung:	göttlich

200: De - **400:** Hx, Sc

Der Tanz ähnelt weitgehend dem *Al-Mahram*, wirkt aber auf Dämonen, Elementarwesen und Geister wie die *Silberne Bannsphäre*.

Sadik es-Sidiki (Freund der Wahrheit)

Gestenzauber der Stufe 2

Verändern ⇨ Luft ⇦ Luft

AP-Verbrauch:	4
Zauberdauer:	10 min
Reichweite:	0m
Wirkungsziel:	Geist
Wirkungsbereich:	15m Umkreis

Wirkungsdauer:	1 h
Ursprung:	göttlich

200: De - **400:** Hx, Sc

Der rituelle Tanz zwingt den Zuschauer zur Wahrhaftigkeit. Scheitert sein WW:Resistenz, so bleibt ihm nichts anderes übrig, als die Wahrheit zu sagen, einem ihm unangenehmen Thema auszuweichen oder zu schweigen. In Eschar wird der Tanz gelegentlich vor wichtigen Verhandlungen der Wüstenstämme oder auch bei Prozessen, in denen es um Vergehen gegen den Glauben geht, aufgeführt. Die Derwische weigern sich aber in der Regel, ihre Kunst für profane Zwecke wie weltliche Gerichtsverfahren oder gar für Geschäftsverhandlungen einzusetzen.

Saijidat el-Masin (Herrin der Menschen)

Gestenzauber der Stufe 3

Beherrschen ~ Luft ~ Erde

AP-Verbrauch:	6
Zauberdauer:	10 min
Reichweite:	0m
Wirkungsziel:	Geist
Wirkungsbereich:	15m Umkreis
Wirkungsdauer:	variabel
Ursprung:	göttlich

300: De - **600:** Hx, Sc

Saijidat el-Masin ist ein wilder Zwingtanz, der die Zuschauer mittanzen läßt und sie dabei in eine Art ekstatischer Trance versetzt. Der Zauberer kann nach der Zauberdauer jederzeit seinen Tanz beenden. Die Verzauberten tanzen aber weiter und verlieren dabei 1 AP je Minute, bis sie mit 0 AP erschöpft zu Boden sinken. Anhänger der Zweiheit haben während des Tanzes Visionen, die Hinweise über zukünftige Ereignisse, aber auch Tadel für vergangene Aktivitäten enthalten können. In seltenen Fällen ist einem Dhulahim durch die Teilnahme am Zwingtanz sogar ein *Geas* auferlegt worden.

Al-Tarka (Das Netz)

Gestenzauber der Stufe 3

Beherrschen ~ Luft ~ Luft

AP-Verbrauch:	3
Zauberdauer:	5 min
Reichweite:	0m
Wirkungsziel:	Geist
Wirkungsbereich:	15m Umkreis
Wirkungsdauer:	0
Ursprung:	göttlich

400: De, Tt - **800:** Hx, Sc

Der Tanz macht den Zauberer für die Zuschauer attraktiv und sympathisch, und sie sind anschließend besonders zugänglich für seine Ansichten und Vorschläge. Die magische Wirkung ähnelt der des Spruchs *Beeinflussen,* außer daß dem Zauber widerstehende Personen nicht verärgert sind. Derwische nutzen den *Al-Tarka,* um die Gläubigen auf den rechten Pfad zurückzuführen, um ihnen ins Gewissen zu reden und sie zur Buße zu bewegen oder um Zweifelnden die Sicherheit im Glauben zurückzugeben.

Tibb al-Mumani (Heilkunst der Gäubigen)

Gestenzauber der Stufe 3

Bewegen ~ Magan ~ Feuer

AP-Verbrauch:	6
Zauberdauer:	20 min
Reichweite:	15m
Wirkungsziel:	Körper
Wirkungsbereich:	1 Wesen
Wirkungsdauer:	0
Ursprung:	göttlich

300: De - **600:** Hx, Sc

Mit diesem Tanz, der die Flucht von Alamans Geschöpfen vor Ormuts Licht darstellt, kann der Tänzer Dämonen vom Boden *Midgards* verbannen und von Dämonen besessene Wesen oder Gegenstände befreien. Die Wirkung gleicht im übrigen dem Zauber *Austreibung des Bösen.* Gegen Angriffe und Zauber von Dämonen, die dem *Tibb al-Mumani* zugeschaut haben, dem Zauber dann aber widerstehen, ist der Tänzer eine Runde lang wehrlos.

Die Hexentänze

Für die Hexentänze Eschars, die durch Weiterentwicklung der Kunst der Derwische entstanden sind, gelten dieselben Anmerkungen wie für die Derwischtänze. Derwische lernen diese „Perversionen" aus Prinzip nicht.

Dalail ed-Dawahi (Zeichen des Unheils)

Gestenzauber der Stufe 2

Verändern ≋ Magan ⇔ Wasser

AP-Verbrauch:	2
Zauberdauer:	5 min
Reichweite:	0m
Wirkungsziel:	Geist
Wirkungsbereich:	15m Umkreis
Wirkungsdauer:	30 min
Ursprung:	dämonisch

150: Hx, PF - **300:** Sc, Tt

Dieser Tanz gleicht dem *Dalail al-Khairat* bis auf subtile Unterschiede, die nur der Kenner, dessen EW:Zauberkunde gelingt oder der selbst einen der beiden Dalail-Tänze beherrscht, wahrnimmt. Die Wirkung des Zaubers gleicht **1 min lang** äußerlich der von *Verwirren,* aber die Opfer fühlen sich nicht verwirrt und geistesabwesend, sondern sie werden von intensiven, widerstreitenden Gefühlen gepackt und sind deswegen kurzzeitig handlungsunfähig. Anschließend leiden sie für den Rest der 30 min unter ständigen kleinen Mißgeschicken: sie erhalten **–1** auf alle Erfolgs- und Widerstandswürfe und **+5** auf alle Prüfwürfe.

Dau ed-Datin (Licht der Fruchtbarkeit)

Gestenzauber der Stufe 3

Beherrschen ≋ Wasser ⇔ Wasser

AP-Verbrauch:	3
Zauberdauer:	15 min
Reichweite:	0m
Wirkungsziel:	Geist
Wirkungsbereich:	15m Umkreis
Wirkungsdauer:	6 h
Ursprung:	dämonisch

400: Hx, PF - **800:** Sc, Tt

Dieser Fruchtbarkeitstanz soll angeblich gegen Kinderlosigkeit helfen. Er regt zumindest die Zuschauer an, die Wirkung möglichst bald auszuprobieren, und er ist daher unter anderem bei den Ahal-Festen der Asad sehr beliebt. Abenteurern, die den Tanz nicht freiwillig auf sich wirken lassen, steht ein WW:Resistenz zu. Mißlingt er, so sehen sie sich Versuchungen mit Warnfaktor 0 und Versuchungsgrad 1W6×10 ausgesetzt.

Ghussat el-Masin (Entsetzen der Menschen)

Gestenzauber der Stufe 4

Beherrschen ≋ Eis ⇔ Wasser

AP-Verbrauch:	6
Zauberdauer:	5 min
Reichweite:	0m
Wirkungsziel:	Geist
Wirkungsbereich:	15m Umkreis
Wirkungsdauer:	10 min
Ursprung:	dämonisch

800: Hx, PF - **1600:** Sc, Tt

Diese Variation des *Al-Ghussat* wirkt auf Menschen und menschenähnliche Wesen wie der Zauber *Namenloses Grauen*.

Schadd wa-Tarka (Schleier und Netz)

Gestenzauber der Stufe 3

Beherrschen ≋ Wasser ⇔ Wasser

AP-Verbrauch:	3
Zauberdauer:	15 min
Reichweite:	15m
Wirkungsziel:	Geist
Wirkungsbereich:	1 Wesen
Wirkungsdauer:	6 h
Ursprung:	dämonisch

500: Hx, PF, Tt - **1000:** Sc

Der Schleiertanz verbindet die Wirkung von *Anziehen* und *Beeinflussen* miteinander und ist immer auf ein Opfer von anderem Geschlecht gerichtet. Der *Schadd wa-Tarka* erhöht auch die Attraktivität von Tänzern, die nicht zaubern können. Sie erhalten durch den Tanz **+4** auf ihren EW:Verführen oder stattdessen einen um 20 höheren Versuchungsgrad. Der Zauber hat zwar auch den Effekt von *Beeinflussen,* wirkt aber auf der Gefühlsebene und nicht durch geschliffene Argumente, die dem Verstand des Opfers einleuchtend erscheinen.

Zauber der Fianna

Elfenklinge

Gestenzauber der Stufe 3

Verändern ❦ Holz ✣ Metall

AP-Verbrauch:	3
Zauberdauer:	10 sec
Reichweite:	Berührung
Wirkungsziel:	Umgebung
Wirkungsbereich:	1 Objekt
Wirkungsdauer:	10 min
Ursprung:	druidisch

400: Fi, Hl, Km, Wi - **800:** Dr, Hx, Ma, Or, PRI a. M/T/C, Sc, Tm - **4000:** PM, PT, PC, To

Der Zauberer benötigt eine Waffe mit einer Klinge oder Spitze aus Elfenstahl, z.B. ein Schwert oder auch einen Pfeil. Für die Dauer des Zaubers leuchtet das verzauberte Metall in einem blaugrünen Feuer, und der magische Bonus auf Angriff und Schaden erhöhen sich um jeweils +1.

Fährtenduft

Gestenzauber der Stufe 2
Tierkot (2 KS)

Verändern ❦ Holz ✣ Erde

AP-Verbrauch:	1 + 1 je Wesen
Zauberdauer:	1 min
Reichweite:	Berührung
Wirkungsziel:	Körper
Wirkungsbereich:	1-6 Wesen
Wirkungsdauer:	30 min
Ursprung:	druidisch

100: Dr, Hl - **200:** Fi, Sc, Tm, To, Wi - **1000:** Hx, Km, Ma, Or

Je nach verwendetem Tierkot kann der Zauberer für begrenzte Zeit die Körpergerüche und Duftabsonderungen der Verzauberten durch jene des betreffenden Tieres ersetzen. Verfolger, die sich vorwiegend an Gerüchen orientieren, verlieren an dieser Stelle die Spur. Auf die sichtbaren Fährten hat *Fährtenduft* keine Wirkung - allerdings ist der Zauber leicht gemeinsam mit *Wandeln wie der Wind* einzusetzen. Die Anwendung des Spruchs kostet den Zauberer 2-7 AP, je nach Zahl der verzauberten Personen.

Laufen wie der Wind ❄

Gestenzauber der Stufe 3

Verändern ❦ Holz ✣ Erde

AP-Verbrauch:	3
Zauberdauer:	10 sec
Reichweite:	-
Wirkungsziel:	Körper
Wirkungsbereich:	Zauberer
Wirkungsdauer:	10 min
Ursprung:	druidisch

400: Fi, Hl, Wi - **800:** Dr, Sc, Km, Tm - **4000:** Hx, To

Der Zauberer läuft bis zu 10 min lang rasend (mit dem Vierfachen seiner normalen Geschwindigkeit) dahin. Dicht stehenden Hindernissen, z.B. den Bäumen eines Waldes, muß er mit EW:Geländelauf ausweichen (je einmal pro Minute). Während des Laufs sind keine anderen Handlungen möglich; sobald der Zauberer anhält, endet die Wirkung des Zaubers.

Schlachtenwahnsinn ❄

Gestenzauber der Stufe 4

Verändern ❦ Holz ✣ Erde

AP-Verbrauch:	4
Zauberdauer:	10 sec
Reichweite:	-
Wirkungsziel:	Körper
Wirkungsbereich:	Zauberer
Wirkungsdauer:	2 min
Ursprung:	druidisch

750: Fi - **1500:** Dr, Tm - **7500:** Hl, Hx, Km, Sc, To, Wi

Schlachtenwahnsinn wirkt im **Nahkampf** oder im **Handgemenge** gleichzeitig wie *Bärenwut* und *Beschleunigen*. Der rasende Angriff des Zauberers erschreckt seine Nahkampfgegner außerdem so sehr, daß sie –2 auf ihre eigene EW:Angriff gegen ihn erhalten. Der Zauberer darf mit Ausnahme von Aithinn-Kettenhemden keine Metallrüstung tragen, um den Spruch benutzen zu können.

Wittern ✳ S

Gestenzauber der Stufe 2
Spürhundhaare (5 SS)

Verändern ⚘ Holz ✧ Erde

AP-Verbrauch:	2
Zauberdauer:	5 sec
Reichweite:	-
Wirkungsziel:	Körper
Wirkungsbereich:	Zauberer
Wirkungsdauer:	10 min
Ursprung:	druidisch

100: Dr, Sc, Th - **200:** Fi, Hl, Hx, Tm, To, Wi - **1000:** Km, Ma

Beim Zaubervorgang lösen sich die Hundehaare in einen übelriechenden Rauch auf, den der Zauberer einatmen muß. Atmet jemand anderes den Rauch ein, so zeigt dies bei ihm keine Wirkung. Während der Wirkungsdauer kann der Zauberer ebensogut riechen wie ein Hund und alle Gerüche in Reichweite verfolgen: *Spurenlesen+12* für Duftspuren. Er kann aber nicht feststellen, welcher Geruch von welchem Lebewesen stammt, denn dazu fehlt ihm die Erfahrung eines Hundes. Hat der Zauberer aber vorher zum Vergleich an einem Kleidungsstück, Tierhaaren o.ä. Witterung aufgenommen, kann er diesem Geruch folgen. Um die Spur nicht zu verlieren, muß der Zauberer sich auf alle Viere niederlassen und kann sich nur noch mit einem Viertel seiner Bewegungsweite fortbewegen. Eine Spur läßt sich durch Wittern noch nach 48 Stunden verfolgen, kann jedoch durch einen Wasserlauf unterbrochen werden. Hat der Zauberer die Spur verloren, so braucht er pro Quadratmeter eine Runde zum Untersuchen. Um eine durch Magie wie *Fährtenduft* unterbrochene Spur wieder aufzunehmen, fehlt ihm die Erfahrung.

THAUMATURGIE: Das Siegel wird um die Nase herum aufgetragen. Der Thaumaturg kann sich und andere verzaubern.

Zaubersprung ✳

Gestenzauber der Stufe 2

Verändern ⚘ Holz ✧ Erde

AP-Verbrauch:	2
Zauberdauer:	5 sec
Reichweite:	-
Wirkungsziel:	Körper
Wirkungsbereich:	Zauberer
Wirkungsdauer:	10 sec
Ursprung:	druidisch

100: Fi, Hl - **200:** Dr, Sc, Tm, Wi - **1000:** Hx, Km, To

Springt der Zauberer hoch oder weit, so erhält er **+8** auf seinen EW:Springen. Seine Sprungkraft ist außerdem so groß, daß ein Erfolgswurf erst bei einer Sprungweite von 6m (4m belastet) bzw. einer

Sprunghöhe von 1,60m (1m belastet) nötig ist. Für größere Sprünge gelten die Abzüge normaler Menschen (MIDGARD - *Das Fantasy-Rollenspiel,* S. 180). Springt oder fällt der Zauberer nach unten, so erleidet er nur so viel Sturzschaden, als ob die Fallhöhe um 3m geringer gewesen wäre.

Zauber der Hexenjäger

Erkennen von Besessenheit ※

Gedankenzauber der Stufe 2

Erkennen ⇨ Luft ⇦ Feuer

AP-Verbrauch:	2
Zauberdauer:	5 sec
Reichweite:	0m
Wirkungsziel:	Geist
Wirkungsbereich:	30m Kegel
Wirkungsdauer:	10 sec
Ursprung:	göttlich

100: De, Hj, PW - **200:** Be, Hl, Or, PRI a. W, Sc - **1000:** Dr, Hx, Ma, To, Tm

Befindet sich im Wirkungsbereich ein Wesen oder Objekt, das von einem Dämon, einer gebundenen Seele oder einer anderen übernatürlichen Präsenz besessen ist oder unter einem Fluch steht, so leuchten die Augen des Zauberers in einem überirdisch weißen Licht auf. Er erkennt dann an einem flüchtigen, silbrigen Schatten, ob und in welchem Wesen oder Objekt ein zusätzlicher Astralleib steckt. Über dem Opfer eines Fluchs sieht er einen goldenen oder schwarzen Schatten - je nachdem, ob die Quelle des Fluchs göttliche oder finstere Mächte sind. Der Zauberer muß Sichtkontakt zum besessenen oder verfluchten Objekt oder Wesen haben, um es identifizieren zu können. Andernfalls weiß er nur, daß sich im Wirkungsbereich etwas befindet, das seine Augen zum Leuchten gebracht hat. Bei einem kritischen erfolgreichen EW:Zaubern erhält der Zauberer zusätzliche Informationen über die Art des Wesens, das für die Besessenheit verantwortlich ist, bzw. über die Wirkungsweise des Fluchs. Dämonen und anderen übernatürlichen Wesen steht ein WW:Resistenz gegen den Zauber zu. Gelingt er, erhält der Zauberer keine Informationen.

Leuchtspur ※

Gestenzauber der Stufe 3
Phosphor und ein Glühwürmchen (5 GS)

Erkennen ⇨ Feuer ⇦ Feuer

AP-Verbrauch:	3
Zauberdauer:	1 min
Reichweite:	Berührung
Wirkungsziel:	Umgebung
Wirkungsbereich:	50m Umkreis
Wirkungsdauer:	6 h
Ursprung:	göttlich

400: Be, Hj - **800:** PT, PW, Sc, To - **4000:** De, Hx, Ma, PRI a. T/W, Or, Tm

Mit diesem Spruch kann der Zauberer leicht den Spuren von Wesen folgen, die eine besondere magische Ausstrahlung haben. Dazu gehören alle Geschöpfe, die über eine Aura verfügen, und magische Wesen. Im Gegensatz zum Spruch *Erkennen der Aura* muß der Verursacher der Spuren nicht beseelt sein; er muß aber einen Astralleib besitzen, da der Zauber auf eine Art astraler Spur anspricht. *Leuchtspur* kann daher nicht zur Verfolgung von Untoten eingesetzt werden.

Der Spruch kann nur auf eine deutliche sichtbare oder mit *Spurenlesen* gefundene Spur angewendet werden, die nicht älter als 4×**Grad** des Zauberers in Stunden ist. Beim Wirken des Zaubers berührt der Zauberer die Spur mit dem rechten Zeigefinger, und anschließend leuchten die von diesem Geschöpf verursachten Fußspuren in 50m Umkreis in einem weißlichen Licht auf. Die Leuchtspur ist nur für den Zaubernden selbst sichtbar. Andere zauberkundige Personen haben ähnlich wie bei einem Seelenreisenden die Chance, mit einem EW–4:Resistenz gegen Geistesmagie die durch den Zauber aktivierte astrale Spur erkennen zu können.

Solange der Zauberer sich konzentriert, kann er der Spur folgen. Die Fußabdrücke, Schleifspuren oder anderen Hinterlassenschaften des Verfolgten leuchten in jeweils bis zu 50m Umkreis auf - überall, wo er den Boden oder eine Wand berührt hat. Dabei stört weder das Erklettern einer Mauer noch das Durchwaten eines Baches. Beginnt das verfolgte Wesen aber, zu fliegen, zu schweben, zu schwimmen, auf einem anderen Geschöpf zu reiten oder sich tragen zu lassen, so unterbricht dies die Spur, da es keinen Bodenkontakt mehr hat. Die Spur endet auch, wenn der Verfolgte durch ein magisches Tor tritt oder auf magische Weise versetzt wird.

Bei einem kritisch erfolgreichen EW:Zaubern hat der Zauberer zusätzlich einen ungefähren Eindruck, in welcher Richtung und in welcher Entfernung der Verursacher der Spur sich gerade aufhält. Die Genauigkeit der Informationen entspricht den Angaben beim Spruch *Person wiederfinden* (s. unten).

Person wiederfinden S

Gedankenzauber der Stufe 2

Erkennen ⇨ Magan ⇨ Luft

AP-Verbrauch:	2
Zauberdauer:	10 min
Reichweite:	unbegrenzt
Wirkungsziel:	Geist
Wirkungsbereich:	1 Wesen
Wirkungsdauer:	10 min
Ursprung:	dämonisch

100: Hj, Hl, Sc, Th - **200:** Dr, Hx, Ma, PRI, To - **1000:** De, Or

Um diesen Zauber einsetzen zu können, muß der Benutzer sich zuerst auf ein bestimmtes Wesen von menschlicher Intelligenz einstimmen. Dazu muß er die Person zunächst 30 min lang ungestört aus der Nähe (bis zu 15m Abstand) beobachten können. Während der letzten 10 min führt er erstmalig den Zauber aus, um sich das Aussehen und die Ausstrahlung der Seele fest im Gedächtnis einzuprägen. Gelingt der WW:Resistenz des Opfers, mißlingt der Zauber, und die betreffende Person fühlt sich beobachtet. Bei einem kritischen Fehler wird sie sofort auf den Zauberer als Quelle dieses Gefühls aufmerksam. Ein WW:Resistenz wird auch dann gewürfelt, wenn sich der Benutzer des Spruchs auf einen Freund einstimmt, da der Widerstandswurf hier eine unbewußte Gegenwehr repräsentiert.

Bei erneuter Anwendung des Spruchs spürt der Zauberer für die Wirkungsdauer ähnlich wie bei *Dinge wiederfinden*, wo sich die betreffende Person aufhält. Die Reichweite ist dabei unbegrenzt, aber die Richtung, in der die gesuchte Person zu finden ist, kann nur bis auf 20 Grad genau bestimmt werden, und der Spruch liefert nur ungenaue Informationen über die Entfernung (bis zu 10m, 10m-100m, 100m-1km, 1km-10km usw.). Wird der Zauber im Nahbereich (bis zu 15m Abstand) vom Opfer angewandt, steht ihm wieder ein WW:Resistenz zu. Mißlingt bei der Suche der EW:Zaubern auch nur einmal, hat der Zauberer das gespeicherte Bild vergessen und die Person verloren.

Ein Zauberer kann immer nur auf eine Person eingestimmt sein. Prägt er sich das Bild eines neuen Opfers ein, so verliert er die vorher eingeprägte Person endgültig.

THAUMATURGIE: Der Thaumaturg malt das entsprechende Zaubersiegel auf den rechten Unterarm der Person, über deren Aufenthaltsort er informiert sein will. Aus bis zu 15m Entfernung muß er dann den Zauber erstmalig ausführen. Das Siegel verschwindet dabei nicht. Sobald es verwischt wird, ist die Person nicht mehr wiederzufinden.

Rauchbild ✳

Gestenzauber der Stufe 4
Wollgras, Rauschmittel, Regenbogenpulver (10 GS)

Erkennen ⇨ Feuer ⇨ Feuer

AP-Verbrauch:	4
Zauberdauer:	10 min
Reichweite:	Berührung
Wirkungsziel:	Umgebung
Wirkungsbereich:	Zauberer
Wirkungsdauer:	5 min
Ursprung:	göttlich

900: Be, Hj - **1800:** PT, PW, Sc - **9000:** De, Hx, Ma, PRI a. T/W, To

Wie *Leuchtspur* kann dieser Spruch auf bekannte Spuren von Wesen mit besonderer magischer Ausstrahlung angewandt werden, die einen Astralleib besitzen, wenn die Spur nicht älter als **4×Grad** des Zauberers in Stunden ist. Wollgras und Rauschmittel werden in einem kleinen Häufchen auf der Spur platziert und durch das Wirken des Zaubers entzündet. In dem sich bildenden Rauch kann der Zauberer zuerst die Umrisse und dann immer klarer die Gestalt des Wesens erkennen, welches die Spur verursacht hat. Das erzeugte Bild in allen Grauschattierungen von Weiß bis Schwarz ist sehr genau, plastisch und läßt auch Kleinigkeiten erkennen, die zur Unterscheidung von einzelnen Individuen ausreichen. Es ist nur für den Zaubernden selbst sichtbar. Dem betroffenen Geschöpf steht ein WW:Resistenz zu; gelingt der Wurf, so spürt es, daß es magisch ausgekundschaftet wird.

Schutzgeste ✳

Gestenzauber der Stufe 3

Verändern ⇨ Metall ⇦ Erde

AP-Verbrauch:	3
Zauberdauer:	1 sec
Reichweite:	-
Wirkungsziel:	Körper
Wirkungsbereich:	Zauberer
Wirkungsdauer:	0
Ursprung:	göttlich

300: Hj - **600:** De, PRI a. C, Sc - **3000:** Dr, Hl, Or, Tm

Ein Hexenjäger zieht verständlicherweise leicht die *Bösen Blicke* von übelwollenden Hexenmeistern auf sich. Die *Schutzgeste* wurde ursprünglich zur Abwehr dieses Spruches entwickelt, aber sie wirkt gegen alle Körpermagie, die als Agens *Eis*, als Reagens *Erde* oder *Holz* und als Prozeß *Zerstören* hat. Darunter fallen neben dem *Bösen Blick* zum Beispiel *Graue Hand, Macht über Leben, Pestklaue, Todeszauber, Vergiften, Verletzung, Verursachen schwerer Wunden, Verursachen von Wunden* und *Wort des Todes*. Die *Schutzgeste* stählt den Körper des Zauberers gegen diese Art von zerstörerischer Todesmagie, so daß er einen Zuschlag von **+8** auf seinen WW:Resistenz erhält. Wie beim *Göttlichen Schutz vor Magie* addiert sich dieser Bonus nicht mit den Zuschlägen durch andere Zauber, wohl aber zu dem Bonus eines Talismans.

Sobald der EW:Zaubern für die feindliche Magie geglückt ist, kann der Zauberer die *Schutzgeste* einsetzen. Er muß dies noch in derselben Runde, in der der Angriffszauber wirkt, tun. Er darf daher noch nicht gehandelt haben bzw. muß einen eigenen Spruch, mit dem er beschäftigt ist, abbrechen. Ist er dank seines Handlungsrangs vorher an der Reihe, so muß er seine eigene Aktion lange genug verzögern, wenn er damit rechnet, sich mit der *Schutzgeste* wehren zu müssen. Bei Sprüchen, die wie *Graue Hand* durch Berührung wirken, muß der Zauberer vor dem EW:Angriff seines Gegners entscheiden, ob er die *Schutzgeste* einsetzen will.

Zwingkreis, Blauer ✳

Gestenzauber der Stufe 4
Eichenholzreif (1 GS)

Beherrschen ⇨ Luft ⇦ Eis

AP-Verbrauch:	4
Zauberdauer:	20 sec
Reichweite:	30m
Wirkungsziel:	Geist
Wirkungsbereich:	6m Umkreis
Wirkungsdauer:	10 min
Ursprung:	göttlich

750: Hj - **1500:** Be, De, PT - **7500:** PRI a. T, Sc

Im Wirkungsbereich entsteht ein bis zu 12m durchmessender und bis zu 6m hoher Ring, der als schwaches, blaues Leuchten der Luft sichtbar wird. Der *Blaue Zwingkreis* paßt sich in Gebäuden der Decke und den Wänden eines Raumes an und durchdringt sie nicht. Wie bei einer *Blauen Bannsphäre* können **Untote** die handbreite Lichtzone nicht durchdringen, da ihnen die darin spürbare Ausstrahlung der lebendigen Seele des Zauberers zuwider ist. Nur Kreaturen von wenigstens 4. Grad können ihre Abneigung überwinden, wenn ihnen ein WW:Resistenz gelingt; sie können den Zwingkreis dann nach Belieben betreten oder verlassen. Der leuchtende Ring bleibt aber bestehen und wirkt weiterhin auf andere Untote. Der Zwingkreis ist nach oben hin offen, und flugfähige Wesen können über seinen Rand hinwegfliegen, wenn er nicht bis an die Decke eines Raums reicht.

Der Zwingkreis wächst nach Vollendung des Zaubers in Sekundenschnelle aus dem Boden empor. Untote im Innern werden dadurch gefangengesetzt. Sie können jedoch mit Fernwaffen und Zauberei gegen Abenteurer auf der anderen Seite des Zwingkreises vorgehen. Der Zauberer kann den Wirkungsbereich aber auch so wählen, daß er und seine Gefährten sich im Innern befinden und dort vor Untoten sicher sind.

Zwingkreis, Silberner ✷

Gestenzauber der Stufe 4
Silberreif (5 GS)

Beherrschen ⇨ Luft ⇦ Feuer

AP-Verbrauch:	4
Zauberdauer:	20 sec
Reichweite:	30m
Wirkungsziel:	Geist
Wirkungsbereich:	6m Umkreis
Wirkungsdauer:	10 min
Ursprung:	göttlich

800: Hj - **1600:** Be, De, PC - **8000:** PRI a. C, Sc

Der *Silberne Zwingkreis* gleicht dem *Blauen*, außer daß der Lichtring silbrig schimmert. Er wirkt statt gegen Untote gegen **Dämonen, Elementarwesen** und **Geister**, deren Astralleiber auf einen Widerstand treffen, wenn sie in den geschützten Bereich eindringen wollen. Im übrigen wirkt er wie eine *Silberne Bannsphäre*, und betroffene Wesen von mindestens Grad 4 haben wieder die Möglichkeit, dem Zauber mit ihrer Resistenz zu widerstehen und den Ring aus silbrigem Licht nach Belieben zu durchschreiten.

Zauber der Schattenweber

Geräusche dämpfen ✷ S

Gestenzauber der Stufe 1

Verändern ⇨ Metall ⇦ Luft

AP-Verbrauch:	1
Zauberdauer:	1 sec
Reichweite:	0m
Wirkungsziel:	Umgebung
Wirkungsbereich:	3m Umkreis
Wirkungsdauer:	5 min
Ursprung:	dämonisch

50: Sw, Th - **100:** Dr, Hl, Hx, Km, PT, To - **500:** De, Fi, Ma, PRI a. T, Sc, Wi, Tm

Mit dieser Abwandlung von *Stille* schafft der Zauberer um sich herum eine Zone, in der alle Geräusche etwas gedämpft sind. Personen im Wirkungsbereich, die sich mit dem Zauberer bewegen, erhalten +4 auf *Schleichen* und –4 auf *Hören*. Normales Sprechen wird zu leisem Sprechen, aber Personen, die in eine Unterhaltung verwickelt sind, fangen unbewußt an, lauter zu sprechen, so daß sie den Effekt des Zaubers nicht bemerken. Nur mit einem EW:Wahrnehmung oder einem EW:Sechster Sinn fällt einem auf, daß alle Geräusche etwas leiser geworden sind. Im Gegensatz zu *Stille* reicht die Kraft des Zaubers nicht aus, um größeren Lärm praktisch unhörbar zu machen.

THAUMATURGIE: Der Zauberer malt das Siegel auf seine beiden Schläfen auf.

Hauch der Betäubung ✷ R

Gestenzauber der Stufe 3
getrocknetes Vampirmoos (1 GS)

Erschaffen ⇨ Eis ⇦ Holz

AP-Verbrauch:	3
Zauberdauer:	1 sec
Reichweite:	0m
Wirkungsziel:	Umgebung
Wirkungsbereich:	bis zu 18m Umkreis
Wirkungsdauer:	1 min
Ursprung:	dämonisch

400: Sw, Th - **800:** Hx, Ma, Km, PRI, To - **4000:** Dr, Hl, Sc

Der Zauberer zeichnet mit dem Finger ein nebelhaftes Symbol in die Luft, von dem aus sich mit 3m pro Runde ein schwach süßlich riechende, unsichtbare Gaswolke ausbreitet. Es handelt sich um dasselbe Gas, das Opfer betäubt und auf den Polstern des Vampirmooses niedersinken läßt, wo ihnen anschließend ihre Lebenskraft ausgesaugt wird. Bei Windstille breitet sich die Gaswolke gleichmäßig in alle Richtungen aus, bis sie sich am Ende der Wirkungsdauer auflöst. Der Zauberer selbst kann rechtzeitig zurücktreten, um nicht selbst Opfer seines Spruchs zu werden. Den Einfluß von Wind auf die Ausbreitungsrichtung und -geschwindigkeit des *Hauchs der Betäubung* legt der Spielleiter wie beim *Todeshauch* fest. Ein kurzer, heftiger Windstoß verschiebt z.B. die ganze Wolke um 3m in Windrichtung.

Ein Lebewesen, das in die Gaswolke gerät, muß einen **PW:Gift** machen. Mißlingt der Wurf, so verliert es **1W6+2 AP**, sinkt zu Boden und ist **1W6+4 min** lang betäubt. *Bannen von Gift* kann Betäubte vorzeitig aufwecken. Gelingt der PW:Gift, so fühlt das Opfer sich nur kurz benommen, verliert **1W6–1 AP**, erleidet **10 sec** lang **–4** auf alle Erfolgs- und Widerstandswürfe und kann sich in dieser Zeitspanne nur mit halber Geschwindigkeit fortbewegen.

Schattenrobe ✳ S

Wortzauber der Stufe 2

Verändern ⇨ Magan ⇨ Feuer

AP-Verbrauch:	2
Zauberdauer:	5 sec
Reichweite:	-
Wirkungsziel:	Umgebung
Wirkungsbereich:	Zauberer
Wirkungsdauer:	10 min
Ursprung:	dämonisch

100: Sw, Th - **200:** Hx, To - **1000:** Hj, Km, Ma

Um den Zauberer herum sammeln sich Schatten und umhüllen ihn wie ein weites Gewand. Versteckt er sich in einem ausreichend großen Schatten und bewegt er sich eine Runde lang nicht, so verschmilzt er dank der *Schattenrobe* so mit der Umgebung, daß er für Betrachter unsichtbar ist, selbst wenn sie direkt neben ihm stehen. Bewegt sich der Zauberer, so wird er sichtbar. Solange die Wirkung des Spruches anhält, kann er aber anschließend erneut unsichtbar werden, wenn er wieder eine Runde lang unbeweglich im Schatten verbringt. Die *Schattenrobe* schützt nicht vor Infrarotsicht.

Thaumaturgie: Teile des Siegels werden am ganzen Körper - von der Stirn bis zu den Füßen - aufgemalt.

Schattenschrecken ✳ R

Gestenzauber der Stufe 4

Bewegen ⇨ Eis ⇨ Feuer

AP-Verbrauch:	4
Zauberdauer:	20 sec
Reichweite:	0m
Wirkungsziel:	Umgebung
Wirkungsbereich:	100m Umkreis
Wirkungsdauer:	30 min
Ursprung:	dämonisch

600: Sw, Th - **1200:** Dr, Hx, Km, Sc - **6000:** Ma, PRI a. He, To

Im Wirkungsbereich bewegen sich die Schatten, als würden sie von furchterregenden Monstern geworfen oder als würden sich in ihnen ungeahnte Schrekken verbergen. Der Zauber kann daher nur dort effektiv eingesetzt werden, wo genügend Schatten vorhanden sind, z.B. in einem Wald oder nachts bei künstlicher Beleuchtung. Alle Wesen im Wirkungsbereich werden durch die sich bewegenden Schatten irritiert und erhalten auf Erfolgs- und Widerstandswürfe für Fertigkeiten, für die sie gut sehen müssen, einen Abzug von –2. Dies trifft vor allem auch auf Angriff, Abwehr und Zaubern (außer Zauberlieder, Berührungszauber und auf den Zauberer selbst wirkende Magie) zu, nicht aber auf Resistenz. Wem ein **EW–4:Resistenz** gegen Geistesmagie mißlingt, der wird außerdem von Furcht gepackt und verharrt ähnlich wie unter der Wirkung des Zaubers *Angst* unsicher auf der Stelle oder zieht sich zurück.

Schatten verstärken ✳ S

Gestenzauber der Stufe 1

Verändern ⇨ Eis ⇨ Feuer

AP-Verbrauch:	1
Zauberdauer:	1 sec
Reichweite:	0m
Wirkungsziel:	Umgebung
Wirkungsbereich:	15m Umkreis
Wirkungsdauer:	10 min
Ursprung:	dämonisch

40: Sw, Th - **80:** Hx, Sc, To - **400:** Dr, Fi, Km, Ma, PRI a. He, Wi

Der Zauber ändert die Lichtverhältnisse so, daß alle Schatten tiefer und schlecht beleuchtete Stellen noch finsterer werden. Alle Personen im Wirkungsbereich erhalten einen Zuschlag von **+4** auf *Tarnen*. Wer in ein Gebiet mit verstärkten Schatten hinschaut, erhält einen Abzug von **–4** auf *Sehen*. Der Wirkungsbereich des Spruches bewegt sich mit dem Zauberer. Befindet sich jemand im Wirkungsbereich oder schaut er hinein, während der Zauber seine Wirkung entfaltet, so fällt ihm die Verschlechterung der Sichtverhältnisse nur auf, wenn ihm ein EW:Wahrnehmung oder ein EW:Sechster Sinn gelingt. *Schatten verstärken* nützt nur an Orten, wo es auch genügend Schatten gibt, z.B. in einem Wald oder nachts bei künstlicher Beleuchtung.

THAUMATURGIE: Der Zauberer malt das Siegel auf seine Stirn auf.

Torwandeln ❋ S

Gestenzauber der Stufe 4

Verwandeln ⇝ Magan ⇝ Holz

AP-Verbrauch:	4
Zauberdauer:	10 min
Reichweite:	Berührung
Wirkungsziel:	Umgebung
Wirkungsbereich:	30cm
Wirkungsdauer:	1 min
Ursprung:	elementar

800: Sw, Th - **1600:** Hx, To - **8000:** Km, Ma

In einer bis zu 30cm dicken Holzfläche (Tür, Falltür, Holzschindeln auf einem Dach, ...) entsteht kurzzeitig ein kreisförmiges Loch von 30cm Durchmesser. Ein Gnom oder ein schlanker Halbling kann hindurchkriechen, während beleibteren Halblingen und schlanken Personen größerer Rassen ein EW:Winden gelingen muß. Beschläge, Schlösser und andere Bestandteile aus Metall sind von der Magie nicht betroffen und behindern eventuell das Passieren des Loches. Nach Ende der Wirkungsdauer verschwindet das Loch wieder, und die Holzfläche sieht wieder aus wie vorher.

THAUMATURGIE: Das Zaubersiegel wird auf die Stelle gemalt, die durchlässig werden soll.

Wandwandeln ❋ S

Gestenzauber der Stufe 5

Verwandeln ⇝ Magan ⇝ Erde

AP-Verbrauch:	6
Zauberdauer:	10 min
Reichweite:	Berührung
Wirkungsziel:	Umgebung
Wirkungsbereich:	-
Wirkungsdauer:	1 min
Ursprung:	elementar

1500: Sw, Th - **3000:** Hx, To - **15000:** Km, Ma

Der Zauber wirkt wie *Torwandeln,* aber nicht auf Holz, sondern auf Erd- oder Steinwände.

Verachte nicht den, der nichts hat, und betrüge ihn nicht mit dem Griffel.

~ Scharidische Weisung ~

Das Buch der Begegnungen

Im ersten Teil dieses Kapitels erhält der Spielleiter Hinweise, wie Nichtspielerfiguren (Menschen, Tiere und Fabelwesen) auf Aktivitäten und Angebote der Abenteurer und auch anderer Bewohner *Midgards* reagieren. Im zweiten Teil wird besonders auf Verhaltensweisen von Einzelpersonen und Gruppen im Kampf eingegangen. Der dritte Abschnitt gibt dem Spielleiter Hilfestellung beim Festlegen der Spieldaten von Nichtspielerfiguren.

Die meisten Bewohner *Midgards* sind Menschen, die keine systematische Ausbildung im Kampf oder im Zaubern erhalten haben und auch sonst keine besonderen Talente oder Merkmale besitzen.

Die Bewohner *Midgards*

Mit den meisten Bewohnern *Midgards* schließen die Abenteurer im normalen Alltag Bekanntschaft - mit dem Wirt der Kneipe, in der sie ihren allabendlichen Schlummertrunk einnehmen, mit dem Schmied, der ihre verbeulten Waffen und Rüstungen richtet, mit dem Dorfältesten der Ortschaft, wo sie eine Ruhepause einlegen, mit dem Bänkelsänger, der ihnen manchmal über den Weg läuft und von dem sie immer den neuesten Klatsch erfahren. Solchen Personen begegnet man abseits von Kämpfen und anderen abenteuerlichen Situationen. Sie können aber für die Spielhandlung wichtig sein und tragen auf jeden Fall dazu bei, der Welt *Midgard* Farbe zu verleihen.

Für Alltagsbekanntschaften, denen die Abenteurer wiederholt begegnen können, muß der Spielleiter keinerlei Spieldaten festlegen. Es genügt, wenn er kurz Aussehen (Halbglatze, gute Figur, Narbe an der rechten Wange), Charakter (aufbrausend, hilfsbereit, freigiebig) und Lebensumstände (Beruf, Wohnort, evtl. Familie) notiert. Für eine Person, die öfter in der Kampagne auftreten soll, legt er sich am besten eine kleine Karteikarte an, auf der er ihre Merkmale und besondere Ereignisse, an denen sie beteiligt war, einträgt. Im Laufe der Zeit sammeln sich eine Reihe solcher Nichtspielerfiguren an, so daß der Spielleiter sich besser nicht nur auf sein Gedächtnis verläßt. Es bereitet den Spielern immer wieder Freude, alte Freunde und Feinde zu treffen.

Normale Menschen

Die meisten Bewohner *Midgards* sind normale Menschen vom Grad 0, die keine systematische Ausbildung im Kampf oder im Zaubern erhalten haben

---

Thorvard ist ein waelischer Barbar, den ein Schiffbruch an die Küste Chryseias verschlagen hat. Zuerst begegnet er den Abenteurern als Mitglied einer Räuberbande, die Teil eines Szenarios ist. Die Räuber werden in die Flucht geschlagen; Thorvard versteckt sich dabei vor den Siegern, wird aber entdeckt. Nach kurzem Verhör kommen die Abenteurer zu dem Schluß, daß der Barbar nicht bösartig, sondern nur strohdumm ist. Sie lassen ihn mit dem Ratschlag laufen, so schnell wie möglich nach Waeland zurückzukehren, wo vielleicht jemand auf ihn aufpaßt.

Einige Zeit später dringen die Abenteurer in das befestigte Gehöft eines twyneddischen Clanhäuptlings ein, um dort Informationen über die Hintermänner einer Reihe von Raubüberfällen zu sammeln. Wen treffen sie dort im Kerker: Thorvard! Er ist auf dem Heimweg in die Hände der Twyneddin gefallen, die ihn ob seiner Stärke und Dummheit für den idealen Leibeigenen halten und ihn bei Gelegenheit verkaufen wollen. Die Spieler sind mißtrauisch (wer traut schon einem ehemaligen Räuber), aber später bleibt ihnen keine Wahl mehr. Sie müssen dem Waelinger vertrauen, ihn bewaffnen und ihn in einem auf Messers Schneide stehenden Gefecht gegen die Krieger des Gehöfts einsetzen. Das Würfelglück will es, daß Thorvard die entscheidenden Hiebe landen kann.

Mittlerweile ist Thorvard schon fast so etwas wie ein angestammtes Mitglied der Spielergruppe. Er besitzt nicht nur eine Karteikarte, sondern ein eigenes Abenteuerblatt mit denselben Daten wie eine Spielerfigur und hat schon an mehreren Abenteuern teilgenommen - nicht immer zur ungeteilten Freude aller Spieler, da seine geringe Intelligenz gelegentlich durchschlagende Wirkung hat. Dafür sorgt der Spieler, der die Figur neben seiner eigenen führt, solange der Spielleiter nicht interveniert, und die Rolle des dummen, starken, gutmütigen Barbaren mit Leben erfüllt.

Da Thorvard weiterhin eine Nichtspielerfigur bleibt, bestimmt der Spielleiter sein Verhalten, wenn er es für nötig hält: Eine gutaussehende Diebin hat einem Abenteurer eine wertvolle Kette entwendet. Der Bestohlene schöpft Verdacht und besteht darauf, daß die Missetäterin von Kopf bis Fuß untersucht wird - ohne Erfolg. Da die Gruppe sich an einem Ort aufhält, an den die vermeintliche Diebin kaum zurückkehren und dort die Kette aus einem Versteck holen könnte, sind die Spielerfiguren ratlos und halten ihre Begleiterin für unschuldig. Einige Zeit später - die Diebin ist längst über alle Berge - kommen die Abenteurer noch einmal auf die Episode zu sprechen. Unverhofft meint Thorvard: *„Ja, ja; so eine Kette hat mir das nette Mädchen zur Aufbewahrung gegeben. Es hat sie dann später mit einem Kuß wieder eingelöst. War was mit der Kette?"*

und auch sonst keine besonderen Talente oder Merkmale besitzen. Kommt es unverhofft zu einer Auseinandersetzung mit einem dieser unauffälligen Bürger oder Bauern, so liefert der folgende Abschnitt dem Spielleiter die nötigen Daten.

Auf *Midgard* können viele männliche Angehörige der Bevölkerung mit wenigstens einer Waffe umgehen, auch wenn sie nur normale Menschen vom Grad 0 sind. Mitglieder der Stadtmiliz und der Landwehr müssen jederzeit bereit sein, sich feindlichen Überfällen oder wilden Tieren entgegenzustellen, während andere Personen aufgrund ihres Berufes mit Waffen vertraut sind. Ein Jäger kennt Bogen und Stoßspeer, während ein Schmied den Kriegshammer zu schwingen weiß. Ein solcher gewöhnlicher Mensch hat **Erfolgswert+4** mit Angriffswaffen und **Erfolgswert+1** für Verteidigungswaffen, mit denen er umgehen kann, sowie je nach Beruf einen persönlichen Schadensbonus von **0** bis **+2**. Er wehrt sich mit **Raufen+5** oder **+6**, **Abwehr+10** und **Resistenz+10/10/10** und hat **3W6+1 LP** und **1W6+1 AP**. Auf dem Land wissen je nach Kulturkreis auch einige oder alle Frauen sich ihrer Haut zu wehren.

In barbarischen Ländern und unsicheren Gegenden, wo die Gefahr eines Überfalls allgegenwärtig ist, sind viele normale Männer und Frauen auch **Kämpfer vom Grad 1**, da sie sich regelmäßig im Kampf üben. Sie haben daher **Erfolgswert+5** für ihre Angriffswaffen, **Raufen+6**, **Abwehr+11**, **Resistenz+10/12/10**, **3W6+2 LP** und **1W6+3 AP** sowie einen persönlichen Schadensbonus von **+1** oder **+2**.

Massenaufgebote

Die Abenteurer bekommen es oft mit einer großen Zahl von Menschen zu tun, die ähnliche Eigenschaften besitzen - als Räuberbande oder Stammeskrieger, vor denen sich die Abenteurer in acht nehmen müssen, oder auch als Bauernaufgebot oder Stadtwache, die die Spielerfiguren bei einer größeren Auseinandersetzung unterstützen. Solche Bewohner *Midgards* sind Statisten, die im Abenteuer keine wichtige Rolle spielen. Der Spielleiter muß aber dennoch ein paar Daten festlegen, da sie in einen Kampf verwickelt werden können.

Für solche Massenaufgebote von Menschen (oder auch von Zwergen, Elfen usw.) genügen die Spieldaten, mit denen Tiere und Fabelwesen charakterisiert werden: LP- und AP-Zahl, Rüstklasse und Bewegungsweite, Stärke und Gewandtheit sowie die Erfolgswerte für Angriff (einschließlich der Waffen und des Schadens), für Raufen, für Abwehr und für Resistenz. Niemand interessiert sich für die genaue Intelligenz oder Willenskraft solcher Statisten. Zur Vereinfachung können auch alle diese Personen dieselben, durchschnittlichen Lebens- und Ausdauerpunkte besitzen. Typische menschliche Kämpfer vom Grad 1 haben z.B. im Mittel 12,5 LP und 7,5 AP. Robuste, kampfgeübte Barbaren haben also etwa 14 LP und 9 AP, durch Gefangenschaft geschwächte Kämpfer verfügen dagegen nur über 10 LP und 5 AP.

Entsprechend sparsam kann man auch mit den Daten von Personen umgehen, die zwar nicht in großer Zahl auftreten, die bei dem geplanten Abenteuer aber keine besondere Rolle spielen werden. Zu den Werten eines Massenaufgebots gesellen sich bei ihnen Angaben über die Fähigkeiten und Zaubersprüche, die eventuell eingesetzt werden.

Es erübrigt sich weitgehend, Daten von Personen anzugeben, die bei einem geplanten Abenteuer keine besondere Rolle spielen werden.

Die Abenteurer müssen in die Tempelanlage des Kultes der Dunklen Sonne eindringen, in der auch die Quartiere der Priesterschaft liegen. Detailliert werden nur wenige Personen ausgearbeitet: die sechs Hohepriester (vom 5.-8. Grad), ihr Zwergenratgeber (ein Krieger vom 6. Grad) und zwei Besucher (der Häuptling einer Barbarensippe vom 5. Grad und der Priester eines befreundeten Kultes vom 5. Grad). Abgesehen von einigen weniger bedeutenden Gästen haben die Abenteurer es mit den folgenden drei Typen von Nichtspielerfiguren zu tun: Priester, Priesterschüler und Tempelwachen. Da sie in großen Mengen vorkommen, entscheidet der Spielleiter, daß jeder von ihnen dieselben Daten hat:

Priester (PC Grad 2): 12 LP, 10 AP - OR - Gw60, St60, B24
Angriff: Streitkolben+5 (1W6), Raufen+6 (1W6-4) - Abwehr+12, Resistenz+14/14/14
Zaubern+12: *Heiliger Zorn, Verfluchen, Bannen von Licht, Handauflegen, Verursachen von Wunden, Schwäche*

Priesterschüler (PC Grad 1): 11 LP, 7 AP - OR - Gw60, St50, B24
Angriff: Streitkolben+4 (1W6), Raufen+5 (1W6-4) - Abwehr+11, Resistenz+13/13/13
Zaubern+11: *Bannen von Licht, Handauflegen, Verursachen von Wunden*

Tempelwache (Sö Grad 2): 13 LP, 16 AP - KR - Gw65, St80, B20
Angriff: Langschwert+6 (1W6+3), Dolch+6 (1W6+1), 2×Wurfspeer+6 (1W6-1), Raufen+7 (1W6-2), großer Schild+1 - Abwehr+12, Resistenz+11/13/11

Die Söldner haben offensichtlich alle einen persönlichen Schadensbonus von +2, was bei den Angaben zum Waffenschaden bereits berücksichtigt ist.

Außergewöhnliche Personen

Neben den Spielerfiguren gibt es auch andere Bewohner *Midgards,* die ihre Erfahrungen als Abenteurer gesammelt haben. Die meisten hochgradigen und außergewöhnlichen Persönlichkeiten haben aber einen ganz anderen Werdegang hinter sich. Daher ist der Spielleiter bei ihrem Entwurf nicht an die Regeln gebunden und kann die Art und Erfolgswerte ihrer Fertigkeiten völlig frei festlegen, wenn dies besser zu den Besonderheiten der Person paßt, die er in einem Abenteuer auftauchen lassen will.

> Murad, der Beutelschneider, hat sein Leben lang nichts anderes getan, als die Reichen seiner Heimatstadt um ihre Geldbeutel zu erleichtern. Von seiner körperlichen Verfassung und seiner Lebenserfahrung her ist er nur ein Spitzbube vom Grad 3. Er kann mit keiner Waffe richtig umgehen. Im Stehlen und Davonlaufen hat er es allerdings zur Meisterschaft gebracht. Er kann *Geländelauf+18* und vor allem *Stehlen+22.* Von dieser Stufe der Perfektion können Spielerfiguren niedrigen Grades nur träumen, aber dafür erleben sie abwechslungsreiche Abenteuer und erwerben ein breites Spektrum von Fähigkeiten.

Zur Arbeitserleichterung für den Spielleiter folgt ein Vorschlag, wie er schrittweise und systematisch die Spieldaten hochgradiger Persönlichkeiten ausarbeiten kann, ohne zu viel Zeit zu investieren. Er kann jederzeit von diesem Schema abweichen, denn wie gesagt: für Nichtspielerfiguren müssen nicht dieselben Regeln wie für Spielerfiguren angewandt werden. Die Zahl der Waffenfertigkeiten und der anderen Fähigkeiten der so erschaffenen Personen ist vergleichsweise klein, aber sie reicht aus, um all das abzudecken, was sie voraussichtlich im Laufe der Spielhandlung brauchen kann. Vielleicht kann sie auch noch mit mehr Waffen umgehen, die sie aber gerade nicht zur Hand hat und die deswegen unwichtig sind, und sie beherrscht weitere, im geplanten Abenteuer unbrauchbare Fähigkeiten und Zauber.

Bevor der Spielleiter außergewöhnliche Personen ausarbeitet, sollte er 20-30 verschiedene Sätze von Basiseigenschaften auswürfeln und für den späteren Gebrauch notieren. Wie bei Spielerfiguren wird für jede Eigenschaft zweimal gewürfelt. Aus dieser Sammlung kann er einen Datensatz auswählen, der seiner Vorstellung von der Nichtspielerfigur entspricht (z.B. muskelbepackt und gewandt, aber nicht besonders schlau).

Die meisten hochgradigen und außergewöhnlichen Persönlichkeiten haben einen Werdegang hinter sich, der es dem Spielleiter gestattet, sich bei ihrem Entwurf nicht strikt an die Regeln halten zu müssen.

1. Schritt:
Abenteurertyp und Grad

Passend zum Lebenslauf und zur Tätigkeit der Nichtspielerfigur werden Abenteurertyp und Grad gewählt. Das folgende Schema gilt in erster Linie für Personen von wenigstens 4. Grad.

2. Schritt:
Eigenschaften, Lebens- und Ausdauerpunkte

Der Spielleiter wählt aus seiner Sammlung von Basiseigenschaften einen geeigneten Satz von 6 Werten aus. Anschließend werden Schadens- und Ausdauerbonus, Bewegungsweite und Erfolgswert für Raufen, Bonus für Abwehr, Resistenz und Zaubern sowie die Lebenspunkte wie bei einer Spielerfigur bestimmt (MIDGARD - *Das Fantasy-Rollenspiel,* S. 30 ff).

Gestalt, Alter und Stand wählt der Spielleiter passend zu der Rolle, die die Nichtspielerfigur spielen soll. Aussehen, persönliche Ausstrahlung, Willenskraft und Selbstbeherrschung kann er selbst festlegen oder wie bei einer Spielerfigur auswürfeln.

> Für Roderic, einen Krieger 6. Grades, wählt der Spielleiter aus seiner Liste St86, Gs62, Gw77, Ko50, In26, Zt66. Die übrigen Eigenschaften würfelt er aus und erhält unter Berücksichtigung aller Modifikationen Au99, pA36, Wk42, Sb64. Nachschlagen im Regelwerk ergibt SchB+3, AusB+2 und Raufen+8. Der Spielleiter würfelt schließlich für Lebenspunkte und Bewegungsweite und erhält B25 sowie 14 LP. Die Ausdauerpunkte werden mit 6W6+18 bestimmt, was zusammen mit dem Ausdauerbonus für den Krieger 40 AP ergibt.
>
> Rhiannor, ein Magier 7. Grades, hat St90, Gs59, Gw42, Ko25, In94, Zt96. Seine übrigen erwürfelten Eigenschaften sind Au59, pA74, Wk55, Sb74, 11 LP und B25. Aus dem Regelwerk ergibt sich dann SchB+2, AusB−1, ZauB+3, ResB+2/+2/0 und Raufen+6. Der Wurf mit 7W6+7 ergibt 35, so daß Rhiannor insgesamt 34 AP hat.
>
> Jaromar, ein Tiermeister 8. Grades, hat St67, Gs88, Gw60, Ko68, In76, Zt57. Für die restlichen Eigenschaften würfelt er Au90, pA94, Wk40, Sbl 00, 16 LP und B23. Seine persönlichen Bonuswerte sind SchB+2, AusB+2, AnB+1 und Raufen+7. Der Wurf mit 8W6+16 ergibt 49, so daß er insgesamt 51 AP hat.

Die Ausdauerpunkte werden anhand von Tabelle 5.13 des Regelwerks (S. 289) passend zu Grad und Abenteurertyp ausgewürfelt. Barbaren, Krieger, Söldner, Kundschafter und Waldläufer vom Grad 2 bis 10 haben im Durchschnitt Grad×13/2 AP, andere Kämpfer, Derwische und Schamanen Grad×11/2 und andere Zauberer Grad×9/2. Der persönliche Ausdauerbonus wird jeweils hinzugezählt.

3. Schritt:
Abwehr, Resistenz, Zaubern

Die Erfolgswerte dieser Fertigkeiten hängen vom Grad ab. Bei der Resistenz wird zusätzlich der unterschiedliche Ausgangswert von Kämpfern und Zauberern für die drei Resistenzarten berücksichtigt.

Erfolgswert Abwehr = **11 + Grad/2** (abgerundet)
Erfolgswert Resistenz = **10 + Grad/2** (abgerundet)
         +0/2/0   für Kämpfer
         +3/3/3   für Zauberer
Erfolgswert Zaubern = **10 + Grad** (höchstens 19)

Zu dem Ergebnis werden jeweils die persönlichen Abwehr-, Resistenz- und Zauberbonuswerte addiert.

> Roderics Werte sind Resistenz+13/15/13, Abwehr+14, der er keinen Bonus auf Abwehr oder Resistenz hat. Rhiannor besitzt zusammen mit seinen Bonuswerten die Fähigkeiten Resistenz+18/18/16, Abwehr+14, Zaubern+20 und Jaromar Resistenz+14/16/14, Abwehr+15, Zaubern+18.

4. Schritt:
Waffenfertigkeiten

Wieviele Waffen eine hochgradige Person mit welchem Erfolgswert beherrscht, hängt von ihrem Abenteurertyp ab. Dabei kann der Spielleiter vorzugsweise die Waffen aus dem entsprechenden Lehrplan (MIDGARD - *Das Fantasy-Rollenspiel*, S. 61 ff) aussuchen. Die Herkunft des Abenteurers spielt auch eine Rolle, da er in erster Linie landestypische Waffen gelernt haben wird. Als **Spezialwaffe** kann er eine Nahkampfwaffe für 1 Lernpunkt oder eine Fernkampfwaffe für 2 Punkte wählen. Zu den folgenden Erfolgswerten wird noch der persönliche Angriffsbonus addiert.

Krieger und Söldner:
- Verteidigungswaffe+**Grad/2** (aufgerundet),
- Spezialnahkampfwaffe+**7+Grad**,
- Spezialfernkampfwaffe+**6+Grad** oder Dolch+**6+Grad**,
- 3 weitere Waffen+**4+Grad**,

zusammen also 6 Waffenfertigkeiten. Der Kämpfer sollte dabei wenigstens je eine Waffe aus den folgenden 4 Gruppen beherrschen: *Dolch* oder *waffenloser Kampf* - Einhandwaffe - Zweihand-, Spieß- oder Stangenwaffe - Schuß- oder Wurfwaffe. Wählt der Spielleiter eine Wurfwaffe, so beherrscht der Krieger oder Söldner automatisch und zusätzlich die eventuell nötige Nahkampfwaffenfertigkeit, z.B. *leichter Speer* für *Wurfspeer*, mit demselben Erfolgswert.

Andere Kämpfer, Kampfzauberer und Priester mit Spezialisierung Krieg:
- Verteidigungswaffe+**Grad/2** (aufgerundet),
- Nahkampfwaffe+**4+Grad**,
- Fernkampfwaffe+**4+Grad**,

- eine weitere Waffe+**4+Grad**, zusammen also 4 Waffenfertigkeiten. Ist der Abenteurer weder Barde noch Priester, so ist eine der 3 Angriffswaffen seine Spezialwaffe mit erhöhtem Erfolgswert+**6+Grad**.

Andere Zauberer:
- eine oder zwei Waffen+**7**.

Roderic beherrscht *großer Schild+3*, als Spezialwaffen *Langschwert+13*, *Dolch+12* und außerdem *Schlachtbeil+10*, *schwere Armbrust+10*, *Wurfspeer+10*. Seinen Wurfspeer kann der Krieger auch im Nahkampf als *leichter Speer+10* einsetzen. Jaromar kann als Tiermeister *kleiner Schild+4*, *Streitaxt+12*, *Bogen+14*, *Dolch+12* (sein persönlicher Angriffsbonus ist hierbei nicht eingerechnet). Der Magier Rhiannor kann dagegen nur *Dolch+7* und *Magierstab+7*.

Roderic und Rhiannor werden beide mit 7 und Jaromar (als zauberkundiger Kämpfer) mit 8 Fähigkeiten ausgestattet, die im geplanten Abenteuer nützlich sein könnten.

Der Krieger erhält *Kampf in Vollrüstung+15*, *Kampf zu Pferd+15*, *Himmelskunde+5*, *Reiten+15*, *Klettern+15*, *Schleichen+8*, *Tarnen+8*. Zu den Erfolgswerten der Grundfähigkeiten von Kriegern (*Kampf in Vollrüstung*, *Kampf zu Pferd*, *Reiten*) wird Roderics Grad addiert; dadurch würden die maximalen Werte überschritten, so daß er nur den jeweiligen Höchstwert hat. Er kann demnach *Kampf in Vollrüstung+19* (da er in der Leiteigenschaft *Stärke* den Wert 86 hat), *Kampf zu Pferd+18*, *Reiten+18*. Zum anfänglichen Erfolgswert der anderen Fertigkeiten wird nur Grad/2 addiert, so daß Roderic außerdem *Himmelskunde+8*, *Klettern+18*, *Schleichen+11*, *Tarnen+11* beherrscht. Außerdem kann Roderic automatisch *Sprechen:Albisch+10* (er ist nicht der hellste und spricht einen breiten Hochlanddialekt), *Sprechen:Comentang+10* und *Kampf in Schlachtreihe+5*.

Für Rhiannor wählt der Spielleiter erst einmal *Alchimie+5*, *Lesen von Zauberschrift+12*, *Schreiben:Twyneddisch+12*, *Zauberkunde+5*, *Reiten+15*, *Wahrnehmung+4*, *Fallen entdecken+6*, wobei die letzte Fertigkeit eine Ausnahmefähigkeit für Magier ist. Unter Berücksichtung seines Grades (und seiner hohen Intelligenz für die möglichen Höchstwerte) beherrscht Rhiannor damit *Alchimie+12*, *Lesen von Zauberschrift+19*, *Schreiben:Twyneddisch+19*, *Zauberkunde+12*, *Reiten+18*, *Wahrnehmung+7*, *Fallen entdecken+7* und zusätzlich *Sprechen:Twyneddisch+19* und *Chryseisch+13*.

Jaromar beherrscht dank seines hohen Grades *Abrichten+16*, *Fallenstellen+12*, *Geländelauf+18*, *Naturkunde+13*, *Schwimmen+18*, *Spurenlesen+14*, *Tierkunde+13*, *Schleichen+12* und zusätzlich *Sprechen:Moravisch+18* und *Waelska+12*. Da das Abenteuer, in dem der Tiermeister als Helfer der Spielerfiguren eine tragende Rolle übernehmen soll, im Läina-Land spielt, gibt der Spielleiter ihm noch *Läinisch+12* als zusätzliche Sprache.

---

5. Schritt:
Andere Fähigkeiten

Krieger, Söldner, zauberkundige Kämpfer, Kampfzauberer und Zauberer beherrschen **4+Grad/2** (abgerundet) allgemeine Fertigkeiten. Andere Kämpfer haben **6+Grad/2** (abgerundet) Fertigkeiten. Der Spielleiter kann in erster Linie Fähigkeiten wählen, die im Lehrplan des Abenteurertyps erwähnt werden und typisch für ihn sind. Für den außergewöhnlichen Abenteurer kann er aber auch eine ganz andere Auswahl treffen.

Den anfänglichen Erfolgswert einer Fertigkeit findet man als erste Zahl in der dritten Spalte von Tabelle 5.1 in MIDGARD - *Das Fantasy-Rollenspiel* (Seite 292f). Handelt es sich um eine Grundfähigkeit des Abenteurertyps, so wird der **Grad** der Person zum Erfolgswert addiert, bei einer Standardfähigkeit **Grad/2** (abgerundet) und bei einer Ausnahmefähigkeit **Grad/4** (abgerundet). Der Vorteil eines höheren Erfolgswerts, den Abenteurer mit hohen Leiteigenschaftswerten bei Spielbeginn genießen, wird dabei ausdrücklich nicht berücksichtigt; bei hochgradigen Personen spielt dieser anfängliche Bonus keine Rolle mehr. Der Erfolgswert kann den Höchstwert (zweite Zahl in der dritten Spalte von Tabelle 5.1) überschreiten - außer bei besonders hohen Leiteigenschaftswerten (s. MIDGARD - *Das Fantasy-Rollenspiel*, S. 284).

Fähigkeiten, die jeder Abenteurer bei Spielbeginn kostenlos für 0 Lernpunkte erhält (*Sprechen:Muttersprache* oder - für Krieger - *Kampf in Schlachtreihe*), kommen noch zusätzlich hinzu - allerdings nur mit dem anfänglichen Erfolgswert. Nur, wenn der Spielleiter sie ausdrücklich gewählt hat, kann auch der Erfolgswert erhöht werden (was aber nur selten sinnvoll ist). Der Spielleiter kann den Abenteurer zusätzlich auch noch weitere Sprachen beherrschen lassen, wenn dies für das Spiel nötig ist, da das Lernen dieser Fertigkeiten preiswert ist.

6. Schritt:
Zauberkünste

Die folgende Tabelle gibt an, wieviele Sprüche welcher Stufe ein **Magier** oder **Hexer** auf welchem Grad beherrscht. Dabei ist bereits berücksichtigt, daß ein Teil der Zauber preiswert von Spruchrollen gelernt werden kann. Bei der Auswahl sollte sich der Spielleiter im Normalfall auf Grund- und Stan-

Zaubersprüche für Nichtspielerfiguren

Magier und Hexer:

Grad	Stufe 1	2	3	4	5	6/G
1	3	1	-	-	-	-
2	4	2	1	-	-	-
3	6	3	1	-	-	-
4	7	4	2	-	-	-
5	7	4	3	1	-	-
6	9	6	3	2	-	-
7	10	8	4	3	1	-
8	11	11	6	5	2	1
9	12	12	8	6	4	2
10	12	12	12	8	6	4
11	12	12	12	10	8	5
12	12	12	12	12	9	7
13	12	12	12	12	11	8
14	12	12	12	12	12	10
15	12	12	12	12	12	12

andere Zauberer und Kampfzauberer:

Grad	Stufe 1	2	3	4	5	6/G
1	3	1	-	-	-	-
2	4	2	-	-	-	-
3	6	3	1	-	-	-
4	7	4	1	-	-	-
5	7	5	2	-	-	-
6	9	7	2	1	-	-
7	10	9	3	2	-	-
8	12	11	5	4	1	-
9	12	12	8	6	3	-
10	12	12	12	8	6	1
11	12	12	12	10	8	2
12	12	12	12	12	9	3
13	12	12	12	12	11	5
14	12	12	12	12	12	7
15	12	12	12	12	12	9

Thaumaturgen und Kampfthaumaturgen:

Grad	Stufe 1	2	3	4	5	6/G
1	3	1	-	-	-	-
2	5	1	-	-	-	-
3	7	2	-	-	-	-
4	9	3	-	-	-	-
5	9	4	1	-	-	-
6	11	4	2	1	-	-
7	12	6	3	2	-	-
8	12	9	6	5	1	-
9	12	11	8	6	4	-
10	12	12	11	8	6	2
11	12	12	12	10	8	3
12	12	12	12	12	9	5
13	12	12	12	12	11	8
14	12	12	12	12	12	10
15	12	12	12	12	12	12

Zauberkundige Kämpfer:

Grad	Stufe 1	2	3	4	5	6/G
1	2	1	-	-	-	-
2	3	1	-	-	-	-
3	4	2	-	-	-	-
4	4	3	-	-	-	-
5	5	3	1	-	-	-
6	6	4	1	-	-	-
7	6	5	2	-	-	-
8	7	6	3	-	-	-
9	7	6	3	1	-	-
10	7	6	3	2	-	-
11	7	6	3	2	1	-
12	7	7	5	2	1	-
13	8	7	5	2	2	1
14	8	8	5	3	2	1
15	8	8	6	4	2	2

dardzauber beschränken. Ein Ausnahmezauber ersetzt drei andere Zauber. Der Spielleiter kann einen Spruch einer höheren Stufe auch durch zwei Sprüche der nächstniedrigeren Stufe ersetzen und umgekehrt.

> Der Spielleiter wählt für Rhiannor die folgenden, nach Stufen geordneten Zauber: *Angst, Erkennen von Leben, Lauschen, Macht über das Selbst, Macht über die Sinne, Schlaf - Bannen von Zauberwerk, Beschleunigen, Erkennen von Zauberei, Feuerkugel, Macht über Unbelebtes, Macht über die belebte Natur, Sehen in Dunkelheit, Schmerzen, Sehen von Verborgenem, Unsichtbarkeit - Beeinflussen, Blitze schleudern, Macht über Menschen, Todeshauch - Namenloses Grauen, Versetzen, Zauberschild - Lähmung.* Vier Sprüche der Stufe 1 sind dabei gegen zwei zusätzliche Sprüche der Stufe 2 eingetauscht worden.

Andere Zauberer können vor allem auf sehr hohen Graden etwas weniger Zauber, da gerade die von ihnen bevorzugten Künste auf Spruchrollen nicht zu finden sind. Auch **Kampfzauberer** wie Klingenmagier, Schattenweber und Todeswirker fallen in diese Kategorie. Auf dem gleichen Grad können sie so gut mit den Waffen umgehen wie ein Kämpfer und so gut Magie einsetzen wie ein Zauberer; sie erreichen höhere Grade nur langsamer, da sie weniger Erfahrungspunkte erhalten.

Ein **Thaumaturg** kann seine Siegel und Runenstäbe nicht von Spruchrollen lernen. Zum Ausgleich zählen sie aber ausnahmslos zu den Grundfähigkeiten. Daher beherrscht der Thaumaturg anfangs weniger und vor allem niederstufigere Zauber als zum Beispiel ein Magier. Auf höheren Graden gleicht sich das aus. Zaubersalze zählen in den Tabellen als Sprüche der Stufe 1.

Zauberkundige Kämpfer wie Barde, Fian, Hexenjäger, Ordenskrieger, Tiermeister oder Wildläufer können nur einen kleinen Teil ihrer Lernpunkte auf Zauber verwenden, da sie ja auch ihre anderen Fähigkeiten weiterentwickeln wollen. Außerdem können viele ihrer Zauberkünste nicht von Spruchrollen gelernt werden. Daher beherrschen sie auf allen Graden deutlich weniger Zauberfähigkeiten als richtige Zauberer oder Kampfzauberer.

Zauberkundige Kämpfer haben oft nur eine geringe Auswahl an Sprüchen, so daß sie die Höchstgrenzen der Tabelle gar nicht ausschöpfen können. Für Barden gibt es zum Beispiel im *Arkanum* überhaupt nur vier Zauberlieder der Stufe 1. Der Spielleiter kann die Möglichkeit nutzen, niederstufige Zauber im Verhältnis 2:1 gegen um eine Stufe höhere Sprüche einzutauschen. Er kann aber die Nichtspielerfigur auch einfach mit weniger Zauberfähigkeiten ausstatten.

> Jaromar kann *Angst, Bärenwut, Handauflegen, Hören von Fernem, Stärke, Wundersame Tarnung, Zähmen - Felsenfaust, Heilen von Wunden, Macht über die belebte Natur, Rindenhaut, Schwarm, Wagemut - Schutzgeist - Freundesauge.* Der Spielleiter hat dabei zwei Sprüche der Stufe 3 gegen einen der Stufe 4 eingetauscht.

Der besondere Nichtspielertyp

Viele wichtige Persönlichkeiten *Midgards* passen ganz gut in das Schema der vorgegebenen Abenteurertypen. Der Stadtvogt von Estragel ist ein Krieger oder Söldner oder bei entsprechender charakterlicher Veranlagung vielleicht auch ein Glücksritter, das Oberhaupt der Diebesgilde von Meknesch ist natürlich ein meisterhafter Spitzbube, der Leibarzt des twyneddischen Hochkönigs ist ein Heiler, der Sprecher der Kauffahrerunion von Geltin ist ein Händler, der Glaubenswächter von Darjabar ist ein Priester, der in seiner Laufbahn eher seine sozialen Fertigkeiten und weniger seine Zauberkünste entwickelt hat. Durch die Auswahl der Fertigkeiten kann der Spielleiter beim Entwurf solcher Nichtspielerfiguren die gewünschten Schwerpunkte setzen.

Auf der anderen Seite gibt es auch Personen, deren Eigenheiten durch keinen der Abenteurertypen richtig wiedergegeben werden. Hierzu gehören manche Politiker, Richter, Verwaltungsbeamte, Handwerksmeister oder auch Gelehrte. Natürlich kann der Spielleiter ihnen nach Belieben Fähigkeiten und Eigenschaften zuweisen. Wenn er eine hochgradige Persönlichkeit ausarbeiten will, ist es aber bequemer, erst einmal eine Nichtspielerfigur gleichen Grades auszuarbeiten, die einem möglichst ähnlichen Typ angehört. Dann können unpassende Fertigkeiten schrittweise durch für die gewünschte Per-

---

Nichtspieler-Personen, deren Eigenheiten durch keinen der Abenteurertypen richtig wiedergegeben werden, kann der Spielleiter nach Belieben Fähigkeiten und Eigenschaften zuweisen.

Durch die Auswahl der Fertigkeiten kann der Spielleiter beim Entwurf von Nichtspielerfiguren notwendige Schwerpunkte setzen.

Kilburn MacBeorn ist Kämmerer am Hofe zu Beornanburgh und damit Hauptverantwortlicher für die Finanzen des Königreichs. Er ist Mitglied des Kronrates, Ratgeber des Reichsverwesers und damit einer der einflußreichsten Politiker in der albischen Hauptstadt. Der Kämmerer soll eine Nichtspielerfigur vom Grad 7 werden, um unter anderem immun gegen *Macht über Menschen* zu sein. Als Angehöriger des Hochadels könnte er ein *Krieger* sein, aber Kilburn hätte sich kaum in seinem anspruchsvollen Amt bewährt, wenn er sich in erster Linie im Waffenhandwerk geübt hätte. Da Kilburn Städter ist, bieten sich die Abenteurertypen *Ermittler*, *Glücksritter* und *Händler* an. Auch wenn er manchmal Stroh zu Gold spinnen möchte, hat sich der Kämmerer nie mit der Zauberei befaßt; sonst käme eventuell auch der *Magister* in Frage. Da Kilburn ein ernsthafter, pflichtbewußter Mensch mit einem Sinn für Praktisches ist, passen aber weder der Glücksritter noch der gelehrsame Magister so richtig zu ihm. Er hat zwar eine gute Spürnase, wenn es darum geht, Unregelmäßigkeiten in den Finanzen des Hofes, des Adels und der reichen Händler aufzudecken, aber der Händler eignet sich für einen Finanzverwalter besser. Der Spielleiter arbeitet also einen Händler vom Grad 7 aus.

Der Spielleiter wählt aus seiner Liste von Basiseigenschaften St56, Gs49, Gw87, Ko84, In95, Zt33. Für die restlichen Eigenschaften würfelt er Au51, pA86, Wk68, Sb68, 18 LP und B26. Seine persönlichen Bonuswerte sind AusB+3, AbB+1, ResB+1/+1/+1 und Raufen+7. Der Wurf mit 7W6+14 ergibt 42, so daß er insgesamt 45 AP hat. Kilburn besitzt Abwehr+15 und Resistenz+14/16/14 und kann *Streitkolben+12, Dolch+10, kleiner Schild+3, leichte Armbrust+10*. Der Händler besitzt 9 allgemeine Fertigkeiten. Der Spielleiter entscheidet sich im Hinblick auf die Funktion des Kämmerers für *Beredsamkeit+14, Geschäftstüchtigkeit+14, Landeskunde+11, Menschenkenntnis+11, Rechnen+14, Schätzen+11, Schreiben:Albisch+15, Verhören+11, Wahrnehmung+6*. Außerdem spricht Kilburn außer *Albisch+18* und *Comentang+12* noch mehrere Sprachen: *Chryseisch+12, Erainnisch+12* und *Twyneddisch+12*. Diese Auswahl an Fertigkeiten entspricht den Vorstellungen des Spielleiters.

Allard Trelorne stammt aus einer alteingesessenen und reichen Bürgerfamilie in Haelgarde und hat sich schon früh für Zauberei und vor allem für die wundersamen magischen Artefakte interessiert. Er begann eine Ausbildung in Thaumaturgie und schloss sich der für diese Art von Zauberei berühmten Gilde des Weißen Steins in Thame an. Es zeigte sich aber bald, daß Allard von Zauberwerk begeistert war und sich damit zusammenhängendes Wissen schnell aneignete, daß es ihm aber an Talent und Geduld fehlte, selbst thaumaturgische Werke zu schaffen. Dafür hatte er von seinen Vorfahren das Talent zum Handeln geerbt. In der Gilde wurden seine wahren Begabungen bald entdeckt, und im Lauf der Jahre stieg er zum Schatzmeister auf. Er verwaltet das Geld der Gilde des Weißen Steins, sammelt und verkauft Artefakte, wobei seine Hauptgeschäftspartner die Zwerge des benachbarten Artross sind, und führt außerdem die thaumaturgische Bibliothek in Thame. Allard ist eine geachtete und einflußreiche Persönlichkeit; nur mit seinen eigenen magischen Fähigkeiten ist es nicht weit her.

Die Kombination eines Gelehrten mit einigen wenigen thaumaturgischen Fähigkeiten wird durch den Magister wiedergegeben, dem es aber an den nötigen sozialen Talenten des Schatzmeisters mangelt. Dennoch entwirft der Spielleiter zuerst einen Magister vom Grad 8 als Ausgangspunkt. Als Basiseigenschaften wählt er St64, Gs96, Gw54, Ko91, In97, Zt22. Die weiteren Eigenschaften sind Au76, pA61, Wk100, Sb35, 18 LP und B25. Seine persönlichen Bonuswerte sind SchB+3, AusB+5, AnB+2, ResB+2/+1/0 und Raufen+7, und er hat 54 AP. Der Abenteurer kann Abwehr+15, Resistenz+16/17/14 sowie *Dolch+16, Langschwert+14, Schleuder+14, kleiner Schild+4*. Der Magister besitzt als zauberkundiger Kämpfer 8 allgemeine Fähigkeiten, die der Spielleiter schon so weit wie möglich passend zu Allards Position auswählt: *Alchimie+13, Beredsamkeit+16, Landeskunde+13 Alba, Lesen von Zauberschrift+16, Rechnen+16, Sagenkunde+13, Schreiben: Albisch+20, Zauberkunde+13*. Als Magister erhält er kostenlos *Schreiben:Maralinga+12, Sprechen: Maralinga+12*, und außerdem beherrscht er neben *Albisch+20* und *Comentang+14* noch weitere Sprachen. Als zauberkundiger Kämpfer kann der Abenteurer *Angst, Besänftigen, Erkennen der Aura, Erkennen von Zauberei, Blicksalz, Funkensalz, Löschsalz, Wandelsalz, Zündersalz* sowie vier weitere Sprüche der Stufe 2 und drei Sprüche der Stufe 3, die der Spielleiter nicht festlegt, da er jetzt schon weiß, daß er sie gegen andere Fähigkeiten eintauschen will.

Der gerade erschaffene Magister entspricht schon recht gut der Vorstellung, die der Spielleiter von Allard Trelorne hat. Er möchte ihm aber noch die folgenden Fähigkeiten geben, um seine Rolle als Experte für den Handel mit Zauberwerk zu unterstreichen: *Geschäftstüchtigkeit+12, Kräuterkunde+9, Schätzen+13, Thaumatographie+10*. Da die erste und letzte Fertigkeit teuer sind, streicht er dafür alle zusätzlichen Zauber, die er oben noch nicht ausgewählt hat. Auch die Perfektion, mit der der Schatzmeister seine Waffen beherrscht, erscheint übertrieben, und der Spielleiter senkt sein Können auf *Dolch+12, Langschwert+10, Schleuder+10, kleiner Schild+3*. Allard trägt meistens ein kleines Arsenal magischer Artefakte mit sich herum, mit denen er sich viel besser seiner Haut wehren kann als mit blanker Klinge. Zusätzlich verringert der Spielleiter die Erfolgswerte für Schreiben und Sprechen der albischen Sprache auf +16. Allard weiß sich auszudrücken, aber er ist kein Poet. Als weitere Sprachen beherrscht er noch: *Sprechen: Dvarska+14, Twyneddisch+12, Vallinga+12, Altoqua+12* sowie *Schreiben: Dvarska+14, Vallinga+12, Altoqua+12*.

son typische Fähigkeiten ersetzt werden. Die Vorgehensweise ist im wesentlichen dieselbe wie bei der Entwicklung eines neuen Abenteurertyps aus einem bekannten. Es ist allerdings nicht nötig, sich um Lehrpläne oder Lernkosten zu kümmern, da jede Nichtspielerfigur, die auf diese Weise geschaffen wird, einzigartig ist.

Das Verhalten der Bewohner *Midgards*

Im Normalfall bestimmen die Spieler, wie sich ihre Abenteurer verhalten, und der Spielleiter trifft die Entscheidungen für die restlichen Bewohner *Midgards*. Es gibt aber Situationen, wo der Spielleiter nicht nach eigenem Gutdünken die Reaktionen von Nichtspielerfiguren festlegen kann oder will. Die folgenden Regeln geben ihm für solche Fälle Hilfestellungen.

Bei Abenteuern, in denen die Spielerfiguren sich einer größeren Zahl von Nichtspieler-Gegnern gegenüber sehen, kann der Spielleiter sich von einem Hilfsspielleiter, den man auch **Gegenspieler** nennen könnte, unterstützen lassen. Der Gegenspieler führt die Gruppe von Bewohnern *Midgards,* mit denen sich die Abenteurer auseinandersetzen müssen. Wie die Spieler hat er keinen Zugang zu den umfassenden Unterlagen des Spielleiters; er weiß nur über die Eigenschaften und die Informationen der von ihm geführten Personen bescheid. Durch den Gegenspieler wird der Spielleiter bei einem verwickelten Abenteuer entlastet. Außerdem verhalten sich die Gegner der Abenteurer realistischer, da ihre Entscheidungen nicht unbewußt von Informationen über die Pläne der Spielerfiguren beeinflußt werden, die sie gar nicht haben können.

Reaktionen von Zufallsbekanntschaften

Nehmen die Abenteurer Kontakt mit Fremden auf, muß der Spielleiter entscheiden, wie diese Personen reagieren. Gehen sie auf Vorschläge der Abenteurer ein? Heißen sie sie willkommen, oder verhalten sie sich ablehnend oder gar feindselig? Der gesunde Menschenverstand und die umfassenden Informationen des Spielleiters lassen in vielen Fällen nur eine einzige Verhaltensweise sinnvoll erscheinen, vor allem bei wichtigen Personen, deren Charakter, Wesensart und Handlungsmotive vorher festgelegt worden sind.

Oft entscheidet also allein der Spielleiter, was Nichtspielerfiguren machen. Manchmal ist er sich aber selbst nicht sicher, wie sich Bewohner *Midgards* verhalten und welchen von mehreren möglichen Entscheidungen sie treffen. Dann helfen die folgenden Regeln, die die Reaktionen von Menschen und anderen intelligenten Wesen teilweise vom Zufall abhängen lassen. Ob sie angewandt werden, bleibt allein dem Spielleiter überlassen. Kein Spieler hat das Recht zu fordern, der Spielleiter solle würfeln, ob die negative Reaktion einer Nichtspielerfigur nicht doch günstiger ausfällt!

Die Abenteurer befassen sich manchmal unerwartet näher mit einer Person, die nur für eine unbedeutende Nebenrolle vorgesehen war und über deren Motive der Spielleiter sich keine großen Gedanken gemacht hat. Hierbei hilft das **Verhaltensschema (VS)**, mit dem man ohne großen Aufwand etwas über den Charakter eines Menschen aussagen kann. Es besteht aus zwei Zahlen und hat den **Normalwert VS=31/85**, solange der Spielleiter nichts anderes festlegt.

Gibt es mehrere Möglichkeiten, wie eine Person auf einen Annäherungsversuch der Abenteurer reagieren kann, so macht der Spielleiter einen verdeckten **Verhaltenswurf**, d.h. er würfelt mit W% und addiert ein Fünftel der persönlichen Ausstrahlung des Gesprächspartners (abgerundet). Verhandelt jemand mit mehreren Abenteurern, so zählt die persönliche Ausstrahlung der Spielerfigur, die den engsten Kontakt mit dem Fremden hat, z.B. der Wortführer.

$$\text{Verhaltenswurf} = W\% + pA/5$$

Liegt der Verhaltenswurf innerhalb der durch die beiden Zahlen des VS gegebenen Bandbreite, d.h. bei normalem Verhaltensschema zwischen 31 und 85, so verhält sich die Nichtspielerfigur so, wie es dem Spielleiter am wahrscheinlichsten erscheint. Ist der Würfelwurf größer als die obere Schranke (niedriger als die untere Schranke), so reagiert die Nichtspielerfigur etwas positiver (negativer) auf die Abenteurer, als zu erwarten war. Die Verhaltensweise muß aber den Umständen entsprechend sinnvoll sein - ein Händler greift nicht zur Waffe, nur weil er das Angebot der Spieler für seine Ware als zu niedrig empfindet.

Es kann vorkommen, daß der Spielleiter im Laufe von längeren Verhandlungen mehrmals würfeln möchte, wie die Nichtspielerfigur auf verschiedene Vorschläge der Abenteurer reagiert. In diesem Fall müssen spätere Würfelwürfe immer so interpretiert werden, daß sie vorausgegangenen Entscheidungen

---

Der Spielleiter kann sich bei verwickelten Abenteuern von einem Hilfsspielleiter entlasten lassen.

Ein Hilfsspielleiter eignet sich besonders dafür, Nichtspielergegner zu führen.

Das Verhaltensschema läßt ohne großen Aufwand Aussagen über den Charakter eines Menschen zu.

der Person nicht widersprechen. So schnell ändert niemand eine einmal gefaßte Meinung.

> Svenbold (pA78) versucht, einem unbekannten Händler (**VS=31/85**) ein Schmuckstück aus einem versunkenen Tempel zu einem angemessenen Preis zu verkaufen. Der Spielleiter hält es für wahrscheinlich, aber nicht für sicher, daß der Händler kaufbereit ist und dabei Gewinn machen will. Er macht einen Verhaltenswurf, d.h. er würfelt mit W% und addiert 15 (=78/5 abgerundet), und interpretiert die Ergebnisse dann folgendermaßen:
>
> **1–30:** Der Händler hat kein Interesse am Kauf zu diesen oder ähnlichen Bedingungen.
>
> **31–85:** Der Händler kauft das Schmuckstück, wenn der Barbar mit einem Preis von 10% unter dem eigentlichen Wert einverstanden ist.
>
> **ab 86:** Der Händler erklärt sich bereit, das Objekt zu seinem richtigen Wert zu kaufen.
>
> Nehmen wir an, der W%-Wurf ist 13 und damit der Verhaltenswurf insgesamt 28. Svenbold braucht aber dringend Geld, da er bei einem ortsansässigen Waffenmeister die höhere Kunst des Schwertkampfes lernen will, und es gibt keine anderen Schmuckhändler in der Stadt. Er bietet daher das Schmuckstück zu 10% unter Wert an. Da - natürlich ohne Wissen des Spielers - bereits beim ersten Verhaltenswurf diese Entscheidung abgelehnt wurde, kann der Händler jetzt nicht auf das Angebot eingehen, und selbst die günstigste Reaktion würde eine zusätzliche Preissenkung einschließen. Die entsprechende Tabelle sieht so aus:
>
> **1–30:** Der Händler hat kein Interesse am Kauf und an der Fortsetzung des Gesprächs. Vielleicht hält er die Ware für Diebesgut, oder die Nase des Barbaren gefällt ihm einfach nicht. Er fordert Svenbold auf, ihn endlich in Ruhe zu lassen.
>
> **31–85:** Der Händler hat kein Interesse am Kauf zu diesen oder ähnlichen Bedingungen.
>
> **ab 86:** Der Händler erklärt sich bereit, das Schmuckstück für 20% unter Wert zu kaufen.

Das durchschnittliche VS=31/85 geht davon aus, daß die Nichtspielerfigur eine leichte Tendenz hat, ungünstig zu reagieren - verständlich beim ersten Kontakt mit völlig Fremden. Verschiebt man die Schranken des Verhaltensschemas nach oben oder unten, so ist der Betreffende eher vertrauensselig und leicht zu überreden (z.B. VS=21/75) oder eher mißtrauisch und schwer zu überzeugen (z.B. VS=41/95). Dies sagt nur etwas über den allgemeinen Charakter der Person aus. Ihre besondere Einstellung zu den Abenteurern, die sie vielleicht bei früheren Begegnungen entwickelt hat, geht nicht in den Würfelwurf, sondern in die Interpretation des Würfelergebnisses durch den Spielleiter ein.

Auch die Spannweite des Verhaltensschemas kann geändert werden. Eine Person mit VS=21/95 wäre

> Erschöpft und voller blauer Flecke und Schrammen, dafür aber mit Beute beladen befinden sich die Abenteurer auf dem Heimweg. Unverhofft treffen sie auf Mabon ap Math und seine twyneddischen Jungkrieger, die gerade zu einem gutnachbarschaftlichen Raubzug in das Gebiet einer anderen Sippe aufgebrochen sind. Angesichts der Abenteurer überlegt sich der pragmatische Barbar, ob er sich nicht den weiten Weg zu den Nachbarn sparen kann. Man greift natürlich nicht blindlings an, sondern tauscht erst ein paar deftige Grußworte aus - in der Hoffnung, die Stärke des Gegners besser einschätzen zu können. Wortführer der Abenteurer ist Aethelstane. Weder das Verhalten der Gefährten noch sein Wissen über Herkunft und Charakter von Mabon ap Math legen dem Spielleiter ein eindeutiges Verhalten nahe. Er denkt sich aber, daß der Sohn eines twyneddischen Häuptlings ein von sich selbst überzeugter Hitzkopf ist und zu überschwenglichen Reaktionen neigt. Daher wählt er VS=41/75 für Mabon. Den Verhaltenswurf interpretiert er folgendermaßen:
>
> **1–40:** Mabon und seine Jungkrieger greifen direkt an, da sie leichte Beute wittern (sie kennen halt Aethelstane und seine Freunde nicht).
>
> **41–75:** Mabon setzt das Gespräch fort und tastet den Gegner weiter ab, um eine günstige Gelegenheit zum Angriff abzuwarten. Vielleicht läßt er die Abenteurer sogar erst einmal ziehen, um ihnen ein paar Wegstunden später einen Hinterhalt zu legen.
>
> **ab 76:** Mabon ist so eingeschüchtert, daß er keinen Angriff wagt.
>
> Thorgrimm, der grimmige Nordländer (VS=61/95), sitzt im *Einbeinigen Kobold* zu Thame und starrt in seinen leeren Krug. Leon (pA93) setzt sich zu ihm und schlägt ihm vor, die Abenteurer bei einem Vorstoß in die verlorene Zwergenbinge Tumunzahar zu begleiten. Der Annäherungsversuch wird geschickt eingefädelt - Leon hat zwei volle Bierkrüge dabei und schiebt Thorgrimm gleich einen hin - und der angebotene Beuteanteil ist fair. Vom Spielgleichgewicht her hätte der Spielleiter nichts einzuwenden, wenn der Barbar die Gruppe begleitet. Er hat sich aber über Thorgrimm keine weiteren Gedanken gemacht, da er mit dieser Vorgehensweise der Spieler nicht gerechnet hat. Das Ansprechen irgendeines Fremden wird aber am ehesten dazu führen, daß der Betreffende kein Interesse oder keine Zeit hat. Der Spielleiter würfelt mit W% und addiert 18 (Leons pA/5). Ist das Gesamtergebnis
>
> **1–60:** so kommt Thorgrimms unwirsche Art zum Tragen. Er fühlt sich gestört, spuckt in das Freibier oder schüttet es auf den Boden und erzählt Leon, er könne ihn ... Leon kann die Beleidigung einstecken, oder es entwickelt sich eine schöne Wirtshausschlägerei.
>
> **61–95:** so hört sich Thorgrimm den Vorschlag ruhig an, trinkt dabei das Bier und meint schließlich, das Angebot sei zwar verlockend, aber er hätte leider schon etwas anderes vor.
>
> **ab 96:** ist Thorgrimm bereit, im Prinzip auf das Angebot einzugehen und die Gruppe zu begleiten. Natürlich versucht er erst noch, den Preis hochzutreiben - vielleicht gehen die Abenteurer ja darauf ein.

ausgeglichen mit geringer Neigung zu unerwartetem Verhalten, während eine Nichtspielerfigur mit VS=41/75 eher extrem reagiert. VS=61/95 hätte ein Mensch, der der ganzen Welt mißtrauisch begegnet und zu schroff ablehnendem oder gar aggressivem Verhalten neigt.

Loyalität von Untergebenen

Nichtspielerfiguren können als Freunde oder Bedienstete in einem engen Verhältnis zu einem Abenteurer stehen. Wie zuverlässig sie in kritischen Situationen sind, entscheidet ihre **Loyalität**. In Zweifelsfällen kann der Spielleiter mit einem Würfelwurf entscheiden, ob die Nichtspielerfigur dem Abenteurer gehorcht, ihn im Stich läßt oder sich gar offen gegen ihn wendet. Die Loyalität spielt erst bei fortgeschrittenem Spiel eine Rolle, da erst dann die Abenteurer Gelegenheit hatten, ein Netz von Beziehungen zu anderen Bewohnern *Midgards* aufzubauen, und wohlhabend genug sind, Untergebene anzuheuern.

Typische Untergebene, deren Loyalität festgelegt werden sollte, sind die Dienstmagd, die das Haus der Abenteurer in Ordnung hält, während diese auf Reisen sind, oder der einfache Krieger, den ein Spielermagier als persönliche Leibwache und Begleitung in seiner Heimatstadt angeheuert hat und der seinen Herrn gelegentlich (gegen entsprechenden Beuteanteil und nur mit Zustimmung des Spielleiters) auch auf gefährliche Abenteuer begleitet.

Der Spielleiter kann auch die Loyalität unabhängiger Personen bestimmen, die ständig in engem Kontakt zu den Abenteuern stehen. Wie verläßlich ist der Nichtspieler-Barde, der die Gruppe gelegentlich als gleichberechtigtes Mitglied bei Abenteuern begleitet? Wieviel Rückhalt genießen die Zauberer der Gruppe bei dem Vorsteher der Magiergilde, der sie sich angeschlossen haben, wenn sie Schwierigkeiten mit den Behörden haben. Das Verhalten solcher Bewohner *Midgards* wird der Spielleiter kaum wie bei einer Zufallsbekanntschaft auswürfeln, da er sich Gedanken über die Wesensart solcher regelmäßig auftretenden Personen gemacht hat und daher meist weiß, wie sie sich verhalten. In kritischen Situationen, wenn es darum geht, ob ein Leibwächter unter Einsatz seines eigenen Lebens einen Abenteurer vor dem sicheren Tod rettet oder ob ein einflußreicher Freund seinen guten Ruf riskiert, um die Gefährten vor einer ungerechtfertigten Verhaftung zu schützen, können dann die Loyalitätsregeln angewandt werden. Dies erspart dem Spielleiter eine rein subjektive Entscheidung in einem solchen, für die Spieler wesentlichen Fall.

Will der Spielleiter die Loyalität einer Person bestimmen, so muß zuerst die Bezugsperson unter den Spielerfiguren festgelegt werden. Meist ist dies der Abenteurer, zu dessen Gefolge die Nichtspielerfigur zählt oder zu dem sie den engsten Kontakt hat. Kommen mehrere Abenteurer in Frage, wählt man eine Bezugsperson von möglichst hohem Grad und hoher persönlicher Ausstrahlung.

Die anfängliche Loyalität einer Person wird vom Spielleiter verdeckt **mit W%** ausgewürfelt, wozu noch die Hälfte der persönlichen Ausstrahlung der Bezugsperson addiert und 25 abgezogen werden. 1 ist der kleinstmögliche Loyalitätswert, während Werte über 100 zulässig sind.

Bei befreundeten Nichtspielerfiguren kann in kritischen Situationen überprüft werden, wie loyal sie sich den Abenteurern gegenüber verhalten.

Eine Gruppe von fünf Abenteurern hat gemeinsam ein Haus in Corrinis gekauft. Sie stellen eine Dienstmagd namens Mhairi ein, die die Haushaltsführung übernehmen soll. Den höchsten Grad unter den Spielerfiguren haben die beiden Magier Agadur und Finrod. Als Bezugsperson zählt aber Agadur (pA100), da er die höhere persönliche Ausstrahlung hat. Der Spielleiter würfelt mit W% 15, so daß Mhairis Loyalität 40 ist. Einige Zeit später unternehmen die Abenteurer eine längere Reise. Ihre Feinde nutzen diese Gelegenheit. Unter einem harmlosen Vorwand bitten sie Mhairi, sie für längere Zeit in Agadurs Zimmer zu lassen, und bieten ihr dafür die für das Mädchen enorme Summe von 100 GS. Der Spielleiter macht einen Prüfwurf gegen Mhairis Loyalität: bei 1-40 lehnt sie das Angebot der Gegner ab und berichtet den Abenteurern bei deren Heimkehr; bei 41-100 nimmt sie das Geld an und läßt die Feinde ungestört in Agadurs Zimmer eine bei der Rückkehr des Magiers wirkende Falle aufbauen.

Während die Abenteurer und ihr Nichtspieler-Begleiter Thorvard (Loyalität gegenüber der Bezugsperson Adonisios: 110) in einem Gasthaus übernachten, wird dieses von einer Bande Orcs angesteckt. Während die anderen Gäste und Thorvard rechtzeitig wach werden und sich samt ihrer Habe auf den Hof retten können, sinkt Adonisios vom Rauch betäubt zu Boden und wird von den Flammen eingeschlossen. Während die Spieler noch diskutieren, ob sie für die Rettung des Zauberers ihre eigene Haut riskieren sollen, macht der Spielleiter für Thorvard einen PW:Loyalität. Bei 1-99 stürzt der Barbar sich beherzt in die Flammen, um seinen Freund zu retten. Nur bei 100 (was immer Mißlingen bedeutet) ist ihm sein eigenes Leben mehr wert. Wäre eine andere Spielerfigur als Thorvards Bezugsperson in Gefahr gewesen, so hätte Thorvard nur dann etwas unternommen, wenn Adonisios ihn gebeten hätte (auch dann hätte der Spielleiter erst einen Prüfwurf gegen Loyalität gemacht). Außerdem hätte der Spielleiter entscheiden können, daß Thorvards Loyalität sich verringert, da er aufgefordert wird, sich in Lebensgefahr zu begeben, während sein Freund Adonisios nicht bereit ist, ihn zu begleiten.

> **Loyalität = W% + pA/2 – 25**

Kommt es im Laufe des Spiels zu einer extremen Situation, die die Treue des Freundes oder Bediensteten zur Bezugsperson auf die Probe stellt, macht der Spielleiter einen verdeckten **PW:Loyalität**. Gelingt der Prüfwurf, so verhält sich der Betreffende ganz im Interesse der Bezugsperson. Mißlingt der Prüfwurf, so verhält er sich eher zum Nachteil des Abenteurers. Was in diesem Zusammenhang unter extremen Situationen zu verstehen ist, läßt sich am leichtesten durch einige Beispiele erklären.

Die Loyalität ändert sich mit der Zeit. Jedesmal, wenn die Bezugsperson oder auch eine andere Spielerfigur sich der Nichtspielerfigur gegenüber besonders großzügig verhält oder ihr einen großen Dienst erweist (z.B. das Leben rettet), kann der Spielleiter die Loyalität um 5 oder (selten) 10 erhöhen. Wenn die Bezugsperson sich der Nichtspielerfigur gegenüber besonders schäbig benimmt oder solches Verhalten einer anderen Spielerfigur wortlos hinnimmt, sinkt die Loyalität um 5 oder 10. Verhält sich der Abenteurer unter den Augen der Nichtspielerfigur besonders feige oder ehrlos, so sinkt die Loyalität selbst dann, sie selbst nicht unter dem Benehmen zu leiden hat. Allerdings sollte der Spielleiter die Loyalität nicht ständig ändern, sondern dies auf extreme Fälle beschränken. Die Loyalität sinkt niemals unter 1. Allerdings ist bei einem normalen Menschen damit zu rechnen, daß er schon dann auf die weitere Gesellschaft der Abenteurer verzichtet, wenn seine Loyalität durch permanente schlechte Behandlung beträchtlich unter den anfänglichen Wert gesunken ist.

Normalerweise ist die Loyalität einer Person den Spielern nicht annähernd bekannt. Abenteurer mit *Gassenwissen* und *Menschenkenntnis* können allerdings die Loyalität abschätzen. Zuerst führt der Spielleiter einen verdeckten Erfolgswurf für die eingesetzte Fertigkeit aus. Dann würfelt er **zweimal mit 1W20**; ist der Erfolgswurf mißglückt, so erhöht er den größeren der beiden Würfe um 5 und senkt den kleineren um ebenfalls 5. Anschließend addiert er das erste Ergebnis zur Loyalität, und von der Summe zieht er das zweite Ergebnis ab. Das Endresultat teilt er dem betreffenden Spieler mit.

> Die Abenteurer haben einen reich verzierten Helm gefunden, der offensichtlich magische Eigenschaften hat. Keine Spielerfigur traut sich aus Angst vor Nebenwirkungen, ihn auszuprobieren. Agadur hat aber seinen Gefolgsmann Rael (Söldner, Loyalität 50) dabei und befiehlt ihm, den Helm aufzusetzen. Natürlich ist in einer solchen Situation ein PW:Loyalität fällig. Nehmen wir an, der Wurf gelingt, Rael setzt den Helm auf, und dieser erweist sich als nützlich. Nun befiehlt Agadur Rael, er solle ihm den Helm geben. Der zweite PW:Loyalität ist fällig, denn Agadurs Unverfrorenheit wird selbst seinem nicht allzu schlauen Gefolgsmann bewußt. Diesmal mißlingt der Wurf, und Rael macht seinem Herrn klar, was er von Feiglingen hält, die andere ihren Kopf riskieren lassen und dann selbst den Lohn einstreichen wollen. Er rückt den Helm jedenfalls nicht freiwillig heraus. Selbst wenn der zweite Prüfwurf auch gelungen wäre, hätte Rael seinen Groll in sich hineingefressen, und seine Loyalität wäre mindestens um 10 gesunken. Kein PW:Loyalität wäre zum Beispiel fällig, wenn Agadur in einem Kampf, in den auch Spielerfiguren verwickelt sind, Rael den Befehl gibt, nach vorne zu gehen und einzugreifen. Dies sieht Rael als seine normale Aufgabe an, und dafür erhält er auch seinen Lohn und einen Anteil der Beute. Er stört sich auch nicht daran, daß sein Herr sich im sicheren Hintergrund hält - von einem Zauberer erwartet man ja nichts anderes.

> Amhran will mit *Gassenwissen* die Zuverlässigkeit des Dienstmädchens Mhairi (Loyalität 40) abschätzen. Dem Spielleiter glückt der EW:Gassenwissen. Dann würfelt er mit 1W20 erst 12 und dann 8. Amhran schätzt daher die Loyalität auf 44 (40+12–8). Failinn versucht mit *Menschenkenntnis* ebenfalls, Mhairi einzuschätzen. Der EW:Menschenkenntnis scheitert. Der Spielleiter würfelt erst 18 und dann 3 und modifiziert die Würfe um je 5 auf 23 und –2. Failinn schätzt Mhairis Loyalität also auf 65 (40+23+2).

In manchen Abenteuern, in denen es zum Beispiel um eine Intrige zwischen Adelshäusern oder die Aufklärung eines Verbrechens geht, ist es auch nützlich, die Loyalität von Nichtspielerfiguren gegenüber anderen, höherrangigen Nichtspielerfiguren festzulegen. Dann weiß man als Spielleiter, wie Dienstboten reagieren, wenn die Spielerfiguren sie bestechen wollen, oder ob ein Zeuge gegen seinen Zunftgenossen aussagt. Die Loyalität langjähriger Gefolgsleute eines ehrbaren und guten Herrn wird dabei meist in der Gegend von 100 zu suchen sein und muß nicht einfach ausgewürfelt werden. Mit W% + pA/2 – 25 wird in solchen Fällen nur die Loyalität derjenigen Personen erwürfelt, die erst vor kurzem in den Dienst des Herrn eingetreten sind

Die Loyalität einer Person ist den Spielern nicht bekannt. Einige Abenteurer können allerdings die Loyalität abschätzen.

Die Loyalität ändert sich mit der Zeit. Wenn die Bezugsperson sich gegenüber der Nichtspielerfigur besonders großzügig verhält, kann der Spielleiter die Loyalität erhöhen.

oder die einen ausgesprochen schlechten Charakter haben und undankbar sind.

Versuchungen für Abenteurer

Viele Helden der Abenteuerliteratur geraten in eine unangenehme Lage, weil sie einem hübschen Gesicht, dem Glitzern von Gold und ähnlichen Verlockungen nicht widerstehen konnten. Zugegebenermaßen gibt es Spieler, die so gut rollenspielen, daß sich ihre Abenteurer ebenfalls von solchen Versuchungen anfechten lassen, auch wenn kein direkt sichtbarer Nutzen in Form von Geld oder Erfahrung herausspringt. Andere Spielerfiguren scheinen aber die reinsten Heiligen zu sein, da ihre Spieler sie aus Angst vor Nachteilen nichts tun lassen, was jedem normalen Menschen Spaß macht, aber keinen spieltechnischen Gewinn wie Erfahrungspunkte einbringt. Dieses rollenuntypische Verhalten vereitelt manche reizvolle Abenteuersituation, die sonst ein Rollenspiel bereichern könnte. Um dieses Problem zu lösen, gibt es neben dem Locken mit allgemeinen Erfahrungspunkten für rollentypisches Verhalten eine weitere Möglichkeit, Spielerfiguren auch gegen den Willen ihrer Spieler Versuchungen erliegen zu lassen. Ausnahmsweise haben dabei die Spieler nicht die völlige Kontrolle über ihre Figuren! Daher ist das Verfahren von spontanen, subjektiven Entscheidungen des Spielleiters unabhängig. Er kann nur beim Entwurf eines Szenarios entsprechende Situationen einbauen (und dies selten und nur mit erfahrenen Spielern). Was sich daraus während des eigentlichen Spiels entwickelt, hängt allein von der Anwendung der Regeln ab.

Eine Versuchungssituation wird durch zwei Zahlen gekennzeichnet: den **Versuchungsgrad** und den **Warnfaktor**. Der Versuchungsgrad gibt an, wie reizvoll es für einen Abenteurer wäre, der Verlockung zu erliegen. Welches sichtbare Risiko er dabei eingeht, wird durch den Warnfaktor gemessen. Das sichtbare Risiko hat nichts mit dem wahren Risiko zu tun, da die Konsequenzen viel gefährlicher sein können als auf den ersten Blick ersichtlich.

Gibt ein Spieler freiwillig einer Versuchung nach, so wird überhaupt nicht gewürfelt und er erhält eventuell allgemeine Erfahrungspunkte für rollentypisches Verhalten. Weigert er sich aber standhaft, seine Figur schwach werden zu lassen, so wird mit den folgenden Regeln entschieden, ob der Abenteurer nicht doch der Versuchung erliegt. Eine Ausnahme sollte der Spielleiter nur zulassen, wenn der Spieler sehr gut begründen kann, warum seine Figur gerade gegen diesen Anreiz gefeit ist.

Zuerst macht der Spieler einen Prüfwurf gegen das Produkt aus **Intelligenz** und Warnfaktor. Gelingt der Wurf, so erscheint dem Abenteurer die Versuchung zu riskant, um darauf einzugehen. Mißlingt der Prüfwurf, so folgt ein zweiter Prüfwurf, diesmal gegen **Selbstbeherrschung** mit dem Versuchungsgrad als Zuschlag. Mißlingt auch dieser Wurf, so wird die Spielerfigur schwach. Andernfalls widersteht sie der Verlockung. Die Handlungen eines Abenteurers, der gegen den Willen seines Spielers einer Versuchung erliegt, werden so weit wie nötig vom Spielleiter bestimmt, wobei der Spieler natürlich seine Meinung einbringen darf. Die Versuchungsregeln sollen nicht den Spielern die Kontrolle über ihre Figuren nehmen, sondern sie zu besserem Rollenspiel zwingen!

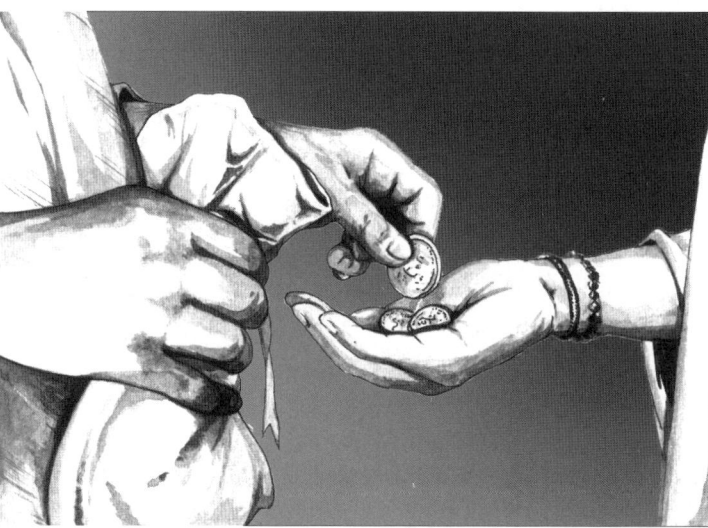

Versuchung

PW:Intelligenz × Warnfaktor

bei Mißlingen:
PW+Versuchungsgrad:Selbstbeherrschung

Spielerfiguren können auch gegen den Willen ihrer Spieler Versuchungen erliegen. Ausnahmsweise haben dabei die Spieler nicht die völlige Kontrolle über ihre Figuren!

Eine Versuchungssituation wird durch den Versuchungsgrad und den Warnfaktor gekennzeichnet.

Der Versuchungsgrad ist meist 0 oder leicht positiv (+10 bis +20), kann aber höher liegen oder auch negative Werte (bei schwachen Anreizen) haben. Der Warnfaktor liegt normalerweise zwischen 0 (keinerlei sichtbare Gefahr) und 1 (deutlich sichtbares Risiko); ausnahmsweise kann er bei sehr großen und deutlich sichtbaren Gefahren auch etwas größer als 1 sein. Der Spielleiter kann den Warnfaktor auch nachträglich erhöhen, wenn der Abenteurer durch erfolgreichen Einsatz von *Menschenkenntnis*, *Gassenwissen* oder ähnlichen Fertigkeiten zusätzliche Hinweise erhält, die zur Vorsicht gemahnen.

Verhaltensweisen im Kampf

Die meisten **Tiere** greifen die Abenteurer nicht ohne Grund an - sie haben Hunger, oder sie glauben zu Recht oder Unrecht ihr Revier oder ihre Jungen bedroht. Sonst versuchen sie eher, Menschen auszuweichen oder - bei sehr großen oder wenig intelligenten (t30 und weniger) Geschöpfen - sie zu ignorieren. Ist ein Tier aber erst einmal in einen Kampf verwickelt, so kämpft es, bis es seine Gegner überwunden oder in die Flucht geschlagen hat oder bis seine eigene Ausdauer auf 0 sinkt und es völlig erschöpft ist. Nur hungrige oder wenig intelligente Tiere verfolgen einen Gegner, der sich offensichtlich auf der Flucht befindet und erst einmal ein paar Meter zwischen sich und den Verfolger gebracht hat.

Mit wenigen Ausnahmen wie wütende Bären und wilde Eber versuchen Tiere, deren **Ausdauerpunkte auf 0** gesunken sind, sich aus einem Kampf zu lösen und zu fliehen, wenn ihnen der Fluchtweg nicht versperrt ist. Sind sie in die Enge getrieben und sehen sie keine Fluchtmöglichkeit, kämpfen manche Tiere auch noch mit 0 AP ungeschwächt weiter, d.h. ohne die sonst vorgeschriebenen –4 auf eigene und +4 auf gegnerische EW:Angriff und ohne *wehrlos* zu sein (s. MIDGARD - *Das Fantasy-Rollenspiel*, S. 224f). Diese Mobilisierung verborgener Kraftreserven in aussichtsloser Lage beobachtet man vor allem bei Raubtieren oder bei Muttertieren, die ihre Jungen beschützen. Die endgültige Entscheidung muß der Spielleiter unter Berücksichtigung der speziellen Umstände treffen.

> Ein gut aussehendes Mädchen spricht in der *Bärenkralle* zu Corrinis den Krieger Kor (In77, Sbl 9) an, flirtet eine Weile mit ihm und fordert ihn dann auf, mit auf ihr Zimmer zu kommen. Das Mädchen steht im Dienste eines scharidischen Sklavenhändlers und hat vor, den einsamen Fremden, für den sie Kor hält, unter Drogen zu setzen und ihn ihrem Herrn als Ware zuzuführen. Kor kann dies nicht wissen, so daß der Spielleiter auf Warnfaktor 1/10 entscheidet (ganz ungefährlich ist es natürlich nicht, eine völlig Unbekannte zu begleiten). Das Mädchen ist reizvoll, aber nicht umwerfend, so daß der Versuchungsgrad +10 ist. Der Spieler weigert sich, seine Figur Kor mit dem Mädchen gehen zu lassen. Der Spielleiter hält dies für rollenuntypisch und wendet die Versuchungsregeln an. Kor muß also zuerst einen Prüfwurf gegen Intelligenz×Warnfaktor = 77/10 machen. Dies gelingt nur, wenn er mit W% 7 oder weniger würfelt. Nehmen wir an, der Spieler hat keinen Erfolg. Er muß nun einen zweiten Prüfwurf gegen Selbstbeherrschung–Versuchungsgrad = 19–10 machen, d.h. bei einem Wurf von 10-100 folgt Kor gegen den Willen des Spielers dem Mädchen. Der Spieler macht allerdings seinen Einfluß so weit geltend, daß der stets übervorsichtige Kor noch seinen Kameraden am Nachbartisch bescheid gibt (die natürlich die Gelegenheit zu anzüglichen Bemerkungen nutzen) und sie bittet, nach ihm zu schauen, wenn er nicht innerhalb von zwei Stunden zurück ist. Am besten ist es, der Spieler findet sich mit dem Verhalten seiner Figur ab und spielt hiervon ausgehend normal weiter. Er hat ja dann immer noch Chancen, mit Vorsicht und Geschick den Gefahren zu entgehen, denen seine Figur Hand in Hand mit dem Mädchen entgegengeht.
>
> Hätte Kor *Menschenkenntnis* gelernt, hätte sein Spieler darauf bestehen können, daß der Krieger sich das Verhalten des Mädchens genau anschaut. Bei Erfolg hätte er den Eindruck gewonnen, daß mehr als Kors männliche Reize hinter dem Verhalten der Verführerin stecken. In diesem Fall wäre der Warnfaktor auf 1/2 gestiegen und bei einem kritischen Erfolg sogar auf 1. Führt der verdeckte Erfolgswurf allerdings zu einem kritischen Fehler, so glaubt der Krieger, dem Mädchen blind vertrauen zu können (Warnfaktor 0).

Ein **intelligentes** Wesen schätzt (im Gegensatz zu manchen Spielerfiguren) sein Leben. Sinken seine **Ausdauerpunkte auf 0** und scheinen die Gegner überlegen zu sein, so versucht es, sich aus dem Kampf zurückzuziehen und im Normalfall zu fliehen. Ist Flucht unmöglich, so ergibt sich die Nichtspielerfigur, wenn sie damit rechnen kann, daß ihre Gegner sie am Leben lassen. Nur, wenn sie weder mit Entkommen noch mit Gnade rechnen kann, kämpft sie bis zum bitteren Ende.

Sollten Abenteurer die Gewohnheit entwickeln, Gefangene umzubringen, so spricht sich das irgendwann herum. Auf *Midgard* mit all den magischen Möglichkeiten dieser Welt ist immer mit Zeugen zu rechnen, die selbst unbemerkt bleiben. Haben die Spielerfiguren erst einmal einen schlechten Ruf, so wird sich ihnen kein Mensch mehr ergeben. Außerdem bekommen sie Schwierigkeiten mit ihren normalen Mitmenschen, da das Abschlachten wehr-

Mit wenigen Ausnahmen versuchen Tiere und intelligente Wesen, deren Ausdauerpunkte auf 0 gesunken sind, sich aus einem Kampf zu lösen und zu fliehen.

loser Gefangener in den meisten Ländern als ehrlose Tat gilt. Wollen die Abenteurer Gefangene nicht später freilassen, da sie sich eines Verbrechens schuldig gemacht haben oder von ihnen eine Gefahr für ihre Mitmenschen ausgeht, können sie sie der Obrigkeit übergeben.

Kampfmoral von Einheiten

Die Anmerkungen im letzten Abschnitt gelten für Personen, die ihr eigener Herr sind. Festgefügte Gruppen von Nichtspielerfiguren wie eine barbarische Kriegerschar, ein Orc-Trupp oder die Angehörigen einer militärischen Einheit unterliegen dagegen handfesten sozialen Zwängen. Fliehen sie aus einem Kampf, in den ihre Kameraden noch verwickelt sind, verlieren sie ihre Ehre, werden aus ihrem Stamm ausgestoßen, landen auf der Folterbank ihres dunklen Herrn oder werden wegen Fahnenflucht hingerichtet. Daher fliehen hier im Normalfall keine Einzelfiguren, sondern in gewissen Kampfsituationen überprüft der Spielleiter, ob die Einheit den Kampf fortsetzt oder ob alle zusammen fliehen. Dies nennt man einen **Moraltest**.

Sinken die **Ausdauerpunkte** des Mitglieds einer Einheit **auf 0**, so versucht es, sich aus dem Nahkampf zurückzuziehen und den Platz mit einem ausgeruhten Kameraden zu tauschen. Der Erschöpfte flieht aber nicht vom Kampfschauplatz, sondern wartet im Hintergrund ab, ob sein Eingreifen nicht doch wieder erforderlich ist, z.B. wenn ein anderes Mitglied der Gruppe gegen eine Übermacht kämpfen muß. Wie die betreffende Person in der Realität muß der Spielleiter abwägen, ob der Vorteil für die Einheit das Risiko, das der Einzelne beim Kampf mit 0 AP eingeht, aufwiegt.

Jede Kampfeinheit besitzt einen **Moralwert (MW)**, der ihre Kampfmoral unter normalen Umständen beschreibt. Am Ende jeder Runde, in der ein für die Standhaftigkeit kritisches Ereignis eingetreten ist, führt der Spielleiter einen **verdeckten** Moraltest durch; die Spieler kennen den Moralwert ihrer Gegner nicht genau. Der **Moraltest** wird durch einen **EW:Moral** entschieden, d.h. einem Erfolgswurf mit dem MW als Erfolgswert. Bei Mißerfolg bricht die Einheit und versucht, zu Beginn der nächsten Runde zu fliehen.

> Militärische Einheiten unterliegen sozialen Zwängen. Daher überprüft der Spielleiter in gewissen Kampfsituationen, ob die gesamte Einheit den Kampf fortsetzt oder ob alle zusammen fliehen.

> Besteht eine militärische Einheit ihren Moraltest nicht, bricht sie und versucht, zu Beginn der nächsten Runde zu fliehen.

Kampfgetümmel

Die MIDGARD-Kampfregeln eignen sich nicht zum Nachspielen größerer Kampfgetümmel. Ein Kampf mit 30 bis 40 Beteiligten bildet etwa die Obergrenze dessen, was in erträglicher Zeit abgewickelt werden kann. Selbst dann kann das Nachspielen 2 bis 3 Stunden dauern, was nur bei besonders interessanten und ausgeglichenen Auseinandersetzungen Spaß macht. Bei manchen Abenteuern kann es aber doch zu noch größeren Kampfhandlungen kommen, z.B. wenn die Spielerfiguren als Begleiter einer Karawane einen Räuberüberfall abwehren oder ein Dorf gegen einen Orc-Stamm verteidigen. Dann stehen sich leicht 50 Karawanenwachen und Händler und 100 Räuber oder 100 Bauern und 100 Orcs gegenüber. Der Spielleiter erhält im folgenden Hinweise, wie er Auseinandersetzungen mit mehr als 30 Beteiligten zügig abwickeln kann. Bei Kämpfen dieser Größenordnung sollten auf jeden Fall Moraltests ausgeführt werden.

Alle Spielerfiguren und alle Kämpfer und Zauberer ab 4. Grad - die sogenannten **Handlungsträger** - werden während eines Kampfgetümmels normal geführt. Ihre Bewegungen und Handlungen werden in Runden zu je 10 sec abgewickelt. Die meisten Beteiligten an einer größeren Auseinandersetzung werden aber sogenannte **Statisten** sein: normale Menschen, Nichtspieler-Kämpfer und andere Wesen vom Grad 0 bis 3.

Kämpfen Statisten gegeneinander, so schlagen sie nur nach jeweils **6 Runden**, d.h. einmal pro Minute, zu. Diese Regel gilt auch für Fernkämpfer, die sich ihre Ziele ausschließlich unter anderen Statisten suchen. Es wird ein EW:Angriff gegen einen Gegner gewürfelt. Ist der Angriff erfolgreich, so darf der Getroffene keinen WW:Abwehr machen, und es wird auch kein Schaden ausgewürfelt. Er erleidet stattdessen auf jeden Fall eine **Wunde**. Kämpft ein Statist gleichzeitig gegen mehrere andere, so darf er nur einen EW:Angriff machen, ist selbst aber Ziel mehrerer gegnerischer Angriffe.

Statisten vom 0. oder 1. Grad sind bereits nach 1 Wunde, Statisten vom 2. bzw. 3. Grad erst nach 2 bzw. 3 Wunden **kampfunfähig**. Kampfunfähige Statisten besitzen keine AP mehr und sind zu je etwa einem Drittel leicht verletzt (1-2 auf 1W6), schwer verwundet (3-4) bzw. tot (5-6). Das Auswürfeln mit 1W6 während des Kampfes ist nur nötig, wenn z.B. für einen Moraltest festgestellt werden muß, ob es den ersten Toten gegeben hat. Statisten höheren Grades, die schon Wunden erhalten haben, aber noch einsatzbereit sind, haben nur einen Teil ihrer AP verloren. Einem Statisten 2. Grades fehlt nach einer Wunde die Hälfte seiner AP. Ein Statist 3. Grades hat nach einer bzw. zwei Wunden ein Drittel bzw. zwei Drittel seiner AP verloren. Im Mittel liefert das abgekürzte Verfahren dieselben Endergebnisse wie ein normales rundenweises Durchspielen des Kampfes der Statisten untereinander.

Statisten bleiben auf ihrem Feld stehen, solange sie mit anderen Statisten in einen Nahkampf verwickelt sind. Sie lösen sich nur vom Gegner, wenn die Moral ihrer Einheit bricht und sie aus diesem Grund fliehen. Statisten, die sich nicht im Kontrollbereich eines Gegners befinden oder die gegen einen Handlungsträger kämpfen, bewegen sich wie alle anderen Spielfiguren. Sobald sie ihre Bewegung in den Kontrollbereich eines gegnerischen Statisten führt, bleiben sie stehen. Ein EW:Angriff wird aber erst dann gewürfelt, wenn wieder 6 Runden seit Beginn des Kampfgetümmels vergangen sind. Eine Figur, die z.B. in der 9. Runde auf einen anderen Statisten stößt, bleibt stehen und schlägt erst in der 12. Runde zu.

Es empfiehlt sich, für die Statisten Pappplättchen von der Größe eines Feldes einzusetzen, auf denen man Grad, Erfolgswert für Angriff und die bereits erhaltenen Wunden notieren kann. Verwendet man Figuren, so kann man diese auf die Pappplättchen stellen.

Kämpfen Statisten direkt gegen einen der Handlungsträger, so handeln sie jede Runde. Sobald sich ein Handlungsträger gegen einen Statisten wendet, beginnt in diesem Moment der rundenweise Zeitablauf. Wendet sich ein Statist, der vorher gegen einen Handlungsträger rundenweise gekämpft hat, mitten in einer Minute gegen einen anderen Statisten, so darf er am Ende der Minute seinen EW:Angriff würfeln. Hat er als Figur höheren Grades bereits AP verloren, so zählen diese Verluste als entsprechende Wunden. Beispielsweise hat ein Statist 3. Grades, der mindestens ein Drittel und weniger als zwei Drittel seiner AP verloren hat, eine Wunde erlitten.

Die Regeln dieses Abschnitts können nur eine grobe Richtschnur für den Spielleiter sein. In Zweifelsfällen muß er selbst entscheiden, wie sich Handlungen der Spielerfiguren auf Statisten auswirken. Er kann auch je nach Situation variieren und z.B. nur Figuren vom 1. Grad als Statisten behandeln, Figuren ab 2. Grad aber als Handlungsträger. Das beschriebene System zum zügigen Abwickeln größerer Kampfgetümmel ist für Kämpfe geeignet, bei denen auf jeder Seite neben wenigen Handlungsträgern etwa 20 bis 40 Statisten mitkämpfen.

In noch größeren Kämpfen kann man die Statisten zu kleinen Gruppen von 3 oder 6 Kämpfern zusammenfassen, die durch entsprechend große Pappstreifen (1×3 bzw. 1×6 Felder) repräsentiert werden. Die Zahl der Wunden, die eine Gruppe hinnehmen kann, bevor sie außer Gefecht ist, ist die Summe der Zahl der Wunden, die die einzelnen Kämpfer hinnehmen können. Eine Gruppe aus einem Anführer vom Grad 3 und 5 Kämpfern vom Grad 1 kann z.B. 8 Wunden hinnehmen. Solange solche Einheiten mit gleichartigen Gegnern beschäftigt sind, wird alle 6 Runden einmal ein EW:Angriff gewürfelt (und zwar mit dem Erfolgswert der Mehrheit unter den Kämpfern der Gruppe). Ist der Angriff erfolgreich, so fügt eine Dreier- bzw. Sechsereinheit den gegnerischen Einheiten 1W6 bzw. 2W6−1 Wunden zu. Wie die Wunden auf gegebenenfalls mehrere Einheiten verteilt werden, bestimmt der Angreifer. Da nicht eine Schlacht detailliert nachgespielt, sondern nur ein Kampfgetümmel schnell entschieden werden soll, bleibt eine Einheit solange voll einsatzbereit, bis ihre Fähigkeit, Wunden hinzunehmen, erschöpft ist.

> **Für die Kampfmoral kritische Situationen**
>
> Zum ersten Mal **stirbt** ein Mitglied der Gruppe.
>
> Der **Anführer** ist **erschöpft**, d.h. seine AP sinken auf 0 (nur, wenn die Gegner nicht ebenfalls weitgehend am Ende ihrer Kräfte sind).
>
> Zum ersten Mal ist mehr als **1/4 der Einheit kampfunfähig** (nur, wenn am Ende der betreffenden Runde nicht auch mehr als 1/4 der Gegner kampfunfähig sind).
>
> Zum ersten Mal ist mehr als **1/2 der Einheit kampfunfähig** (nur, wenn nicht schon mehr als 1/2 der Gegner kampfunfähig sind).
>
> Zum ersten Mal ist mehr als **2/3 der Einheit kampfunfähig** (nur, wenn nicht schon mehr als 2/3 der Gegner kampfunfähig sind).
>
> Zum ersten Mal ist mehr **4/5 der Einheit kampfunfähig** (nur, wenn nicht schon mehr als 4/5 der Gegner kampfunfähig sind).
>
> Zum ersten Mal wird deutlich erkennbar **Magie** gegen die Einheit eingesetzt (nur, wenn sie nicht an Einsatz von Magie gewöhnt ist).
>
> Ein **außergewöhnliches Gruppenmitglied** wird **kampfunfähig**, z.B. der Anführer, der Schamane eines Barbarenstammes, der einen Orc-Trupp unterstützende Oger.
>
> Zum ersten Mal kommt ein besonders **furchterregendes Monster** zum Einsatz.

Besitzt eine Einheit einen charismatischen Anführer mit außergewöhnlich hoher persönlicher Ausstrahlung, so wirkt sich dies positiv auf die Moral seiner Gefolgsleute aus.

Alle ungebundenen Mitglieder einer gebrochenen Einheit bewegen sich in der **Bewegungsphase** möglichst mit Höchstgeschwindigkeit von ihren Gegnern weg. Angehörige der Gruppe, die sich in einem feindlichen Kontrollbereich aufhalten, wählen in der **Handlungsphase** die Handlung *panisch fliehen* (s. MIDGARD - *Das Fantasy-Rollenspiel*, S. 221). Außergewöhnliche Mitglieder einer fliehenden Truppe, z.B. drei Bergtrolle als Begleiter einer Orc-Schar, können den Kampf fortsetzen, wenn der Spielleiter dies für sinnvoll hält; sie können sich natürlich auch der panischen Flucht anschließen oder sich geordnet zurückziehen.

Nach **jedem Moraltest** sinkt der Moralwert der Gruppe **um 1**, jedoch nie unter den minimalen Wert 1. Mit der Zeit steigt also die Wahrscheinlichkeit, daß die Einheit bricht. Nur bei einem **kritischen Erfolg** sinkt der Moralwert **nicht** um 1, sondern er behält den alten Wert bei.

Finden in einer Runde mehrere kritische Ereignisse statt, so werden am Ende der Runde auch entsprechend viele Moraltests hintereinander ausgeführt. Erst nach längerer, **mindestens 4 Stunden** dauernder Ruhepause in sicherer Umgebung steigt der Moralwert einer angeschlagenen Truppe wieder auf den Anfangswert.

Die nebenstehende Liste enthält einige für die Kampfmoral kritische Situationen, die einen Moraltest erzwingen. Die Liste ist nicht erschöpfend, da man nie alle in einem Rollenspiel auftretenden Situationen erfassen kann. Der Spielleiter kann jederzeit entscheiden, daß auch andersartige Ereignisse einen Effekt auf die Kampfmoral der Truppe haben.

Eine Spielfigur ist im Sinne der Liste **kampfunfähig**, wenn sie tot ist, höchstens noch 3 Lebenspunkte hat oder wenn sie durch einen kritischen Treffer oder Magie am Weiterkämpfen gehindert wird. Was die Einheit als **furchterregendes Monster** ansieht, hängt natürlich von ihr selbst ab. Das Wesen sollte jedoch wenigstens vom 4. Grad sein und für besondere Stärke und hohen Schaden oder für unnatürliche Eigenschaften (Gift, Versteinerung, Einsatz von Magie) bekannt sein. Auch einen berühmten Helden oder einen berüchtigten Hexenmeister kann man als besonders furchterregendes Monster auffassen, vorausgesetzt die Gruppe weiß, um wen es sich handelt.

Die beiden folgenden Listen geben die Moralwerte für einheitliche, nur aus Kämpfern bestehende Gruppen ohne herausragenden Anführer an. Die Moralwerte anderer Rassen und von Tierrudeln findet man im *Bestiarium*. Die letzte Spalte der Listen gibt zur Orientierung des Spielleiters an, mit welcher Wahrscheinlichkeit die Gruppe spätestens beim 3. Moraltest bricht und in die Flucht geschlagen wird. Dies entspricht in einer normalen, d.h. magie- und monsterfreien Schlacht dem Augenblick, in dem mehr als die Hälfte der Gruppenmitglieder kampfunfähig und einige tot sind, vorausgesetzt die Gegner haben im bisherigen Kampfverlauf stets besser ausgesehen.

Die Werte der Listen sind nur Durchschnittswerte und können vom Spielleiter der jeweiligen Situation angepaßt werden. In gewissem Maß hängt die Kampfmoral ja auch davon ab, wo, warum und für wen die Einheit kämpft. Besitzt eine Einheit einen charismatischen **Anführer** mit außergewöhnlich hoher persönlicher Ausstrahlung (80 und mehr), so wird **(pA−70)/10** zum Moralwert seiner Gefolgsleute addiert.

Söldner sind gutbezahlte Berufskrieger, Leibwachen bedeutender Persönlichkeiten oder professioneller Begleitschutz von Handelszügen. **Miliz** besteht aus waffengeübten Bürgern oder Bauern, die sich regelmäßig im Kampf üben, um ihre Heimat zu verteidigen. Bei nichtmenschlichen Rassen sind die Moralwerte typischer Einheiten aus kampfgewohnten Personen angegeben, die in etwa mit einem Trupp barbarischer Stammeskrieger bei Menschen vergleichbar sind. Auch hier kann es Fanatiker und Eliteeinheiten mit höherer Moral und kampfunwillige Gruppen mit niedriger Moral geben.

In gemischten Einheiten wird der Moralwert von der zahlenmäßig stärksten Gruppe bestimmt, wenn man nicht für jede Teileinheit eigene Moraltests durchführen will. **Außergewöhnliche Verbündete** (Zauberer und Kämpfer hohen Grades, starke Monster), die sich in geringer Zahl bei einer Gruppe befinden, steigern deren Kampfmoral ähnlich wie ein guter Anführer. Pro außergewöhnlicher Figur erhöht sich der Moralwert um +1, maximal aber um +4.

Moraltests werden nicht nur für die Gegner der Spielerfiguren durchgeführt, sondern auch für befreundete Einheiten, die die Abenteurer unterstützen sollen - z.B. ein Trupp Miliz auf der Jagd nach einem die Umgebung terrorisierenden Ungeheuer. Sind die

Moralwerte von Menschen		
Fanatiker	MW+23	14%
Elite-Heereseinheit	MW+20 bis +21	14%
reguläre Heereseinheit	MW+15 bis +19	58% – 19%
Söldner	MW+17 bis +18	39% – 27%
Miliz	MW+14 bis +17	66% – 39%
barbarische Stammeskrieger	MW+16 bis +17	49% – 39%
Räuberbande	MW+12	79%
aufgebrachte Bauern	MW+11	83%
kampfunwillige Bauern	MW+6	97%

Moralwerte anderer Rassen		
Dunkelzwerge	**MW+17**	39%
Echsenmenschen	**MW+19**	19%
Elfen	**MW+21**	14%
Gnome	**MW+17**	39%
Halblinge	**MW+16**	49%
Kobolde	**MW+18**	27%
Kentauren	**MW+21**	14%
Orcs	**MW+15**	58%
Vogelmenschen	**MW+13**	72%
Zwerge	**MW+21**	14%

charismatischer Anführer: **MW + (pA–70)/10** (d.h. +1 bis +3)
außergewöhnlicher Verbündeter: **je MW +1** (maximal +4)

Abenteurer erfahren und bekannt genug, können sie als außergewöhnliche Personen die Kampfmoral der Verbündeten erhöhen. Mißlingt der Moraltest einer solchen Einheit, so fliehen die Nichtspielerfiguren. Den Spielern bleibt freigestellt, ob sie sich ebenfalls zurückziehen oder ob ihre Abenteurer den Kampf allein fortsetzen.

Ob die Moralregeln dieses Abschnitts überhaupt benutzt werden, bleibt allein dem Spielleiter überlassen. Wenn er es für richtig hält, kämpft eine Gruppe von Nichtspielerfiguren ohne einen einzigen Moraltest bis zum bitteren Ende!

10 Orcs eines unabhängigen Stammes, unter denen sich 1 Anführer befindet, kämpfen unterstützt von 2 Ogern gegen 8 Abenteurer. Der Moralwert der Orceinheit ist +19. Gleich in der ersten Runde fällt ein Orc einem Zauber der Spielerfiguren zum Opfer. Der EW:Moral (für den erstmaligen Einsatz von Magie) gelingt dem Spielleiter, und die Orcs bleiben standhaft; der MW sinkt aber auf 18. Der zweite fällige EW:Moral (erster Toter) gelingt ebenfalls; der MW sinkt auf +17. – In der 2. Runde findet kein kritisches Ereignis statt. In der 3. Runde wird 1 Oger magisch gelähmt. Der fällige EW:Moral (außergewöhnliche Spielfigur kampfunfähig) gelingt; der MW der Orcs ist nur noch +16. – Ein weiterer Orc wird in der 4. Runde getötet, und ein Orc wird durch den Zauber *Funkenregen* vorerst kampfunfähig. Es sind nun 3 Orcs, 1 Oger außer Gefecht, d.h. mehr als 1/4 der ursprünglichen, 12 Figuren starken Orc-Oger-Einheit. Es findet aber kein Moraltest statt, da am Ende dieser Runde auch schon 3 Abenteurer (ebenfalls mehr als 1/4) kampfunfähig sind. – In der 6. Runde werden der Orc-Anführer, 2 weitere Orcs und eine weitere Spielerfigur kampfunfähig. Der Spielleiter muß 2 Moraltests durchführen (Anführer kampfunfähig; 7 von ursprünglich 12 Figuren, d.h. mehr als die Hälfte, sind kampfunfähig, während erst 4 Spielerfiguren, d.h. noch nicht mehr als die Hälfte, außer Gefecht sind). Der 1. Moraltest gelingt, und der MW sinkt auf +15. Beim 2. Moraltest fällt eine 4, d.h. der Erfolgswurf mißlingt, und die verbliebenen 4 Orcs rennen weg. Ob der noch im Kampf befindliche Oger ebenfalls flieht, muß der Spielleiter entscheiden. – Da in der 6. Runde der Orc-Anführer gleichzeitig keine AP mehr hat und kampfunfähig wird, ist nur ein Moraltest durchgeführt worden. Man hätte sich auch für zwei Moraltests entscheiden können, aber das hätte die Bedeutung des Anführers überbewertet.

Der Bauch der Menschen ist größer als eine Kornkammer und mit allerlei Antworten gefüllt. Wähle die gute aus und sprich, und verschließe die böse in Deinem Bauch.

– Scharidische Weisheit –

Das Buch der Abenteuer

Entwurf von Abenteuern

Dieser Abschnitt beschreibt, wie man als Spielleiter möglichst einfach ein **Szenario**, den Rahmen für eine Spielhandlung, entwerfen kann. Vom anfänglichen Einfall bis zum Festlegen des Handlungsablaufs auf dem Schauplatz wird die Arbeit in sieben Schritte unterteilt und durch dieses systematische Vorgehen erleichtert.

Allgemein entsteht ein Abenteuer aus Ideen (1.-3. Schritt) und wird mit Routinearbeit (4.-7. Schritt) fertiggestellt. Nützliche und originelle Einfälle hat man meist spontan, wenn man ein Buch liest oder einen Film anschaut. Solche Ideen sollte man in Stichworten in ein Notizbuch eintragen, um sie bei Bedarf später in ein Szenario einzubauen. Dabei kann es sich um ganze Rahmenhandlungen, um charakteristische Personen (als Nichtspielerfiguren), um ausgefallene Fallen und Rätsel und anderes mehr handeln. Anregungen findet man nicht nur in Fantasyromanen und -filmen; auch ein guter Kriminalroman oder ein historischer Abenteuerfilm können den Rahmen für eine spannende Geschichte liefern.

1. Schritt:
Die Grundidee

Die Grundidee eines Szenarios legt fest, um was es bei der Spielhandlung eigentlich geht. Es kann sich um einen Auftrag für die Abenteurer samt Hintergrundgeschichte handeln. Die Spielerfiguren können aber auch unwissentlich in das Abenteuer hineinstolpern, während sie scheinbar eine ganz andere Aufgabe haben. Als dritte Möglichkeit sind die Abenteurer selbst Opfer der Aktionen von Nichtspielerfiguren, gegen die sie sich wehren müssen. Unerfahrene Spielleiter sollten anfangs die übersichtliche Auftragssituation vorziehen, bei der die Spieler von Anfang an wissen, was sie zu haben. Die Grundidee muß nicht auf eine einzige Spielhandlung beschränkt bleiben, sondern sie kann auch den roten Faden für eine Reihe von Einzelabenteuern bilden.

2. Schritt:
Die Hauptdarsteller

Die Hauptdarsteller eines Abenteuers sind Nichtspielerfiguren, die mit einem besonderen Charakter ausgestattet worden sind und meist eng mit der Rahmenhandlung verbunden sind. Es kann sich um einen einflußreichen Auftraggeber handeln, mit dem die Spieler immer wieder zu tun haben, um einen wichtigen Gegenspieler der Abenteurer oder um originelle Nichtspielerfiguren wie den schlagkräftigen Priester Camillor ap Don, der die Spielerfiguren gelegentlich auf ein Abenteuer begleitet und dessen Name schon auf das Vorbild hinweist. Einen solchen Hauptdarsteller muß man sich nicht gleichzeitig mit der Grundidee ausdenken. Wenn man sich erst eine Sammlung origineller Charaktere aus Literatur und Film angelegt hat, so findet man hierin oft etwas Passendes, wenn die Grundidee eine spezielle, wichtige Nichtspielerfigur erfordert.

3. Schritt:
Spezialeffekte

Spezialeffekte sind kleine Rätsel, besonders trickreiche Fallen, ausgefallene Orte usw., die nichts mit der Haupthandlung zu tun haben und die dem Spielleiter meist unabhängig von der Grundidee einfallen. Man kann sie in ein Szenario einbauen, wenn dort ein spezieller Geheimmechanismus, eine ungewöhnliche Falle oder eine Ablenkung für die Spielerfiguren gebraucht wird oder auch einfach, um für Abwechslung zu sorgen.

4. Schritt:
Entwurf des Schauplatzes

Mit der Grundidee weiß man bereits in groben Zügen, um was sich ein Abenteuer dreht und wo es stattfindet. Nun beginnt die Routinearbeit, den Handlungsschauplatz genau auszuarbeiten. Hierbei hilft eine Liste, welche besonderen Stellen wegen des durch die Grundidee vorgegebenen Rahmens und wegen der Art des Handlungsschauplatzes berücksichtigt werden müssen. Entwirft man ein Gasthaus, so gehören Küche, Vorratskammer, Brennholzschuppen, Weinkeller und Gaststube einfach dazu, auch wenn sie für den geplanten Handlungsablauf nicht notwendig sind.

Als nächstes zeichnet man einen Lageplan des Handlungsschauplatzes. Für Gebäude ist hierbei kariertes Papier zu empfehlen, wobei die Kante eines Kästchens 1m oder 2m entspricht. Bei Reiseabenteuern genügt eine grobe Karte der Umgebung

---

Die Grundidee eines Szenarios legt fest, um was es bei der Spielhandlung geht. Sie muß nicht auf eine einzige Spielhandlung beschränkt bleiben, sondern kann mehrere Abenteuer in Folge umfassen.

Einflußreiche Auftraggeber, wichtige Gegenspieler oder originelle Nichtspielerfiguren sowie diverse Rätsel oder Fallen gehören zu einem Abenteuer dazu.

mit ungefährer Angabe der Entfernungen, in der neben den Orten, an denen das eigentliche Abenteuer ablaufen soll, Dörfer, Ruinen, Wälder, Gewässer usw. eingezeichnet sind. Spezielle Handlungsschauplätze können andere Lösungen erfordern. Beispielsweise läßt sich ein weitläufiges Höhlensystem auf kariertem Papier zeichnen, wobei die Kantenlänge 100m entspricht und besondere Höhlen, in denen sich etwas ereignen kann, auf Detailkarten in größerem Maßstab dargestellt werden.

Am Ende dieses Schrittes sollte bei einem Gebäude der Grundriß der einzelnen Stockwerke und die Funktion der eingezeichneten Räume festliegen. Es sei nochmals betont, daß man sich zuerst überlegt, welche Teile der Handlungsschauplatz haben soll - also bei einem Gebäude: welche Räume mit welcher Funktion. Danach ist das Zusammensetzen dieser Teile zu einem sinnvollen Grundriß wesentlich einfacher, und man erhält gleichzeitig schon eine Vorstellung, wie die Räume aussehen und was in ihnen an normaler Einrichtung zu finden ist. Auch bei einer Ruine ist es ratsam, sich erst zu überlegen, wie das Gebäude ausgesehen hat, bevor es zerfiel. So erhält man einen Eindruck, welche Räume vorhanden sind, was sie früher für eine Funktion hatten und was an Resten des ehemaligen Mobiliars zu finden ist. Der mysteriöse Eisenhaken in der Decke eines verfallenen Raums, der den Spielern Kopfzerbrechen bereitet, diente (wie der Spielleiter weiß) früher dazu, einen Leuchter an einer Eisenkette aufzuhängen.

**5. Schritt:
Belohnungen**

Um ihre Abenteurer weiter entwickeln zu können, benötigen die Spieler Erfahrungs- und Praxispunkte, deren Vergabe im *Buch des Ruhmes* (in MIDGARD - *Das Fantasy-Rollenspiel*) erläutert wird, und außerdem Geld, denn Lehrmeister verlangen beträchtliche Honorare, gute Ausrüstung ist nicht billig, und der Lebensunterhalt will auch bestritten werden. Der Spielleiter muß entscheiden, in welcher Form die Spielerfiguren belohnt werden, wenn

Der Entwurf des Schauplatzes, wo das Abenteuer stattfindet, gehört zur Routinearbeit des Spielleiters.

Der Spielleiter entscheidet, ob die Spielerfiguren ihren Lohn in bar erhalten oder in nützlichen Sachwerten.

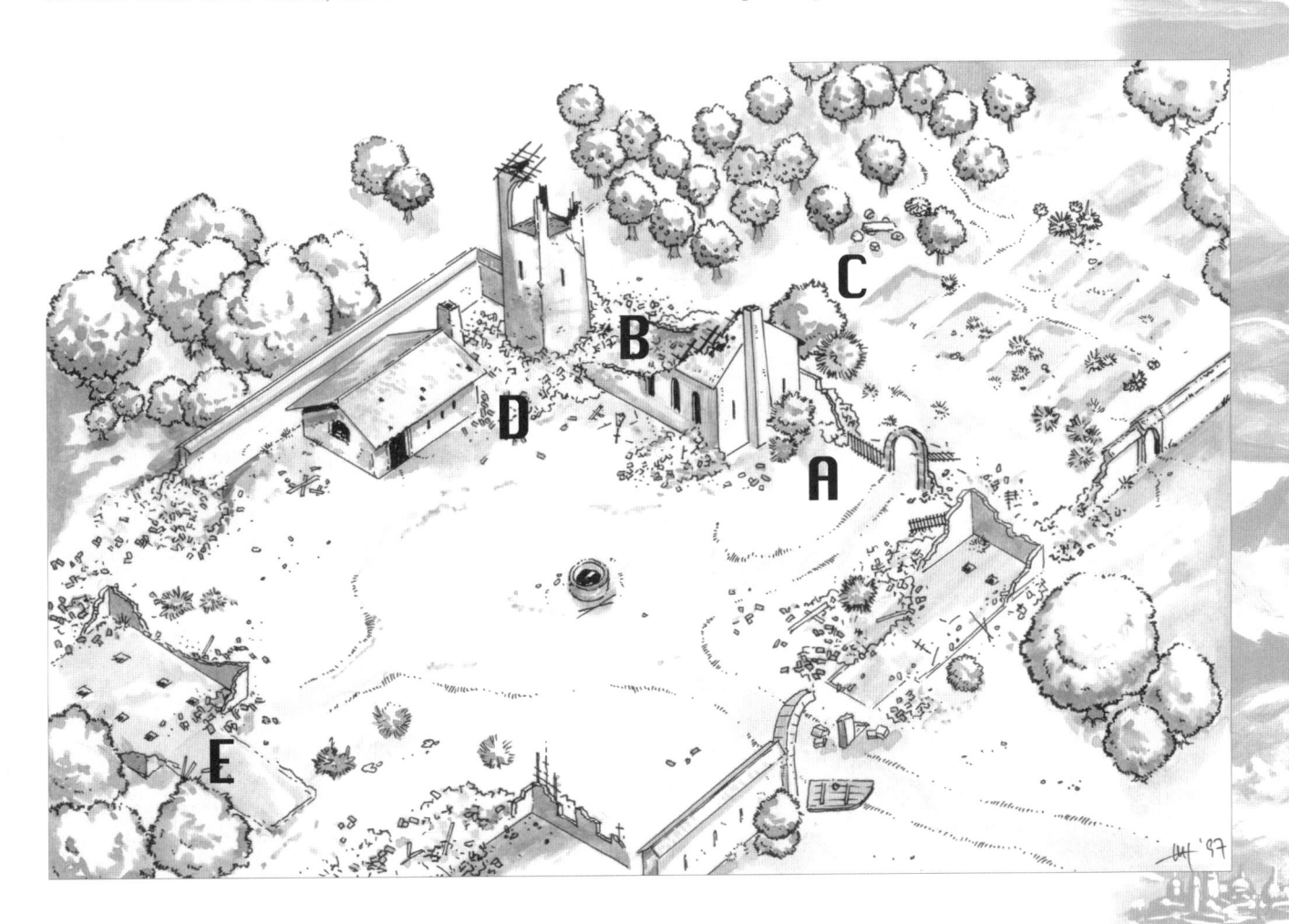

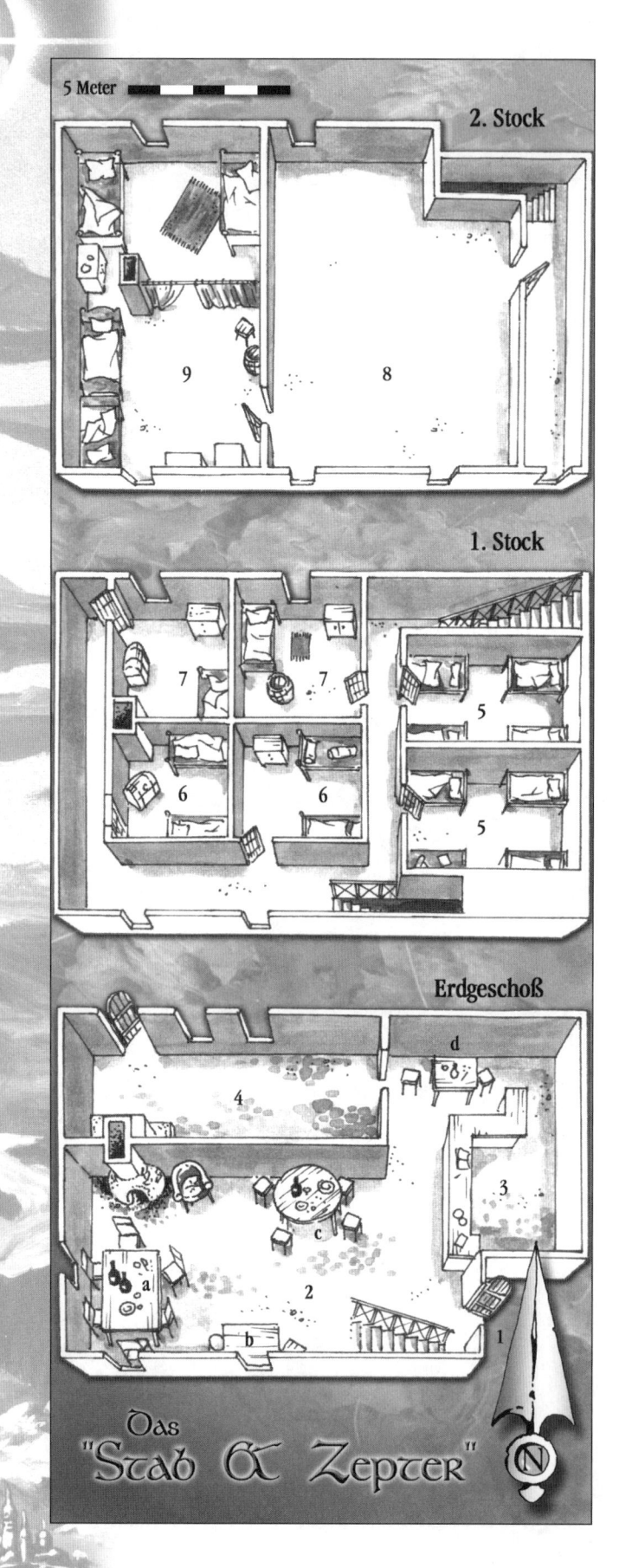

sie das Abenteuer erfolgreich abschließen. Führen die Abenteurer einen Auftrag aus, so können sie von vorneherein mit dem Auftraggeber eine angemessene Belohnung aushandeln. Dieser Lohn kann in bar, aber auch in nützlichen Sachwerten wie Pferde, Waffen, Häuser usw. gezahlt werden. Einflußreiche Adlige können die Spielerfiguren auch mit kostenloser Ausbildung bei Gefolgsleuten oder Freunden ködern.

Die zweite gebräuchliche Möglichkeit, die Spielerfiguren zu Geld kommen zu lassen, sind Gelegenheiten zum Plündern: die Beute einer Räuberbande, die Wertgegenstände eines Schwarzen Hexers oder den Hort eines menschenfressenden Ogers können sich auch weniger skrupellose Abenteurer aneignen, wenn sie die finsteren Eigentümer überwunden haben. „Plündern" können Spielerfiguren auch die Schätze der Natur, indem sie Gold waschen, Edelsteine sammeln oder wertvolle Kräuter und Gewürze aus abgelegenen und gefährlichen Gegenden holen. Neben Lohn und während des Abenteuers eingesackten Wertgegenständen gibt es auch noch andere Möglichkeiten, Geld zu verdienen. So können die Abenteurer unter Lebensgefahr Waren in eine belagerte Festung schmuggeln oder in ein durch Naturkatastrophen abgeschnittenes Dorf bringen und mit hohem Gewinn verkaufen. Neben Gold und Wertsachen kann der Spielleiter die Spieler auch mit magischen Gegenständen erfreuen, die sie nicht verkaufen, aber selbst anwenden können.

„Wie hoch soll die Belohnung für die Abenteurer ausfallen?" - Dies ist eine vielgestellte Frage unerfahrener Spielleiter. Leider läßt sich hierauf keine schnelle Antwort geben, da sie von der jeweiligen Situation abhängt - und hiervon gibt es bei Rollenspielen sehr viele. Als Faustregel sollte eine durchschnittliche Spielerfigur bei 10 Stunden reiner Spieldauer im Mittel Belohnungen im Wert von 500 GS erringen. Natürlich werden aktivere und glücklichere Abenteurer mehr erreichen als andere. In Szenarien, in denen die Spielerfiguren viele Erfahrungspunkte sammeln, können Lohn und Beute geringer ausfallen. Bei manchen Aufgaben müssen sie viele Gegner überwinden und erhalten nur eine geringe Belohnung, bei anderen bestehen die Schwierigkeiten eher aus Rätseln und Ähnlichem, so daß sie weniger Erfahrung, aber dafür vielleicht mehr Gold gewinnen. Außerdem spielt das Verhalten der Spieler eine wesentliche Rolle; einmal laufen sie an den größten Schätzen vorbei und prügeln sich unnötig mit Wachen herum, während sie das nächste Mal

schnurstracks alle Hindernisse umgehen und auf dem schnellsten Weg ihren Auftrag erledigen.

Im Laufe der Zeit entwickelt jeder Spielleiter ein Gefühl dafür, wie er seine Szenarien zu gestalten hat, daß den Spielern Geld und Erfahrung nicht in den Schoß fallen, daß sie aber andererseits im Durchschnitt einen gerechten Lohn erhalten. Für den Anfang sollte ein Auftraggeber in einem normalen, auf etwa 10 Stunden angelegten Szenario eine Belohnung im Wert von 200 bis 500 GS pro Kopf bieten - je nach Gefahr für die Abenteurer. Einen Teil dieser Belohnung kann der Spielleiter durch Schätze ersetzen, die die Abenteurer während der Ereignisse plündern können. Da in der Regel nicht alles gefunden wird, sollte er etwa das Eineinhalb- bis Zweifache dessen, was er den Spielerfiguren zukommen lassen will, auf dem Handlungsschauplatz verteilen. Es ist besser, am Anfang sparsam mit Geld umzugehen; sollten die Abenteurer an akutem Geldmangel leiden, kann man eine spätere Belohnung um so großzügiger ausfallen lassen. Sollte aber doch einmal der Fall auftreten, daß die Spieler durch unverdientes Glück oder durch eine Fehlplanung zu viel Geld haben, so kann der Spielleiter ihnen nahelegen, sich hiermit gute Rüstungen, Heiltränke, ein Haus oder ähnlichen Besitz zu kaufen, statt alles für den Erwerb neuer Fähigkeiten auszugeben. Daneben kann man auch versuchen, die Spieler durch Nichtspielerfiguren bestehlen zu lassen - was außerdem Anlaß zu dem neuen Abenteuer „Die Jagd nach den Dieben" gibt.

6. Schritt:
Details (Bewohner, Fabelwesen, Fallen usw.)

Es ist nun bekannt, aus welchen Orten und Räumen der Handlungsschauplatz besteht, wie diese angeordnet sind, welche Funktion sie haben und welche normale, durch ihre Funktion bedingte Ausstattung in ihnen zu finden ist. Im nächsten Schritt wird der Handlungsschauplatz mit Bewohnern und Schätzen gefüllt. Außerdem werden an Orten, wo es angebracht erscheint, Fallen, Geheimtüren oder gewöhnlichere Ausstattungsdetails plaziert. An welchen Stellen sich Nichtspielerfiguren, d.h. Bewohner eines Gebäudes, gefährliche Tiere im Freiland oder Ungeheuer in einem Höhlensystem, aufhalten, wird oft schon durch die Funktion des betreffenden Ortes vorgegeben. In einem Wachraum halten sich Wachen auf, in einem Schlafraum wird man wenigstens nachts auf Schläfer treffen, in einer Küche arbeiten und übernachten der Koch und seine Gehilfen. Daneben gibt es wichtige Nichtspielerfiguren, die durch die Grundidee vorgegeben sind, und eine Reihe zusätzlicher Nichtspielerfiguren, die wegen der Art des Handlungsschauplatzes vorhanden sein müssen. Der Spielleiter muß sie auf geeignete Orte verteilen.

Wenn diese Vorgaben erfüllt sind, kann man nach Lust und Laune noch ein paar besondere Nichtspielerfiguren einführen, die zwar nichts mit dem eigentlichen Abenteuer zu tun haben, die aber zur Abwechslung beitragen. Natürlich sollte der Spielleiter eine ungefähre Vorstellung haben, warum diese Personen anwesend sind (Gäste, unerwünschte Eindringlinge, Gefangene ...). Geheimtüren und Fallen sollten nur an Orten zu finden sein, wo es einen Grund für ihr Vorhandensein gibt (Sicherung von Schätzen, geheimer Fluchtweg ...).

Mit dem Einbau von Geheimtüren, Fallen und Ähnlichem ist das Szenario vollständig. Wenn der Spielleiter will, kann er jetzt noch zur Auflockerung Spezialeffekte einbauen, z.B. ein sprechendes Götterbild in einem Tempel, magische Laternen, die sich beim Öffnen einer Tür von selbst entzünden, besondere Dekorationen und anderes mehr. Allerdings sollte man ein Szenario nicht überladen, da die Spieler erfahrungsgemäß in normaler Einrichtung schon genug Rätsel und Geheimnisse vermuten.

Sollen die Spielerfiguren einen Teil ihrer Belohnung als Beute erhalten, so müssen auch genügend Wertsachen auf dem Handlungsschauplatz verteilt werden. Große Schätze befinden sich in eigens dafür angelegten Schatzkammern und Verstecken, die auch entsprechend bewacht und gesichert sind. Wo diese liegen, wird man sich bereits im Schritt 4 beim Entwurf des Grundrisses überlegt haben. In einer feindlichen Wohnstatt können aber auch an anderen Stellen kleinere Mengen von Wertgegenständen verteilt werden, um den Spielern gelegentlich zu einem Erfolgserlebnis zu verhelfen - für den Fall, daß sie den großen Schatz nicht finden und außerdem ihren Auftrag nicht erledigen können. Um was es sich bei diesen Trostpreisen handelt, sollte der Funktion des Raumes, in dem sie zu finden sind, angepaßt sein. Im Schlafzimmer der Häuptlingsfrau findet man z.B. den Schmuck, den sie am letzten Festtag getragen und noch nicht wieder weggeräumt hat. Im Beratungsraum des Häuptlings steht sein reich verzierter Silberpokal auf dem Tisch. Im Weinkeller liegen drei Amphoren mit einem alten und

Ein Szenario sollte nicht überladen werden, da die Spieler erfahrungsgemäß in normaler Einrichtung schon genug Rätsel und Geheimnisse vermuten.

Sofern die Spielerfiguren einen Teil ihrer Belohnung als Beute erhalten, müssen große Schätze auf Schatzkammern und Verstecken verteilt werden.

wertvollen Whiskey. Auch tragen Nichtspielerfiguren Schmuck, Geld und kostspielige Waffen mit sich herum.

7. Schritt:
Bewegung im Szenario

Wenn in einem Szenario lebende Nichtspielerfiguren vorkommen, so bleiben sie nicht ständig am selben Ort. Im Normalfall wird diese Beweglichkeit auf einfache Art durch sogenannte **Zufallsbegegnungen** berücksichtigt. Sie erhöhen die innere Logik eines Rollenspiel-Abenteuers und zwingen darüber hinaus die Spieler, konzentriert zu handeln und nicht sinnlos Zeit zu vertrödeln. Zufallsbegegnungen stellen das hungrige Raubtier dar, das beim Durchstreifen einer Ruinenanlage auf die Abenteurer stößt, die Patrouille von Tempelwachen, die die Gänge des Heiligtums auf der Suche nach Unbefugten durchstreift, oder auch den einzelnen Dieb, der vielleicht nach dem gleichen Wertgegenstand sucht wie die Spielerfiguren. Vor allem können die Abenteurer zufällig auf Bewohner des Abenteuerschauplatzes treffen, die von einem Ort zu einem anderen gehen.

Um Zufallsbegegnungen zu ermöglichen, stellt der Spielleiter zum Abschluß eines Szenarios eine passende Liste aus Bewohnern des Handlungsschauplatzes und aus anderen, unter Umständen an diesem Ort auftauchenden Menschen, Tieren oder Fabelwesen zusammen. Kommt es zu einer Zufallsbegegnung, so würfelt der Spielleiter anhand dieser Liste aus, welche Wesen oder Personen den Abenteurern zufällig über den Weg laufen. Darüber hinaus muß er festlegen, in welchen Zeitabständen er würfelt, ob es zu einer Zufallsbegegnung kommt, und mit welcher Wahrscheinlichkeit dieses Ereignis eintritt. Findet das Abenteuer in einem belebten Gebäude statt, so sollte der Spielleiter etwa nach jeweils 10 auf *Midgard* vergangenen Minuten insgeheim würfeln, ob es zu einer Zufallsbegegnung kommt, während bei längeren Reisen ein oder zwei Würfe pro Tag ausreichen. Die Wahrscheinlichkeit für eine Zufallsbegegnung wird im Normalfall zwischen 10% und 20% liegen. Zufallsbegegnungen müssen nicht automatisch zu einem Kampf führen, auch wenn sie meist für die Spieler unangenehm sind. In seltenen Fällen können sie sogar nützlich sein: der Dieb im obigen Beispiel könnte sich gegen einen Beuteanteil der angeschlagenen Spielergruppe als willkommene Verstärkung anschließen.

Für manche Szenarien genügen die Zufallsbegegnungen. Bei Behausungen von intelligenten Wesen sind aber ein paar zusätzliche Überlegungen nützlich. Der Spielleiter muß sich hierzu keine aufwendigen Aufzeichnungen machen, sondern es reicht aus, wenn er die verschiedenen Möglichkeiten im Geiste durchspielt.

„Gibt es Unterschiede zwischen der Schlaf- und der Wachphase?" - Dies ist die erste Frage, die sich der Spielleiter stellen muß. Ein Räuberlager sieht um 4 Uhr morgens anders aus als um 4 Uhr nachmittags. Oft ist zwar relativ sicher, wann die Spielerfiguren in einem Abenteuer aktiv werden (man dringt nicht bei Tag heimlich in eine Festung ein, um dort zu spionieren). Gelegentlich kann es aber doch ratsam sein, wenn der Spielleiter für einige Räume separat notiert, was dort bei Tag und was bei Nacht zu finden ist.

„Verlassen Bewohner des Handlungsschauplatzes diesen und kommen neue Personen hinzu?" - Diese Frage stellt sich, wenn die Spielerfiguren tagelang einen Handlungsschauplatz von einem sicheren Versteck aus beobachten in der Hoffnung, etwas in Erfahrung zu bringen oder gar einen einzelnen Bewohner unbemerkt gefangennehmen und ausfragen zu können.

„Was passiert, wenn die Anwesenheit der Abenteurer von ihren Gegnern bemerkt wird?" - Für solche

> *Zufallsbegegnungen erhöhen die innere Logik eines Abenteuers und zwingen die Spieler, konzentriert zu handeln.*

Während eines Abenteuers werden die Spielerfiguren einige Tage durch einen Sumpf reisen. Der Spielleiter legt fest, daß sich mit **15% pro Tag** eine **Zufallsbegegnung** ereignet. Zu welcher Uhrzeit dieses Ereignis stattfindet, will er anhand der Lebensweise der betreffenden Kreaturen und gegebenenfalls durch einen zusätzlichen Würfelwurf entscheiden. Er stellt die folgende Liste von Zufallsbegegnungen zusammen:

- 01 - 20: 3 Riesenfrösche
- 21 - 30: 10 Vampirfledermäuse
- 31 - 60: 1 Krokodil
- 61 - 80: 1 Giftschlange
- 81 - 00: 4 Echsenmenschen

Pro Reisetag der Abenteurer würfelt der Spielleiter insgeheim einmal mit W%, ob es zu einer Zufallsbegegnung kommt. Am dritten Tag ist es soweit, und er bestimmt mit W%, welche Wesen auf die Spielerfiguren treffen. Es fällt eine 24, und er entscheidet, daß die ausgewürfelten Fledermäuse nachts auftauchen. Ein Würfelwurf entscheidet, welche von den Spielern eingeteilte Wache mit den Tieren konfrontiert wird, die lautlos und hungrig aus dem Dunkel heranschweben.

Fälle sollte der Spielleiter stets einen ungefähren Alarmplan im Kopf haben, mit dem er schnell das Vorgehen der Nichtspielerfiguren festlegen kann. Größere Abwehrmaßnahmen gegen Abenteurer, die sich wiederholt unliebsam bemerkbar machen, muß er allerdings nicht von vorneherein ausarbeiten, da diese Arbeit zwischen zwei Spielsitzungen erledigt werden kann, wenn sie wirklich nötig wird.

Abenteuer für Fortgeschrittene

Das oben beschriebene siebenstufige Verfahren gestattet es dem Spielleiter, einen Abenteuerschauplatz zu entwerfen. Die Spielerfiguren gehen an diesen Ort (ein Haus, eine Burg, ein Höhlenkomplex, ein Dorf, ein verwunschener Wald), erledigen dort ihre Aufgabe und kehren anschließend wieder heim. Für den Anfang einer MIDGARD-Kampagne ist eine Aneinanderreihung solcher Abenteuer sinnvoll. Im Laufe der Zeit kann sich der Spielleiter aber an komplexere Handlungsstränge heranwagen. Im folgenden Abschnitt werden zwei Ansätze zur Gestaltung von dynamischen Abenteuerhandlungen angesprochen, die über den bloßen Entwurf eines statischen Handlungsschauplatzes hinausgehen.

Die erste und einfachere Form des Abenteuers für Fortgeschrittene besteht aus einer Aneinanderreihung von einzelnen Abenteuerszenen. Einige von ihnen ergeben zusammen genommen die eigentliche Haupthandlung; andere sollen nur die phantastische Atmosphäre unterstreichen oder dafür sorgen, daß für die Spieler die wesentlichen Szenen nicht allzu augenfällig sind. Der Ablauf des Abenteuers ist in wesentlichen Zügen vorprogrammiert, da die Spieler durch Stück für Stück gewonnene Informationen oder auch durch äußeren Druck (Nichtspielerfiguren, Naturerscheinungen usw.) von einer Szene zur nächsten geleitet werden, bis sie schließlich ihr Ziel erreichen. Wenn überhaupt, gibt es nur wenige Möglichkeiten für die Spieler, den generellen Ablauf der Handlung zu beeinflussen; manchmal können sie die Reihenfolge der Szenen bestimmen oder auch die eine oder andere Szene überspringen. Das Entwerfen eines solchen Abenteuers läßt sich am ehesten mit dem Schreiben eines Filmdrehbuchs vergleichen.

Die einzelnen Szenen können unterschiedliche Länge haben. Es kann sich um eine nur kurze Begegnung mit einem Informanten handeln; es kann aber auch ein vollständiger, mit dem oben beschriebenen siebenstufigen Verfahren entwickelter Handlungsschauplatz sein, an dem die Spielerfiguren ein längeres „Abenteuer im Abenteuer" erleben.

Typische Spielhandlungen, die aus einer **Szenenfolge** bestehen, sind Reise- oder Wildnisabenteuer. Das Verfahren bietet sich aber auch für beliebige andere Spielhandlungen an, solange der Spielleiter darauf achtet, daß es am Ende jeder Einzelszene nur **eine** vernünftige Entscheidung gibt, die dann die Spieler zur nächsten Szene führt. Gelegentlich werden die Spieler sich zwar anders entscheiden, vielleicht weil sie eine wesentliche Information übersehen haben, aber in solchen Fällen kann der Spielleiter improvisieren und sie z.B. durch eine ursprünglich nicht vorgesehene Begegnung mit einer Nichtspielerfigur wieder auf die richtige Fährte bringen.

Die zweite Form des Abenteuers für Fortgeschrittene ermöglicht den Spielern eine weitgehende Einflußnahme auf den Ablauf der Ereignisse. Da hier eine Teilung der Abenteurergruppe wesentlich wahrscheinlicher ist, darf entweder die Spielerzahl nicht zu groß sein (2-4), oder der Spielleiter braucht einen Gehilfen, der bei Bedarf in einem Nebenzimmer einen Teil der Spielergruppe führen kann. Solche **freien Abenteuer** zwingen den Spielleiter auf der einen Seite zu besonders sorgfältiger Vorbereitung, auf der anderen Seite zu einfallsreicher Improvisation während des eigentlichen Spiels. Typische Spielhandlungen, die sich für ein freies Spiel anbieten, sind Stadtabenteuer (Kriminalfälle, Intrigen, Spionageaufträge usw.).

Zur Vorbereitung eines freien Abenteuers muß der Spielleiter vier Typen von Informationen erarbeiten:

- ein Drehbuch, das den **Gang der Ereignisse** (wo und wann passiert was) festlegt, solange die Spielerfiguren noch **keinen** entscheidenden Einfluß auf den Ablauf der Geschehnisse genommen haben. Dieses Drehbuch muß während des eigentlichen Spiels unter Berücksichtigung der Ergebnisse von Spieleraktionen abgeändert werden, sollte aber solange wie möglich verfolgt werden.

Einfache Spielhandlungen bestehen aus einer Szenenfolge, wie beispielsweise Reise- oder Wildnisabenteuer.

Freie Abenteuer erfordern vom Spielleiter besonders sorgfältige Vorbereitung und einfallsreiche Improvisationen während des eigentlichen Spiels.

- eine ungefähre Vorstellung von Verhalten und Informationen **anderer Nichtspielerfiguren**, mit denen die Abenteurer Kontakt aufnehmen könnten, z.B. Zeugen eines Überfalls, Nachbarn eines Verdächtigen, Stadtwachen, örtliche Machthaber usw.

Es ist nicht nötig, daß der Spielleiter all diese Informationen schriftlich ausarbeitet. Meist genügen Kurznotizen auf Papier oder im eigenen Gedächtnis. Der Spielleiter muß aber die erwähnten Informationen beim Entwerfen des Abenteuers durchdacht haben, um schnell, flexibel und sinnvoll auf die Handlungen der Abenteurer reagieren zu können.

Türen und Fallen

Der folgende Abschnitt beschreibt den Einbau von Türen, Geheimtüren und Fallen in einen Abenteuerschauplatz. Die meisten Würfelwürfe, die im folgenden erwähnt werden, sollte der Spielleiter **verdeckt** ausführen. Beispielsweise dürfen die Spieler nicht sicher sein, ob eine klemmende Tür sich nicht öffnen ließ, weil der Würfelwurf zu niedrig war oder weil es sich in Wirklichkeit um eine mit einer Falle verbundene Scheintür handelt.

Türen

Ein Abenteurer braucht zum **Öffnen** einer normalen, unverschlossenen Haus- oder Zimmertür **5 sec**, wenn er sich nicht um das Vermeiden unnötiger Geräusche bemüht. Versucht er, eine Tür **lautlos** zu öffnen, so dauert dies **20 sec**. Wenn ihm ein **EW–4: Schleichen** gelingt, so vermeidet er jegliches Geräusch, das die Aufmerksamkeit von Personen in dem Raum hinter der Tür erregen könnte.

Türen in Ruinen oder in wenig genutzten Teilen bewohnter Gebäude klemmen oft aufgrund hohen Alters, Temperaturschwankungen und Feuchtigkeit. Große und schwere Portale aus Holz, Stein oder Metall widersetzen sich allein wegen ihrer Masse einem reibungslosen Öffnen. Um solche Türen zu öffnen, müssen Abenteurer die Türflügel mit Gewalt aufdrücken, sie an Griffen aufziehen oder sie mit einer Art Brecheisen aufstemmen. Ein Aben-

- genaueste Beschreibung von **handlungstragenden Nichtspielerfiguren**: Charakter, Motive, Verhaltensweisen, Gewohnheiten, für die Spieler nützliche Informationen usw. Der Spielleiter sollte eine solche Person so gut kennen, daß er nicht lange zu überlegen braucht, was sie unternimmt, wenn die Abenteurer sie einen Tag lang beschatten. Er muß wissen, wie sie auf mögliche Aktionen der Abenteurer (Bestechungsversuch, Erpressung, offene Konfrontation) reagiert bzw. was sie unternimmt, wenn die Abenteurer offensichtlich ihre Pläne stören.

- Ausarbeitungen von allen **Handlungsschauplätzen**, die die Abenteurer mit einiger Wahrscheinlichkeit aufsuchen. Dies läßt sich mit dem oben beschriebenen siebenstufigen Verfahren erledigen.

Bei den Türen lassen sich normale Türen, Scheintüren, Einwegtüren, Falltüren und Geheimtüren unterscheiden.

teurer benötigt pro Versuch, eine **klemmende** oder **schwere Tür** zu öffnen, **20 sec**. Wenn ihm ein **PW:Stärke/3** gelingt, geht die Tür auf. Dies verursacht auf jeden Fall genügend Lärm, um aufmerksame Nichtspielerfiguren in Hörweite zu alarmieren. Mißlingt das Öffnen, so kann der Abenteurer einen erneuten Versuch wagen. Vielleicht lockert sich ja die Tür durch wiederholte Anläufe so weit, daß sie sich schließlich doch öffnet.

Wenn eine klemmende oder schwere Tür breit genug ist, daß sich mehrere Personen **gleichzeitig** dagegenstemmen können, oder wenn sich an einem Griff ein Seil zum Aufziehen befestigen läßt, so können mehrere Abenteurer in einer gemeinsamen Kraftanstrengung versuchen, die Tür zu öffnen. Sie haben Erfolg, wenn ein **PW:Stärkesumme/3**, d.h. ein Prüfwurf gegen die **Summe** ihrer durch 3 geteilten Stärkewerte, gelingt. Wiederholte Versuche sind erlaubt. Der Spielleiter kann auch einfach festlegen, daß die Tür automatisch aufgeht, wenn die Gesamtstärke der beteiligten Spielfiguren einen vorgegebenen Wert übersteigt.

> Die schwere Bronzetür zur Tempelhalle läßt sich überhaupt nur öffnen, wenn sich Abenteurer mit einer Gesamtstärke von mindestens 150 Punkten dagegenstemmen. Drücken drei Abenteurer mit Stärkewerten 63, 77 und 85 dagegen, so darf ihr Prüfwurf höchstens 75 betragen (Stärkesumme 225/3), um die Tür aufzudrücken. Der Spielleiter legt außerdem fest, daß die Tür automatisch (d.h. ohne Prüfwurf) aufgeht, wenn die Gesamtstärke der beteiligten Spielfiguren 270 beträgt.

Auch unintelligente Tiere und Fabelwesen können Türen öffnen. Der Spielleiter muß dabei im Einzelfall nur deren Körperbau berücksichtigen. Wesen ohne Greifwerkzeuge können eine geschlossene Tür in der Regel nicht aufziehen, sie aber von der anderen Seite unter Einsatz ihrer Körpermasse aufdrücken. Intelligente Kreaturen wie der berüchtigte Hauskater Gandalf bringen es auch fertig, auf eine Türklinke zu springen und die sich geringfügig öffnende Tür mit der Pfote aufzuziehen.

Scheintüren sehen aus wie Türen, führen aber nicht in einen anderen Raum. Hinter ihnen befindet sich eine massive Wand. Manche Scheintüren lassen sich gar nicht öffnen, manche lassen sich leicht öffnen. Allen gemein ist aber, daß sie mit einer Falle oder Alarmanlage verbunden sind. **Einwegtüren** lassen sich nur von einer Seite aus normal öffnen. Schließen sie sich wieder, so können sie von der anderen Seite her gar nicht oder nur mit einem geheimen Öffnungsmechanismus geöffnet werden. **Falltüren** unterscheiden sich von anderen Türen nur dadurch, daß sie durch Decke oder Boden eines Raumes führen; im übrigen gelten dieselben Regeln wie für normale Türen.

Behälter wie Truhen, Kisten, Särge, Schatullen usw. können unverschlossen, klemmend, mit Schloß oder geheimen Öffnungsmechanismen versehen sein. Für das Öffnen gelten dieselben Regeln wie für das Öffnen entsprechender Türen.

Geheimtüren

Beim Entwerfen eines Abenteuers kann der Spielleiter zwei Arten von Geheimtüren einsetzen: gewöhnliche Geheimtüren und besondere Geheimtüren. Sie unterscheiden sich in erster Linie durch den Aufwand, den er bei ihrer Ausarbeitung treibt. Beide Arten von Geheimtüren sollten nicht willkürlich eingesetzt werden, sondern nur an Stellen, wo die Spieler mit ihrem Vorhandensein rechnen können, wenn sie nur nachdenken.

Gewöhnliche Geheimtüren finden die Abenteurer durch Einsatz der Fertigkeit *Suchen*, sei es automatisch oder durch aktives Absuchen (MIDGARD - *Das Fantasy-Rollenspiel,* S.186). Der Spielleiter macht sich in der Regel keine weiteren Gedanken über Funktionsweise und über die Art der Tarnung. Besondere Geheimtüren finden die Abenteurer, indem sie „das Richtige" tun, z.B.:
- an die Rückseite eines leeren Weinfasses klopfen und den Hohlraum dahinter entdecken,
- den Fackelhalter in der Stirnwand einer Sackgasse drehen, was gleichzeitig die verborgene Tür öffnet,
- eine Statue verschieben und damit die verborgene Falltüre nach unten sichtbar machen.

Der Phantasie des Spielleiters sind keine Grenzen gesetzt. Er muß nur dafür sorgen, daß eine Geheimtür, durch die die Abenteurer unbedingt hindurchmüssen, auch mit einiger Wahrscheinlichkeit entdeckt werden kann. Andernfalls könnte das ganze Abenteuer an dieser einen Stelle scheitern. Eine Tür,

Gewöhnliche Geheimtüren finden die Abenteurer durch Einsatz der Fertigkeit Suchen.

Eine Geheimtür, durch die die Abenteurer unbedingt hindurchmüssen, sollte mit einiger Wahrscheinlichkeit entdeckt werden können.

die nur in eine reiche und unbewachte Schatzkammer hineinführt, kann dagegen äußerst schwer zu finden und zu öffnen sein.

Manche Geheimtüren sind nur **verborgen**, z.B. hinter Wandbehängen, unter einer dünnen Stuckschicht, hinter einem Schrank. Haben die Abenteurer sie entdeckt, können sie wie normale Türen geöffnet werden. Besondere Geheimtüren öffnen sich manchmal gleich bei ihrer Entdeckung, z.B. bei Betätigen des richtigen Hebels. Andere besondere Geheimtüren haben auch einen besonderen Öffnungsmechanismus, der von den Spielern mit Beobachtungsgabe und Überlegung erschlossen werden muß. Die Fertigkeit *Geheimmechanismen öffnen* nützt nur zum Entdecken gewöhnlicher Öffnungsmechanismen; dabei handelt es sich meist um unscheinbare, kleine, ertastbare Unebenheiten oder Hebel, auf die Druck ausgeübt werden muß.

Fallen

Fallen gibt es so viele verschiedene, wie es die Phantasie des Spielleiters zuläßt. Für jede Falle müssen jedoch drei Dinge festgelegt werden: **Auslösemechanismus**, **Wirkungsbereich** und **Wirkung**. Fallen verletzen Unvorsichtige oder setzen sie gefangen. Letzteres ist besonders interessant, da es zu vielfältigen Wechselwirkungen mit den Nichtspielerfiguren kommen kann, die die Falle angelegt haben. Nicht jede Person, in deren Behausung die Abenteurer eingedrungen sind, will die Eindringlinge unbedingt drakonisch bestrafen. Der Wunsch nach Informationen über die Gründe des Einbruchs wiegt oft mindestens genauso schwer. Je nach Ausgangslage und Verhalten der Spieler finden sie vielleicht gar im vermeintlichen Opfer, in dessen Falle sie gegangen sind, den nächsten Auftraggeber.

Fallen können auch so tödlich sein, daß ein Abenteurer keine Überlebenschance hat. Der Sinn des Rollenspiels besteht aber nicht darin, die Spielerfiguren umzubringen. Daher sollten die Abenteurer vor einer tödlichen Falle gewarnt werden oder die Möglichkeit haben, sich noch im letzten Moment in Sicherheit bringen zu können. Tödlichen Fallen sollten nur die ausgesprochen Leichtsinnigen oder besonders Unglücklichen zum Opfer fallen.

Als Anregung für den Spielleiter folgt eine Liste gängiger Fallen.

Getarnte Fallgrube: Eine Fallgrube öffnet sich, wenn ein Mindestgewicht auf ihr lastet oder wenn ein Auslösemechanismus betätigt wird. Derjenige, der die Falle auslöst, muß nicht der einzige sein, der in den Abgrund stürzt. Der Schaden richtet sich nach der Tiefe der Grube und nach der Beschaffenheit des Bodens (MIDGARD - *Das Fantasy-Rollenspiel,* S.100). Steht ein Abenteurer nahe des Grubenrandes, während der Boden sich unter ihm auftut, kann er eventuell in Richtung des festen Bodens springen und sich retten. Der Spielleiter kann dies davon abhängig machen, ob der **Spieler** schnell reagiert und seine Figur ohne Zögern springen läßt, oder er kann einen **PW:Gewandtheit** verlangen - oder beides. Er kann aber auch festlegen, daß eine Person, die mitten auf der Falltür steht, automatisch in die Tiefe stürzt.

Eine Fallgrube kann mit einer dünnen Decke getarnt sein (Äste und Lehm, straff gespannter Stoff mit einer Staubschicht, eine Lage Gips in der Farbe des Bodens usw.), die unter dem Gewicht des Abenteurers zusammenbricht. Sie kann aber auch mit einer Falltür verschlossen sein, die ab einer bestimmten Belastung aufklappt und sich durch einen Federmechanismus oder ein Gegengewicht wieder schließt, sobald jemand hineingefallen ist. Die Opfer verletzen sich dann nicht nur beim Sturz, sondern sind anschließend in der Grube gefangen.

Getarnte Fallgrube mit Dornen: Zusätzlich zu den Folgen des Sturzes muß das Opfer damit rechnen, sich an aufrechten Metalldornen oder zugespitzten Holzpflöcken, die in den Boden der Grube eingelassen sind, zu verletzen. Der Spielleiter muß festlegen, auf **wieviele** Dornen ein Abenteurer stürzt, z.B. auf 2 oder auf 1W6. Jede Spitze, auf die das Opfer fällt, greift es wie ein mit einem Stoßspeer ausgerüsteter Mensch an. Der Spielleiter bestimmt den **Erfolgswert**, z.B. Stoßspeer+7. Dem Stürzenden steht ein normaler **WW:Abwehr** gegen jeden Dorn zu, von dem er getroffen wird. Hierbei wird davon ausgegangen, daß erfahrene Abenteurer sich während des Sturzes so drehen und winden, daß sie die Spitzen möglichst vermeiden. Schließlich muß der Spielleiter festlegen, welchen **Schaden** jeder Dorn anrichtet, z.B. 1W6–2 oder 1W6. Rüstung schützt gegen von den Dornen angerichteten schweren Schaden. Die Spitzen können zusätzlich vergiftet sein, doch sollte sich der Spielleiter hier auf besonders schwache oder auf reine Lähmungsgifte beschränken, da die Falle sonst leicht zu tödlich wird.

Für jede Falle muß der Auslösemechanismus, der Wirkungsbereich und die Wirkung festgelegt werden.

Fallen können tödlich sein. Der Sinn des Rollenspiels besteht aber nicht darin, die Spielerfiguren umzubringen.

Herabstürzende Steinblöcke: Sie dienen dazu, Abenteurer zu verletzen oder ihnen den Rückweg zu versperren. Da die Opfer sich oft rechtzeitig zur Seite werfen können und gar nicht getroffen oder nur von dem Block gestreift werden, hält sich der Schaden meist in Grenzen.

> Kor zieht ahnungslos am Griff einer Scheintür und löst damit eine Falle aus, die eine quadratische Steinplatte mit 2m Kantenlänge aus der Decke heraus direkt vor die Tür fallen läßt. Der Spielleiter hat folgende Auswirkungen festgelegt: Das Knirschen des Felses warnt den Krieger rechtzeitig, und er darf einen PW:Gewandtheit machen. Gelingt dieser, so kann Kor sich rechtzeitig zur Seite werfen und verliert nur 1W6–2 AP durch die Anstrengung. Mißlingt der Prüfwurf, so trifft der Steinblock den Krieger mit 90% streifend (1W6 schwerer Schaden), mit den restlichen 10% voll. Im letzten Fall erleidet Kor 1W6+6 schweren Schaden, gegen den Rüstung hilft, und wird dabei schwer verletzt (Wurf auf Tabelle 2.5, MIDGARD - *Das Fantasy-Rollenspiel*, S. 103). Außerdem ist der Krieger unter der Platte eingeklemmt und kann nur befreit werden, wenn seinen Gefährten ein PW:Stärkesumme/5 gelingt.

Rollende Felskugeln: Nach Auslösen der Falle rollen eine oder mehrere vorher meist verborgene Felskugeln in einem engen Gang oder auf einer Treppe auf die Abenteurer zu. Einer etwa kopfgroßen Kugel kann ein Abenteurer mit einem PW+20:Gewandtheit ausweichen; er erleidet 1W6 schweren Schaden, wenn der Prüfwurf mißlingt. Bei größeren Kugeln kann der Prüfwurf mit einem höheren Zuschlag erschwert und der Schaden vergrößert werden. Ist die Kugel so groß, daß sie praktisch den ganzen Gang ausfüllt und man ihr nicht ausweichen kann, können die Abenteurer nur die Beine in die Hand nehmen und rennen. Dabei werden sie vermutlich einen Spurt einlegen - eine gute Gelegenheit, auf unebenem Boden bei schlechter Beleuchtung zu stolpern. Ein EW:Geländelauf oder ein PW:Gewandtheit (der Spieler darf es sich aussuchen) entscheidet, ob ein Fliehender hinstürzt. Wer eingeholt und überrollt wird, erleidet zum Beispiel 2W6+2 schweren Schaden, gegen den Rüstung hilft, und wird schwer verletzt (Wurf auf Tabelle 2.5, MIDGARD - *Das Fantasy-Rollenspiel*, S. 103).

Fallgitter, verschiebbare Wände, bewegliche Felsen: Mit solchen Mechanismen ist es möglich, Abenteurer gefangenzusetzen. Fallgitter und Steinblöcke können auch außer Sichtweite der Abenteurer aus der Decke herabfallen, so daß sie nur ein entferntes Geräusch hören. Der Spielleiter sollte daran denken, daß es irgendwo einen Mechanismus geben muß, um das entstandene Gefängnis wieder zu öffnen - in der Regel natürlich außerhalb der Reichweite der in die Falle gegangenen Abenteurer, aber eventuell zugänglich für ihre in Freiheit gebliebenen Gefährten.

Bewegliche Böden und Treppen: Fußböden können sich in die Wand hineinschieben und eine Fallgrube freigeben. Dies geschieht langsam genug, daß die Abenteurer einen Sturz in die Tiefe vermeiden können - wenn sie eine Fluchtmöglichkeit haben. Die geöffnete Grube kann ihnen aber auch einfach den Rückweg versperren. Böden können auch längs oder quer um eine Achse kippen, so daß Abenteurer auf der Schräge ins Rutschen kommen - vor allem wenn gleichzeitig aus verborgenen Öffnungen Öl auf die Bodenfläche fließt. Für Stimmung sorgen auch Treppen, deren Stufen so wegklappen, daß sie eine steile Rutsche bilden. Es gibt viele Möglichkeiten, was am Ende der Rutschpartie warten kann: vom hungrigen Ungeheuer über ein Nagelbrett bis zu glühenden Kohlen.

Alarmvorrichtungen: Sie machen Wachen auf Eindringlinge aufmerksam. Eine einfache, aber wirksame Falle dieser Art ist ein feiner Stolperdraht, der durch ein Loch in der Wand geführt wird und an einer entfernten Stelle eine Glocke zum Klingen bringen kann. Ein solcher Draht kann auch so hinter eine Tür gespannt oder mit ihr verbunden werden, daß der Alarm beim Aufdrücken oder Aufziehen ausgelöst wird. Besonders einfach, aber effektiv ist ein wackliger Stuhl mit alten Töpfen und Pfan-

Abenteurer sollten vor einer tödlichen Falle gewarnt werden oder die Möglichkeit haben, sich noch im letzten Moment in Sicherheit bringen zu können.

Tödlichen Fallen sollten nur die ausgesprochen Leichtsinnigen oder besonders Unglücklichen zum Opfer fallen.

> Durch Ziehen am Griff einer Scheintür schiebt sich 20m weiter hinten im Gang eine massive Steinwand aus einer Nische und versperrt den Gang. Die Spieler wissen natürlich nicht, daß es sich bei der Tür vor ihnen um eine Scheintür handelt, denn sie könnte ja auch einfach nur klemmen. Eine derartige Situation ist gut geeignet, um die Reaktionsfähigkeit der Spieler zu testen. Nachdem der Spielleiter die Situation geschildert (und den genauen Standort der Abenteurer vermerkt) hat, zählt er langsam laut bis 10 (so lange braucht die Steinwand, um den Gang völlig abzuschließen). Dabei vermerkt er genau, wann welcher Spieler sagt, daß seine Figur(en) losrennen. Anschließend kann man anhand der Bewegungsweiten der einzelnen Abenteurer feststellen, wer noch rechtzeitig entkommen ist.

nen hinter einer Tür, der beim Öffnen umgestoßen wird. In Hausfluren ist der Nachtigallenboden beliebt, ein Schwingboden, der ein lautes, melodisches Quietschen von sich gibt, sobald ihn jemand betritt. Wer hier schleichen will, erhält je nach Kunstfertigkeit des Handwerkers mehr oder weniger große Abzüge auf seinen Erfolgswurf.

Pfeil- und Speerschußmechanismen: Sie können durch Treten auf eine Bodenplatte, durch Ziehen an einem Türgriff oder durch einen Stolperdraht ausgelöst werden. Der Spielleiter muß jeweils festlegen, auf **welche Stelle** das Geschoß zielt, mit welcher Wahrscheinlichkeit es trifft (z.B. wie ein Mensch mit Bogen+10) und welchen **Schaden** es anrichtet. Ähnlich funktionieren **Klingen**, die aus Wand oder Decke hervorschnellen (und z.B. wie ein Mensch mit Krummsäbel+8 oder mit Streitaxt+12 angreifen). Der betroffene Abenteurer zählt gegenüber diesem Angriff als *ahnungslos* und darf keinen WW:Abwehr machen, wenn der Spieler nicht vorher angekündigt hat, daß er mit einer Falle rechnet.

Gift: Gift kann in vielen Arten als eigenständige Falle oder zur Verstärkung einer anderen Falle eingesetzt werden. Es kann töten, verletzen, lähmen, schwächen oder betäuben. An Türgriffen oder Truhenschlössern können kleine, vergiftete Dornen darauf warten, daß sich hier ein Unbefugter zu schaffen macht. In Schatzkästchen (mit Luftschlitzen) können Giftschlangen lauern. Ein zerbrechliches Gefäß, das durch einen Stolperdraht oder eine andere Vorrichtung umstürzt, kann ein Dutzend Skorpione oder auch Giftgas freisetzen. Kontaktgift wirkt, wenn es mit ungeschützter Haut in Berührung kommt. Allerdings müssen die meisten dieser Fallen jüngeren Datums sein, da Gifttiere verhungern oder der Luftfeuchtigkeit ausgesetztes Gift mit der Zeit seine Wirkung verliert.

Die Liste der Fallen könnte endlos fortgesetzt werden. Der Spielleiter muß nur auf zwei Dinge achten:

1. Die Falle sollte logisch durchdacht sein. Abgesehen von magischen Fallen, die wegen des damit verbundenen Aufwandes selten sind, sollte man wenigstens eine ungefährepp Vorstellung davon haben, wie das mechanische Zusammenspiel zwischen Falle und Auslösungsmechanismus funktioniert.

2. Der Ort der Falle muß vernünftig gewählt sein. Es muß etwas Wertvolles zu bewachen geben, ein Eindringling muß mit einiger Wahrscheinlichkeit den Auslösemechanismus betätigen, und dieser muß andererseits so beschaffen sein, daß zum Aufenthalt berechtigte Personen die Falle nicht aus Versehen auslösen. Dabei kann man aber berücksichtigen, daß manche Fallen in bewohnten Gebäuden nur nachts scharf gemacht werden.

Fallen sind in der Regel so gut getarnt, daß sie von normalen Sterblichen nicht rechtzeitig entdeckt werden. Abenteurer mit einem angeborenen ausgeprägten *Sechsten Sinn+ 6* und auf das Eindringen in mit Fallen gespickten Örtlichkeiten spezialisierte Assassinen, Spitzbuben und Schattenweber können eine Falle rechtzeitig bemerken, wenn der geheime **EW:Sechster Sinn** des Spielleiters gelingt. Sie spüren allerdings nur, daß eine Gefahr droht, nicht aber, daß es sich um eine Falle handelt. Abenteurer, die *Fallen entdecken* beherrschen, haben die Möglichkeit, manche Fallen **automatisch** zu entdecken (MIDGARD - *Das Fantasy-Rollenspiel,* S. 139). Auch mit *Baukunde* können Abenteurer **automatisch** auf Fallen aufmerksam werden, die mit größeren Umbauten verbunden sind - z.B. getarnte Fallgitter, herabstürzende Blöcke oder bewegliche Böden und Treppen.

Fallen, die regelmäßig gewartet werden, wirken automatisch, wenn der Auslösemechanismus betätigt wird. Fallen in verlassenen Ruinen können aufgrund ihres Alters versagen oder erst mit Verzögerung wirken. Der Spielleiter kann eine Prozentchance dafür festlegen, daß die Falle wirkt, sobald der Auslösemechanismus betätigt wird. Dies hat den Effekt, daß nicht immer der an der Spitze der Gruppe gehende Abenteurer das Opfer von Fallen wird.

Magische Fallen

Das *Arkanum* beschreibt eine Reihe von thaumaturgischen Künsten, mit denen Räume vor Eindringlingen und Gegenstände vor Dieben geschützt werden können. *Schutzrunen* verzaubern Abenteurer, die sich unbefugt an Schätzen vergreifen oder Türen öffnen, *Runenplättchen* schützen Kästchen, Schlösser und Riegel vor Zerstörung, und mit *Thaumagrammen* läßt sich eine Vielfalt magischer Fallen konstruieren. Thaumagramme haben aber den

---

Fallen sind in der Regel so gut getarnt, daß sie nicht rechtzeitig entdeckt werden.

Abenteurer mit einem ausgeprägten Sechsten Sinn und auf das Eindringen in mit Fallen gespickten Örtlichkeiten spezialisierte Assassinen, Spitzbuben und Schattenweber können eine Falle rechtzeitig bemerken.

Nachteil, daß sie meist deutlich sichtbar sind und auch der Magie unkundige Personen zur Vorsicht gemahnen. Durch Kombination mit normalen Fallenmechanismen kann man aber erreichen, daß auch erfahrene Abenteurer solchen magischen Fallen zum Opfer fallen.

Verborgene Thaumagramme: Thaumagramme wirken nur, wenn im Prinzip Sichtkontakt zum Opfer besteht. Man kann Abenteurer in den Bereich, in dem sie die magische Falle auslösen, hineinlokken, wenn das Thaumagramm verborgen ist und erst im letzten Moment sichtbar wird. Die arkane Zeichnung kann sich auf der Wand hinter einer Scheintür befinden. Sie kann hinter einer Metallplatte, die sich in den Boden senkt, oder hinter einem Vorhang, der sich hebt, versteckt sein, und sie wird erst dann sichtbar, wenn die Eindringlinge absichtlich oder unabsichtlich einen mechanischen Auslöser (Stolperdraht, Bodenplatte, Hebel in der Wand, ...) betätigt haben. Ein Thaumagramm kann auch auf dem Boden oder an den Wänden einer Fallgrube angebracht sein, um das Opfer zu lähmen, zu versetzen oder ihm mit einer *Feuerkugel* den Rest zu geben.

Bewegliche Fallen: Erfahrene Abenteurer sehen belebte Skelette oft nur noch als billiges Klingenfutter an. Mit ein wenig kreativer Thaumaturgie flößen sie aber auch dem abgebrühtesten Krieger wieder Respekt ein. Dazu reicht es, wenn in den Schädel und in andere Knochen ein Runenplättchen *(Das Arkanum,* S. 246) mit dem Zauber *Feuerkugel* eingelassen wird. Verliert das Skelett im Kampf durch eine Waffe oder durch einen Umgebungszauber Lebenspunkte, so besteht die Chance, daß das Plättchen zerbricht und die *Feuerkugel* explodiert - zum Beispiel bei jedem schweren Treffer mit 10%×(Zahl der dem Skelett geraubten LP). Diese magische Falle wirkt auch, wenn die Abenteurer ein Skelett zerstören, bevor es aktiviert worden ist. Das systematische Zerschlagen aller Knochen zerbricht das Runenplättchen automatisch. Diese Art von magischer Falle muß nicht offensichtlich sein, da das Plättchen unter einer dünnen Gips- und Farbschicht verborgen werden kann. Auf ähnliche Weise kann man auch einem Golem auf die Sprünge helfen, dem die Abenteurer sonst immer davonlaufen und eine lange Nase drehen. Sein Schöpfer kann ihm ein Thaumagramm in die Brust meißeln, das ähnlich wie ein Thaumagrammblatt beweglich ist und unter bestimmten Bedingungen ausgelöst wird, z.B.

wenn der Golem zum Angriff übergeht. Das ist zwar nicht ganz konform mit den Regeln für Thaumagrammblätter, die durch ein Schlüsselwort ausgelöst werden, aber wie im *Arkanum* wiederholt gesagt, sind manche magische Künste im Lauf der Jahrhunderte in Vergessenheit geraten oder wurden von vorneherein von ihren Entdeckern geheim gehalten. Das Thaumagramm könnte zum Beispiel die Opfer im Wirkungsbereich dem Zauber *Verlangsamen* aussetzen, damit der Golem sie einholen kann.

Transmitter: Diese Vorrichtungen versetzen Gegenstände und Personen zu einer Gegenstation. Sie müssen keine Falle sein, sondern dienen einfach zum schnellen magischen Transport. Abenteurer, die in einen Transmitter geraten, befinden sich dennoch oft in Schwierigkeiten, da der Rückweg unmöglich ist oder nur nach Überwinden von zahlreichen Hindernissen geöffnet werden kann. Transmitter lassen sich zum Beispiel mit Thaumagrammen bewerkstelligen, die das Große Siegel *Versetzen* enthalten.

Abenteurer, die *Fallen entdecken* beherrschen, haben die Möglichkeit, manche Fallen automatisch zu entdecken.

Allerdings wirken sie nur einmal für jedes in dem Thaumagramm enthaltene Siegel, und der Rückweg ist nur möglich, wenn sich an der Gegenstation ein entsprechendes Thaumagramm für den Transport in umgekehrter Richtung befindet. Eine Alternative bilden dauerhafte magische Tore, deren Errichtung im Quellenband *Meister der Sphären* beschrieben wird. Für den Einbau in ein Szenario reichen die folgenden Informationen: Das magische Tor besteht aus je einem 1m durchmessenden Hexagon am Ausgangs- wie am Zielort. Wird die Transportvorrichtung aktiviert, so entsteht über dem Ausgangshexagon ein milchig-weißes, schwach leuchtendes Feld in Form einer sechseckigen 3m hohen Säule. Die Säule über dem Zielhexagon hat einen eher gelblichen Ton. Betritt eine Person das Innere des Hexagons, so wird sie sofort zum Ziel transportiert. Hält man einen Gegenstand in den Ausgangsbereich eines magischen Tores, so wird er von einer unwiderstehlichen Kraft hineingesaugt und transportiert. Läßt der das Objekt haltende Abenteurer nicht los, so wird er selbst hineingezogen und zwangsweise durch das Tor befördert. Dieses Schicksal erleidet er auch, wenn er einen Körperteil durch das Tor steckt. Die Seitenwände der Säule um das Zielsechseck können von außen nicht durchdrungen werden. Mit einem vom Erschaffer des Tors festgelegten Schlüsselwort oder Schlüsselritual kann es umgepolt und dann in umgekehrter Richtung benutzt werden. Die beiden Lichtsäulen färben sich entsprechend um. Das Öffnungsritual und die Öffnungszeit dauerhafter magischer Tore kann der Spielleiter ähnlich wie beim Auslösen von Thaumagrammen handhaben: von Schlüsselwörtern über Berührung entsprechender Stellen bis zur Annäherung auf eine bestimmte Entfernung.

Flüche: Besonders wertvolle Schätze, Artefakte, Reliquien oder Kultgegenstände sind oft mit Flüchen belegt. Der Fluch trifft den Dieb meist erst nach einer gewissen Schonfrist. Der Betroffene muß nicht merken, daß er unter einem Fluch steht. Wenn z.B. der Fluch besondere Anfälligkeit gegen Zauber beinhaltet, d.h. –4 auf alle WW:Resistenz, so merkt der Spieler nichts davon, bis ein an sich erfolgreicher Widerstandswurf vom Spielleiter als „zu niedrig" erklärt wird.

Wenn es das Ziel ist, eine Armee zu zerschlagen, eine Stadt einzunehmen, oder eine Persönlichkeit umzubringen, beginnt man damit, die Namen der Diener, der Adjutanten, der Leibwachen und der Wachposten des Heerführers herauszufinden.

~ Kanthanische Weisheit ~

Das Buch der Ferne

Erfahrene Abenteurer ziehen in die Welt *Midgard* hinaus, um ferne Länder kennenzulernen. Ihr Leben wird dabei nicht nur von angriffslustigen Eingeborenen, wilden Tieren, mißgünstigen Potentaten, finsteren Bestien oder tückischen Zauberern bedroht. Genauso gefährlich sind die Unbilden der Natur wie extreme Temperaturen in Wüsten und Eisebenen, verheerende Stürme auf hoher See, Steinschlag und Lawinen in den Bergen, Hunger und Durst in kargen Einöden oder die Anstrengung von Gewaltmärschen in unwegsamem Gelände. Im *Buch der Ferne* wird beschrieben, wie der Spielleiter in Reiseabenteuern die Härten der Natur berücksichtigen kann. Manche Entbehrungen wie Schlafmangel oder Unterernährung können aber auch in anderen Spielsituationen eine Rolle spielen, wenn die Abenteurer zum Beispiel längere Zeit in einem Kerker schmachten müssen.

Entbehrungen

Abenteurer, die weite Reisen fernab jeglicher Zivilisation unternehmen, müssen oft Entbehrungen wie Hunger, Durst, Schlafmangel, Kälte oder Hitze auf sich nehmen. Dadurch werden sie geschwächt oder können im Extremfall sogar ihr Leben verlieren. Der folgende Abschnitt ermöglicht es dem Spielleiter, die von solchen Entbehrungen ausgehenden Gefahren in ein Abenteuer einzubauen. Zuerst werden die allgemeinen Regelmechanismen beschrieben. Anschließend werden die genaue Regeln für gängige Entbehrungen vorgestellt. Um die Spieler die Leiden ihrer Abenteurer mitfühlen zu lassen, sind die Regeln etwas aufwendig. Der Spielleiter sollte sie daher sparsam und nur dann einsetzen, wenn sie die Spielhandlung bereichern. Ist abzusehen, daß die Spielerfiguren in keiner ernsten Gefahr sind, da bereits Rettung naht, kann er auf die Anwendung dieser Regeln verzichten.

Entbehrungen entkräften einen Abenteurer, wirken sich aber nicht direkt auf seine aktuellen Lebens- und Ausdauerpunkte aus. Ein Verwundeter verhungert auch nicht schneller als sein unverletzter Gefährte. Entbehrungen verringern daher nur die maximal möglichen Lebens- und Ausdauerpunkte einer Person. Auf Dauer sinkt aber auch ihr aktueller LP- und AP-Wert, da er nie über dem LP-Maximum bzw. AP-Maximum liegen darf (MIDGARD - *Das Fantasy-Rollenspiel,* S. 35).

Durch Entbehrungen sinkt das AP-Maximum eines Abenteurers jedesmal, wenn bestimmte Bedingungen erfüllt sind, um seinen **Grad** oder um ein Vielfaches seines Grades. Normale Menschen vom Grad 0 werden hierbei wie Spielfiguren vom Grad 1 behandelt. Die Ausdauerpunkte eines Abenteurers messen in erster Linie, wie gut er kurzzeitige Belastungen, z.B. einen Kampf, verkraftet. Die große AP-Zahl hochgradiger Kämpfer ist nicht zuletzt darauf zurückzuführen, daß sie sich eine kräftesparende Kampfesweise angeeignet haben und sie daher einen Kampf wesentlich länger durchstehen als ein Abenteurer am Anfang seines Lebensweges. Bei ungewohnten Entbehrungen ist der erfahrene Kämpfer jedoch seinem niedriggradigen Begleiter nicht in dem Ausmaß überlegen wie bei einem Kampf. Beide leiden etwa gleich stark unter den Strapazen, und daher sinkt das AP-Maximum gradabhängig. So sind sie fast gleichzeitig am Ende ihrer Kräfte.

Wie gut ein Abenteurer Entbehrungen aushalten kann, hängt von seiner **Zähigkeit** ab. Der Ausgangswert wird aus anderen Eigenschaften ermittelt, und gelegentlich spielen auch besondere Fähigkeiten eine Rolle. Es gibt für jede Art von Entbehrung eine eigene Zähigkeit.

Leidet ein Abenteurer unter Entbehrungen, entscheidet in regelmäßigen Zeitabständen ein **Prüfwurf gegen Zähigkeit**, ob er dadurch geschwächt wird. Mißlingt der Wurf, so sinkt das **LP-Maximum** um einen vorgegebenen Wert, das **AP-Maximum** um den Grad des Betroffenen oder ein Vielfaches davon. Werden dabei die aktuellen LP- und AP-Werte unterschritten, so sinken sie mit. Gelingt der Prüfwurf, so ist der Abenteurer zäh genug, um diesmal die Entbehrungen ohne Nachteile zu ertragen. Unabhängig vom Ergebnis wird allerdings nach jedem Prüfwurf die Zähigkeit um eine bestimmte Zahl verringert. Auf Dauer hat der Abenteurer immer geringere Chancen, der fortschreitenden Schwächung standzuhalten. Die Zähigkeit sinkt schlimmstenfalls **auf 0**, aber auch das bedeutet, daß jeder folgende Prüfwurf automatisch scheitert.

Ist ein Abenteurer längere Zeit Entbehrungen ausgesetzt, so lassen mit der Zeit auch seine Fähigkeiten nach. Er kann sich nicht mehr so schnell bewegen, ist im Kampf ungeschickter und kann sich nicht mehr aufs Zaubern konzentrieren. Solche Folgen andauernder Strapazen merkt er zum ersten Mal, wenn sein AP-Maximum auf **zwei Drittel** des anfänglichen Werts (abgerundet) gesunken ist. Er ist

---

Reisen fernab jeglicher Zivilisation bringen oft Entbehrungen wie Hunger, Durst, Schlafmangel, Kälte oder Hitze mit sich.

Entbehrungen entkräften einen Abenteurer, wirken sich aber nicht auf seine aktuellen Lebens- und Ausdauerpunkte aus.

dann **entkräftet**. Noch schwächer wird der Abenteurer, sobald das AP-Maximum **ein Drittel** des Anfangswertes (abgerundet) erreicht. Dann ist er **völlig entkräftet**. Welche Folgen dies hat, hängt von der Art der Entbehrungen ab.

Manche Strapazen wirken sich nur auf **körperliche Fertigkeiten** aus. Dieser Begriff faßt *Bewegungs-, Entdeckungs-* und *Fingerfertigkeiten, Kampf-* und *Waffenfertigkeiten, Zaubern* und *Resistenz* zusammen, die alle von körperlicher Erschöpfung oder mangelnder Konzentrationsfähigkeit beeinträchtigt werden. **Körperliche Eigenschaften** sind *Stärke, Geschicklichkeit, Gewandtheit* und *Konstitution*. In den folgenden Abschnitten werden die Nachteile bei üblichen Aktivitäten aufgezählt; der Spielleiter kann weitere Einschränkungen verhängen und z.B. einem fast Verhungerten einen Dauerlauf verbieten.

Sinkt das LP-Maximum eines Abenteurers schließlich auf 0, so schwebt er in Lebensgefahr und stirbt kurz darauf an Entkräftung, wenn er nicht im letzten Moment noch gerettet wird. Erreicht sein AP-Maximum den Wert 0, so besitzt er auf Dauer 0 AP, bis er sich erholen kann.

Hat ein Abenteurer keine Ausdauer mehr oder nur noch 3 Lebenspunkte oder weniger, so erleidet er die üblichen Nachteile (MIDGARD - *Das Fantasy-Rollenspiel*, S.101-102). Die entsprechenden Abzüge auf Erfolgswürfe oder Bewegungsweite addieren sich jedoch nicht zu den Abzügen, die er schon wegen seiner völligen Entkräftung hinnehmen muß; im Zweifelsfall zählt nur der schlechtere Wert.

Erste Hilfe, Heilkunde und Zauber wie *Handauflegen, Lindern von Entkräftung* oder *Heilen von Wunden* helfen nicht gegen die Folgen von Entbehrungen. Nur *Allheilung* hebt AP- und LP-Maximum eines von Entbehrungen gezeichneten Abenteurers sofort wieder auf die Ausgangswerte an und beseitigt auch alle anderen Nachteile.

Überlebt der Abenteurer die entbehrungsreiche Zeit, so muß er sich **erholen**, um alle Nachwirkungen zu überwinden. Wie schnell sein LP- und AP-Maximum und seine Zähigkeit wieder steigen, hängt von der Art der erlittenen Strapazen ab. Bei Ansteigen des LP-Maximums um 1 erhält der Abenteurer jedesmal auch einen durch die Entbehrungen verlorenen Lebenspunkt zurück. Die Abzüge auf Erfolgswürfe und andere Werte gelten solange, bis das AP-Maximum über einem Drittel bzw. über zwei Dritteln des anfänglichen Wertes liegt. Der Abenteurer ist völlig wiederhergestellt, wenn seine Zähigkeit wieder den ursprünglichen Wert erreicht hat.

Sind die Abenteurer gleichzeitig mehreren Arten von Entbehrungen ausgesetzt, werden die Auswirkungen nicht addiert, sondern es zählen nur die schwerwiegenderen. Durst schwächt eine Person zum Beispiel schneller als gleichzeitiger Hunger. Wenn der Spielleiter will, kann er auch eigene Regeln für eine Kombination von Entbehrungen entwerfen, die sich wie Durst und Hitze gegenseitig verstärken. Sie sollten erreichen, daß der Abenteurer schneller seine Kräfte verliert als wenn er nur eine der beiden Entbehrungen zu ertragen hätte.

Werden die Abenteurer von **Tieren** begleitet, die denselben Strapazen ausgesetzt sind, so leiden sie auch an Entkräftung. Wenn es für das Spiel wichtig ist, kann der Spielleiter sie genauso wie ihre Besitzer unter Hunger, Durst, Hitze oder großer Anstrengung leiden lassen. Als Konstitution, von der hauptsächlich die Zähigkeit abhängt, kann das **Fünffache** des **LP-Maximums** benutzt werden, solange die Tiere nicht extrem groß oder klein sind. Tiere, die an bestimmte Entbehrungen angepaßt sind wie Dromedare an Wassermangel und Hitze oder Schlittenhunde an Kälte, müssen natürlich keine PW:Zähigkeit würfeln.

Hunger und Unterernährung

Muß ein Abenteurer tagelang ohne Nahrung auskommen, so wird er geschwächt und kann sogar verhungern. Solche Situationen können auf Reisen, aber auch in Gefangenschaft auftreten. Die Zähigkeit einer vorher gut genährten Spielfigur erhält man, indem man zur Hälfte ihrer Konstitution +40 hinzuzählt. Personen mit angeborener *Robustheit* addieren zusätzlich +10. Ab dem zweiten Hungertag muß ein Abenteurer **nach jedem Tag ohne Essen** einen **PW:Zähigkeit** machen. Mißlingt der Wurf, so sinkt sein LP-Maximum um 1 und sein AP-Maximum um seinen Grad. Gelingt der Prüfwurf, so erleidet der Hungernde an diesem Tag keine zusätzlichen Nachteile. Seine Zähigkeit sinkt aber auf jeden Fall um 5 pro Tag.

Wie gut ein Abenteurer Entbehrungen aushalten kann, hängt von seiner Zähigkeit ab.

Sind Abenteurer gleichzeitig mehreren Arten von Entbehrungen ausgesetzt, addieren sich die Auswirkungen nicht.

Werden die Abenteurer von Tieren begleitet, die denselben Strapazen ausgesetzt sind, so leiden auch sie an Entkräftung.

Entkräftung durch Hunger beeinträchtigt in erster Linie körperliche Aktivitäten des Abenteurers, und er erleidet nur bei entsprechenden Erfolgs-, Widerstands- und Prüfwürfen Nachteile. Sinkt sein LP-Maximum durch Hunger auf 0, so verhungert er am darauffolgenden Tag, wenn er nicht doch noch rechtzeitig etwas zu Essen bekommt.

Mögest Du nie darben an Nahrung und Kleidung!

- Bulugischer Trinkspruch

Erhält ein Abenteurer nach ein paar Tagen, in denen er hungerte, wieder ausreichende Nahrung, so steigt nach jeweils 3 Tagen sein LP-Maximum um 1, sein AP-Maximum um seinen Grad und seine Zähigkeit um 5, bis die ursprünglichen Werte wieder erreicht sind.

Wird ein Abenteurer über längere Zeit hinweg **unterernährt**, so hat dies dieselben Folgen wie das völlige Fehlen von Nahrung. Die PW:Zähigkeit und die Verluste an Zähigkeit werden nur in größeren Abständen gewürfelt, z.B. alle 7 Tage bei halben Rationen oder alle 3 Tage bei Viertelrationen. Dabei kommt es ausschließlich darauf an, wieviel Nahrung der Abenteurer im Durchschnitt täglich erhält. Unterernährung oder Mangelernährung kann ein Mensch sehr lange verkraften; bei wenigstens hal-

---

Hunger und Unterernährung

Zähigkeit = 40 + Konstitution/2
    (+10 mit *Robustheit*)
PW:Zähigkeit nach einem Tag jeweils **täglich**
Zähigkeitsverlust pro Tag: 5

Bei Mißlingen des Prüfwurfs:
    LP-Maximum: –1
    AP-Maximum: –Grad

Nach jeweils **3 Tagen** Erholung:
    LP-Maximum: +1
    AP-Maximum: +Grad
    Zähigkeit: +5

Nachteile bei **Entkräftung**:
–4 auf Bewegungsweite
–3 auf Erfolgs- und Widerstandswürfe für körperliche Fertigkeiten
+15 auf Prüfwürfe gegen körperliche Eigenschaften

Nachteile bei **völliger Entkräftung**:
halbierte Bewegungsweite
–6 auf Erfolgs- und Widerstandswürfe für körperliche Fertigkeiten
+30 auf Prüfwürfe gegen körperliche Eigenschaften

Agadur und Berry Balodin sind mit ihren Gefährten auf einer kleinen, kahlen Insel gestrandet. Eine freundliche Dame, die die Schiffbrüchigen großzügig bewirtet, erweist sich leider als boshafte Hexe, deren Essen die Abenteurer in Schweine verwandelt. Zu ihrem Glück haben Agadur und Berry noch unter den Auswirkungen von Seekrankheit gelitten und nichts zu sich genommen, so daß wenigstens sie von dem Geschick ihrer Gefährten verschont bleiben. Außerhalb des Hauses der Hexe gibt es zwar genügend Tümpel mit Regenwasser, aber nichts zu essen. Da Agadur als junger Abenteurer erleben mußte, wie schlecht es sich als Schwein lebt, widersteht er den verlockenden Gerichten, die ihm Tag für Tag aufgetischt werden, und wartet auf einen günstigen Moment, die Hexe zu überwältigen. Gleichzeitig paßt er auf, daß auch der verwöhnte Halbling dem Essen entsagt.

Die Zeit vergeht, und Magier (Grad 6, 15 LP, 37 AP, Konstitution 96, anfängliche Zähigkeit 88) und Halbling (Grad 1, 16 LP, 6 AP, Konstitution 89, anfängliche Zähigkeit 84) hungern ab dem zweiten Tag ohne Nahrung. Agadur gelingt zweimal sein PW:Zähigkeit. Anschließend ist seine Zähigkeit auf 78 gesunken. Am Ende des vierten Tages würfelt sein Spieler 84, so daß der Prüfwurf scheitert. Agadurs LP-Maximum und AP-Maximum sind jetzt 14 bzw. 31, während die Zähigkeit auf 73 fällt. Die nächsten drei PW:Zähigkeit gelingen. Die Zähigkeit ist 58, als der Würfel am Ende des achten Tages 83 zeigt. Agadurs LP-Maximum sinkt auf 13, sein AP-Maximum auf 25. Nach einem weiteren Tag und einem weiteren mißglückten Prüfwurf ist der Magier mit maximal 12 LP und 19 AP entkräftet (AP-Maximum unter 2/3). Er erleidet ab jetzt die aufgeführten Nachteile bei Bewegung, Erfolgs-, Widerstands- und Prüfwürfen. Auch der nächste PW:Zähigkeit scheitert, so daß Agadur nach einer zehntägigen Fastenzeit maximal 11 LP und 13 AP hat und eine Zähigkeit von nur noch 43 besitzt. Völlig entkräftet wäre er erst ab einem AP-Maximum von 12 und weniger. Berry ist nicht so glücklich; von seinen 9 Prüfwürfen scheitern 6, seine Zähigkeit beträgt nur noch 39, und er ist nach zehn Tagen ohne Nahrung mit nur noch maximal 10 LP und 0 AP völlig entkräftet.

Endlich können Agadur und Berry einen Moment der Unaufmerksamkeit nutzen und die Hexe überwältigen. Es gelingt dem Magier, die Gefährten zurückzuverwandeln, die mittlerweile alle etwas Speck angesetzt haben. Agadur braucht dagegen wenigstens 12 Tage, bevor er seine Kutte wieder in gewohnter Weise füllt. Der Halbling muß sogar 18 Tage reichlich essen, bevor er wieder ganz bei Kräften ist. Ihre alte Zähigkeit haben sie sogar erst nach 27 Tagen der Erholung wieder.

ben Rationen (Viertelrationen) enden die PW:Zähigkeit daher in dem Moment, wo das AP-Maximum auf zwei Drittel (ein Drittel) des ursprünglichen Werts gesunken ist.

Durst und Flüssigkeitsmangel

Wieviel Flüssigkeit ein Abenteurer am Tag braucht, hängt von seiner Umgebung ab. In gemäßigten Breiten reichen 2 Liter in Nahrung und Getränken aus, während in der Wüste 6 Liter nötig sein können. Durst schwächt genauso wie Hunger, aber die körperliche Entkräftung setzt wesentlich schneller ein und beeinträchtigt zum Schluß auch geistige Fähigkeiten. Hat ein Abenteurer nichts zu trinken und auch keine Nahrung mit hohem Flüssigkeitsgehalt, so muß er **nach einem Tag** (in der Wüste wesentlich eher) mit **stündlichen PW:Zähigkeit** beginnen. Die Schonfrist von einem Tag steht ihm nur zu, wenn er an beiden vorhergehenden Tagen genug trinken konnte. Im Gegenzug erholt sich ein halb verdursteter Abenteurer schnell, sobald er wieder ausreichend Flüssigkeit zur Verfügung hat.

Wird knappes Wasser eingeteilt, so vergrößern sich die Abstände zwischen den PW:Zähigkeit. Die Spieler müssen jeweils für einen Tag im voraus entscheiden, wieviel Flüssigkeit sie ihren Abenteurern zugestehen. Steht einer Spielfigur die **Hälfte** der notwendigen Tagesration zur Verfügung, so muß sie nach drei Tagen anfangen, alle 8 Stunden einen PW:Zähigkeit zu machen. Trinkt sie zwischenzeitlich an einem Tag eine volle Ration, so entfallen in dieser Zeitspanne die Prüfwürfe. Anschließend gehen sie ohne Unterbrechung weiter. Die Schonfrist von drei Tagen steht dem Abenteurer nur zu, wenn er an beiden vorausgehenden Tagen seinen vollen Flüssigkeitsbedarf decken konnte.

Trinkt ein Abenteurer nur ein **Viertel** der Flüssigkeit, die sein Körper braucht, so folgen die PW:Zähigkeit an diesem Tag in Abständen von 4 Stunden. Bei so stark rationierten Getränken ist die Schonfrist bis zum ersten Prüfwurf nicht länger als bei völligem Wassermangel, d.h. sie beträgt einen Tag, wenn an beiden vorausgehenden Tagen jeweils eine volle Ration zur Verfügung stand.

Durst und Flüssigkeitsmangel

Zähigkeit = 40 + Konstitution/2
  (+10 mit *Robustheit*)
PW:Zähigkeit nach einem Tag jeweils **stündlich**
Zähigkeitsverlust pro Stunde: **5**

Bei Mißlingen des Prüfwurfs:
  LP-Maximum: **−1**
  AP-Maximum: **−Grad**

Nach jeweils **3 Stunden** Erholung:
  LP-Maximum: **+1**
  AP-Maximum: **+Grad**
  Zähigkeit: **+5**

Nachteile bei **Entkräftung**:
−6 auf Bewegungsweite
−3 auf Erfolgs- und Widerstandswürfe für körperliche Fertigkeiten
+15 auf Prüfwürfe gegen körperliche Eigenschaften

Nachteile bei **völliger Entkräftung**:
halbierte Bewegungsweite
−6 auf alle Erfolgs- und Widerstandswürfe
+30 auf alle Prüfwürfe

Ilmatammi (Grad 1, 14 LP, 12 AP, Konstitution 88, anfängliche Zähigkeit 84) reist mit einem Schiff, das von allen guten Geistern verlassen scheint. Die Besatzung hält die Schamanin für den „Unglücksbringer" an Bord und setzt sie mit Schiffszwieback und Getränken für drei Tage auf einem wasserlosen Felseiland aus. Ilmatammi hofft auf ein anderes Schiff oder auf ein Wunder und macht sich über die Einteilung der Flüssigkeit Gedanken. Bei den herrschenden Temperaturen braucht sie 2 Liter pro Tag. Sie beschließt, drei Tage lang je 1 Liter, am vierten Tag 2 Liter und am fünften Tag 1 Liter zu trinken. Am fünften Tag (halbe Ration, ohne vorher zwei Tage lang ausreichend getrunken zu haben) muß sie die ersten PW:Zähigkeit machen, und zwar alle 8 Stunden. Nach Ablauf dieses Tages ist ihre Zähigkeit auf 69 gesunken, und ihr LP-Maximum und AP-Maximum betragen noch 13 bzw. 11, da einer der drei Prüfwürfe mißlungen ist. Die Schamanin hat aber kein Wasser mehr und muß am sechsten Tag stündliche PW:Zähigkeit machen. Nach 14 Stunden ist Ilmatammis Zähigkeit auf 0, sie besitzt nur noch 3 LP und 1 AP und ist dem Verdursten nah. Dann erfüllt sich ihre Hoffnung auf ein Wunder: es fängt an zu regnen. Genügend kostbares Naß sammelt sich in Mulden im Fels, um die Schamanin bis zur Ankunft eines anderen Schiffes überleben zu lassen. Ilmatammi nimmt sich fest vor, so bald wie möglich den Zauber *Brot und Wasser* zu lernen.

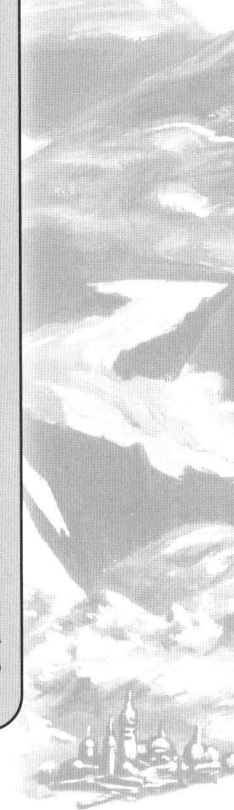

Wollen die Abenteurer andere Bruchteile von Tagesrationen trinken, so kann der Spielleiter die Abstände zwischen Prüfwürfen geringfügig abändern, z.B. auf 12 Stunden bei mindestens 3/4 einer vollen Ration oder auf 2-3 Stunden bei deutlich weniger als 1/4 des Tagesbedarfs. Die Schonfristen sind bei Trinkmengen unter einer halben Tagesration dieselben wie bei völligem Wassermangel.

Will der Spielleiter seine Spieler zusätzlich in Bedrängnis bringen, so kann er sie täglich in Versuchung führen, mehr als die ursprünglich geplante Flüssigkeitsmenge zu trinken oder zu Salzwasser und andere schädliche Getränken zu greifen (mit entsprechenden Giftwirkungen). Der Versuchungsgrad steigt mit sinkender Zähigkeit.

Kälte

Erfrierungsgefahr besteht, wenn Abenteurer extremer Kälte ausgesetzt sind und keine ausreichende Schutzkleidung tragen. Je niedriger die Temperatur, je stärker der Wind und je höher die Luftfeuchtigkeit, desto größer das Risiko. Außerdem spielt es eine Rolle, ob und wie sich die Abenteurer bewegen. Die Angaben zur Häufigkeit der PW:Zähigkeit sowie zu den Verlusten an LP- und AP-Maximum beziehen sich auf Abenteurer in normaler, für Temperaturen bis −15 Grad gedachter Winterkleidung, die bei einer Umgebungstemperatur von etwas weniger als −25 Grad im Freien herumlaufen.

In extremen Situationen kann der Spielleiter die Regeln verschärfen. Wer sich in leichter Kleidung bei −25 Grad draußen aufhält, verliert bei jedem gescheiterten Prüfwurf 2 Punkte von seinem LP-Maximum und 2×Grad von seinem AP-Maximum. Auch die Häufigkeit der PW:Zähigkeit kann verändert werden, z.B. in Abständen von jeweils 5 min für bewegungslose, ungeschützte Hände und Füße bei −40 Grad, die unter diesen Umständen sehr schnell erfrieren können.

Die Zähigkeit eines Abenteurers hängt von seiner Konstitution und seinen Erfahrungen im *Überleben in Schnee* ab, da er damit weiß, wie er sich bei Kälte im Freien verhalten muß. Beherrscht eine Person *Überleben in Schnee* nur als ungelernte Fähigkeit,

Erfrierungstabelle

Nase *	30%
linkes Ohr *	30%
rechtes Ohr *	30%
1W3 Zehen, linker Fuß **	30%
1W3 Zehen, rechter Fuß **	30%
1W3 Finger, linke Hand **	20%
1W3 Finger, rechte Hand **	20%
linker Fuß	10%
rechter Fuß	10%
linker Hand	10%
rechte Hand	10%

*: Die Erfrierungschance für Nase und Ohren sinken auf **25%**, wenn sie durch warme Schals, Ohrenklappen und ähnliche Kleidungsstücke bedeckt sind.

**: Bei Bedarf können die betroffenen Finger und Zehen mit 1W6 ausgewürfelt werden:

- **1**: Daumen / großer Zeh
- **2**: Zeigefinger / 2. Zeh
- **3**: Mittelfinger / mittlerer Zeh
- **4**: Ringfinger / 4. Zeh
- **5-6**: kleiner Finger / kleiner Zeh

so erhält sie den ungelernten Erfolgswert+(6) - bzw. +(4) bei geringer Intelligenz - angerechnet. Sobald die Zähigkeit eines Abenteurers auf 0 sinkt, verliert er das Bewußtsein.

Trägt ein Abenteurer besonders **dicke Winterkleidung**, so beeinträchtigt dies seine Beweglichkeit. Er erhält dann **−2** auf Erfolgs- und Widerstandswürfe für körperliche Fertigkeiten sowie Gestenzauber und **+10** auf Prüfwürfe gegen Geschicklichkeit und Gewandtheit.

Auf Reisen wird es oft nur nachts so kalt, daß man mit Frostschäden rechnen muß. Eine Lagerfeuer kann helfen, aber aus Brennstoffmangel oder aus Angst vor Entdeckung durch Feinde kann nicht immer eines entfacht werden. In solchen Situationen müssen nur in den kältesten Nachtstunden PW:Zähigkeit ausgeführt werden. Tagsüber erholen Geschädigte sich aber nicht, solange sie sich weiter im Freien aufhalten, und in der folgenden Nacht werden die PW:Zähigkeit fortgesetzt.

Hat ein Abenteurer unter Kälte gelitten, so muß er zuerst einige Stunden in kühler Umgebung verbringen, bevor er sich anschließend in geheizten Räumen erholt. Erfrierungen können durch Reiben mit Schnee oder durch Baden in kaltem Wasser behandelt werden, solange noch keine endgültigen Schäden eingetreten sind.

Sobald das AP-Maximum auf zwei Drittel des ursprünglichen Werts sinkt, der Abenteurer also durch Kälte entkräftet ist, besteht die Gefahr, daß Extremitäten (Nase, Ohren, Finger, Zehen, Hände, Füße) erfrieren. Der Spieler würfelt für jede Zeile der **Erfrierungstabelle** mit W%; für jeden Körperteil ist dort die Chance für Frostschäden angegeben. Ist eine Hand oder ein Fuß betroffen, so sind auch sämtliche Finger und Zehen erfroren. Sobald das AP-Maximum auf ein Drittel des Ausgangswerts sinkt, der Abenteurer also völlig entkräftet ist, muß er ein zweites Mal auf der Erfrierungstabelle würfeln. Abenteurer mit angeborener *Robustheit* dürfen für jeden erlittenen Frostschaden sofort einen EW:Robustheit würfeln; gelingt der Wurf, so haben sie dank ihrer körperlichen Widerstandskraft doch keine Erfrierungen erlitten.

Erfrierungen hinterlassen bei geeigneter Behandlung keine Dauerschäden. Ist derselbe Körperteil aber sowohl bei Erreichen von zwei Drittel als auch von ein Drittel des ursprünglichen AP-Maximums betroffen, so ist er unwiderruflich erfroren und abgestorben. In diesem Fall kann dem Abenteurer nur noch *Allheilung* helfen.

Bei Fingern wird beide Male getrennt bestimmt, wieviele und welche Finger betroffen sind. Nur Körperteile, die zweimal erwürfelt werden, sind dauerhaft erfroren. Wenn aber einmal die Finger einer Hand und beim zweiten Mal die ganze Hand betroffen ist, so sind alle beim ersten Mal erwürfelten Finger erfroren - nicht aber die ganze Hand. Entsprechend wird bei Zehen und Füßen verfahren. Ist bei Entkräftung der W%-Wurf für die Zehen des rechten Fußes höchstens 30 und der W%-Wurf für den rechten Fuß größer als 10 und ist bei völliger Entkräftung der W%-Wurf für den rechten Fuß höchstens 10, so erholt sich der Abenteurer zwar von den Erfrierungen am Fuß, verliert aber alle betroffenen Zehen. Dazu wird erst mit 1W3 deren Anzahl bestimmt, z.B. 2. Dann wird mit 1W6 gewürfelt, um welche Zehen es sich handelt. Fallen 4, 4, 1, so sind es der 4. Zeh und der große Zeh (die zweite 4 wird ignoriert, da der betreffende Zeh schon erwürfelt wurde).

Kälte

Zähigkeit = 5×Erfolgswert *Überleben in Schnee* + **Konstitution**/2
 (+10 für Barbaren, Schamanen und Tiermeister aus dem Nordland sowie für Waldläufer)
PW:Zähigkeit jeweils **stündlich**
Zähigkeitsverlust pro Stunde: **5**

Bei Mißlingen des Prüfwurfs:
 LP-Maximum: **−1**
 AP-Maximum: **−Grad**

Nach jeweils **3 Stunden** Erholung:
 LP-Maximum: **+1**
 AP-Maximum: **+Grad**
 Zähigkeit: **+5**

Nachteile bei **Entkräftung**:
halbierte Bewegungsweite
Erfrierungsgefahr für Extremitäten
−6 auf Erfolgs- und Widerstandswürfe für körperliche Fertigkeiten und Gestenzauber
+30 auf Prüfwürfe gegen Gs, Gw

Nachteile bei **völliger Entkräftung**:
Bewegungsweite sinkt auf **4**
Erfrierungsgefahr für Extremitäten
Bewußtlosigkeit ab Zähigkeit 0
−10 auf Erfolgs- und Widerstandswürfe für körperliche Fertigkeiten und Gestenzauber
+50 auf Prüfwürfe gegen Gs, Gw

Folgen des Verlusts erfrorener Extremitäten

Der Verlust von **Nase** oder **Ohr** senkt das Aussehen um je **2/10** (abgerundet) des Ausgangswerts.

Der Verlust von mehr als 2 **Zehen** verringert die Bewegungsweite um **−4** und hat Abzüge von **−4** auf Erfolgswürfe für *Balancieren* und *Springen* zur Folge. Dabei macht es keinen Unterschied, ob der Abenteurer 3 Zehen an einem Fuß oder 1 Zeh am linken und 2 am rechten verloren hat.

Erfrierungen hinterlassen bei geeigneter Behandlung keine Dauerschäden.

Durch den Verlust von mehr als einem **Finger** an einer (an jeder) Hand erhält der Abenteurer **–6** (**–10**) auf Fingerfertigkeiten. Abhängig davon, welche Finger an welcher Hand fehlen, kann der Einsatz von Bögen, Wurfmessern, -pfeilen und -sternen, die mit den Fingern gefaßt werden, unmöglich werden. Ohne Daumen wird das Greifen erschwert. Fehlt einem Abenteurer der Daumen seiner Waffenhand, so erhält er **–4** auf EW:Angriff.

Bei Verlust eines **Fußes** sinkt die Bewegungsweite auf die Hälfte des ursprünglichen Wertes, wenn der Abenteurer einen Holzfuß oder eine ähnliche Prothese trägt. Das Ausüben von Fähigkeiten wie *Akrobatik, Balancieren* oder *Springen,* für die man beide Füße braucht, wird unmöglich. Bei Verlust **beider Füße** kann sich der Verletzte nur noch mit Krücken fortbewegen (B6), so daß alle Fähigkeiten, bei denen er gleichzeitig laufen und die Hände gebrauchen müßte, unmöglich werden. Im Nahkampf zählt er als wehrlos und erhält außerdem **–6** auf EW:Angriff.

Fehlt einem Abenteurer eine **Hand**, so kann er alle Fähigkeiten, für die er unbedingt diese Hand oder beide Hände braucht, nicht mehr ausüben. Kann ein Rechtshänder seine rechte Hand nicht mehr einsetzen, so kann er ersatzweise die linke Hand benutzen, erhält dann aber **–6** auf Erfolgswürfe. Ein Zauberer, der eine Hand nicht mehr gebrauchen kann, kann keine Gestenzauber anwenden.

Ilmatammi (Grad 1, 14 LP, 12 AP, Konstitution 88, Aussehen 46, Überleben(+6) im Schnee) hat als Schamanin aus dem Nordland gegenüber Kälte eine anfängliche Zähigkeit von 5×6+44+10 = 84. Einem eisigen Schneesturm zum Trotz verfolgt sie mit ihren Gefährten die Entführer des Kaufmanns Lorengo Giminiano. Nach 11 Stunden und 4 gescheiterten Prüfwürfen sind ihr LP-Maximum auf 10, ihr AP-Maximum auf 8 und ihre Zähigkeit auf 29 gesunken. Sie ist damit entkräftet, und der Spielleiter bestimmt, welche Körperteile durch die Kälte Schaden genommen haben. Dabei fallen die W%-Würfe für linkes Ohr, rechtes Ohr, linke Hand niedrig genug aus. Nach weiteren 4 Stunden besitzt Ilmatammi nur noch 6 LP, 4 AP und Zähigkeit 9. Sie ist jetzt völlig entkräftet, und es wird nochmals für Erfrierungen gewürfelt. Die Spielerin hat besonderes Pech, und diesmal sind Nase, linkes Ohr, linker Fuß, rechter Fuß und linke Hand durch die Kälte geschädigt.

Da das linke Ohr und die linke Hand beide Male betroffen sind, erleidet die Schamanin hier Dauerschäden, während die anderen Erfrierungen von alleine wieder heilen, sobald sie sich von den Strapazen erholen kann. Durch das erfrorene Ohr verliert Ilmatammi 9 Punkte ihres Aussehens. Bei der Hand muß jetzt erwürfelt werden, welche Finger betroffen sind. Der erste 1W3-Wurf ergibt 1 und der anschließende 1W6-Wurf eine 6, so daß bei Entkräftung der kleine Finger betroffen ist. Der zweite 1W3-Wurf, der bei völliger Entkräftung gewürfelt wird, ergibt 2, und die beiden 1W6-Würfe sind 1 und 5, also Daumen und kleiner Finger. Der kleine Finger, der beide Male betroffen ist, ist dauerhaft erfroren. Das reicht allerdings nicht aus, um die Fingerfertigkeit der Schamanin zu beeinträchtigen.

Hitze

Wie sehr Abenteurer unter Hitze leiden, hängt von Temperatur, Luftfeuchtigkeit und Bekleidung ab. Die Angaben im Kasten gehen von leichter Kleidung und von mehr als 50 Grad Celsius in relativ trockener Luft aus - Bedingungen, die in der prallen Hochsommersonne auch in gemäßigten Breiten herrschen können. Unpassende Kleidung und vor allem Metallrüstungen verdoppeln die Verluste an AP-Maximum auf **–2×Grad** für jeden mißlungenen Prüfwurf. Von den Folgen großer Hitze erholt sich ein Abenteurer am besten in kühler, ruhiger Umgebung.

Die Zähigkeit eines Abenteurers hängt von seiner Konstitution und seinen Erfahrungen im *Überleben in Wüste* ab, da dies auch Informationen über das richtige Verhalten bei großer Hitze beinhaltet. Eine Person hat den ungelernten Erfolgswert+(6) - bzw. +(4) bei geringer Intelligenz, wenn sie die Fertigkeit nicht gelernt hat.

Ist ein Abenteurer erst einmal durch Hitze entkräftet, so nehmen ihn anstrengende Aktivitäten wie ein Nahkampf oder ein schneller Lauf um so mehr mit. Er verliert dabei **alle 10 sec je 1 AP** - unabhängig von seinem Grad, da erfahrene Abenteurer hierbei ihre kraftsparenden Kampf- und Bewegungstechniken einsetzen können. Bei völliger Entkräftung verdoppeln sich die AP-Verluste durch ungewöhnliche Anstrengungen.

Hitze schadet dem Abenteurer nicht ernstlich und greift sein LP-Maximum nicht an. Es besteht jedoch die Gefahr eines **Hitzschlags**. Man nennt dieses Leiden auch Sonnenstich, wenn der Betroffene zu lange ungeschützt der prallen Sonne ausgesetzt war. Sobald das AP-Maximum auf zwei Drittel des ursprünglichen Werts sinkt, der Abenteurer also durch Hitze entkräftet ist, muß er einen **PW+15:Konstitution** machen, wobei der Entkräftungszuschlag von +15 auf alle Prüfwürfe bereits berücksichtigt ist. Scheitert der Wurf, erleidet der Betroffene einen Hitzschlag. Sobald das AP-Maximum auf ein Drittel des Ausgangswerts sinkt, der Abenteurer also völlig entkräftet ist, muß er nochmals würfeln, ob er einen Hitzschlag bekommt, und zwar diesmal einen **PW+30:Konstitution** - einschließlich Entkräftungszuschlag. Abenteurer mit angeborener *Robustheit* können einen drohenden Hitzschlag vermeiden, wenn ihnen direkt nach einem gescheiterten Prüfwurf ein EW:Robustheit gelingt.

Nach einem Hitzschlag hat ein Abenteurer 0 AP. Er leidet unter Übelkeit, Fieber, Krämpfen und Kreislaufschwäche und kann sich nur noch mit **B6** dahinschleppen. Sofort und dann nach jeder weiteren Stunde sinkt sein LP-Maximum um 1, jedoch nicht unter 3. Außerdem muß er sofort und danach **stündlich** einen PW:Konstitution würfeln, bei dem wieder die Entkräftungszuschläge (+15 oder +30) be-

---

Hitze

Zähigkeit = 5×Erfolgswert *Überleben in Wüste* **+ Konstitution/2**
(+10 für Barbaren, Schamanen und Tiermeister aus Steppe und Wüste sowie für Kundschafter)
PW:Zähigkeit jeweils **stündlich**
Zähigkeitsverlust pro Stunde: 5

Bei Mißlingen des Prüfwurfs:
    AP-Maximum: **–Grad**

Nach jeweils **1 Stunde** Erholung:
    AP-Maximum: **+Grad**
    Zähigkeit: **+5**

Nachteile bei **Entkräftung**:
Chance für Hitzschlag
–1 AP pro Runde bei anstrengenden Tätigkeiten
–6 auf Bewegungsweite
–3 auf alle Erfolgs- und Widerstandswürfe
+15 auf alle Prüfwürfe

Nachteile bei **völliger Entkräftung**:
Chance für Hitzschlag
–2 AP pro Runde bei anstrengenden Tätigkeiten
halbierte Bewegungsweite
–6 auf alle Erfolgs- und Widerstandswürfe
+30 auf alle Prüfwürfe

Folgen eines **Hitzschlags**:
B6 und 0 AP
    LP-Maximum:–**1** je Stunde (nicht unter 3)

---

rücksichtigt werden. Jedes Scheitern eines dieser Prüfwurfe verschlimmert die Folgen des Hitzschlags:

1. Scheitern: Delirium (der Abenteurer ist geistig verwirrt)

2. Scheitern: anhaltende Bewußtlosigkeit

3. Scheitern: Tod durch Kreislaufversagen

Heilen von Krankheit oder ein gelungener EW:Heilkunde (jeweils nur ein Versuch für jeden Heilkundigen) beseitigen den Hitzschlag, lindern aber nicht die Folgen der Entbehrungen. Das Leiden verschwindet von allein, wenn das Opfer 8 Stunden in kühler, ruhiger Umgebung verbringen kann. Diese Zeitspanne halbiert sich auf 4 Stunden bei Betreuung des Erkrankten durch einen Abenteurer, dem ein EW:Erste Hilfe gelingt.

Nach einem Hitzschlag leidet ein Abenteurer unter Übelkeit, Fieber, Krämpfen und Kreislaufschwäche und kann sich nur noch dahinschleppen.

Gewaltmärsche und andere Anstrengungen

Die körperliche Verfassung von Abenteurern leidet nicht nur unter Hunger, Durst oder Kälte, sondern auch unter lang dauernden, ungewohnten Anstrengungen wie ein Tag Zwangsarbeit im Steinbruch, mehrere Stunden an den Rudern eines Langschiffs, das Spielball eines Sturms ist, oder ein bis tief in die Nacht dauernder Gewaltmarsch. Normalerweise zehren anstrengende Aktivitäten nur an der Ausdauer eines Abenteurers; sobald sein AP-Maximum auf ein Drittel des Ausgangswerts gesunken und er damit völlig entkräftet ist, sollte er sich eine Ruhepause gönnen. Strengt er sich weiter an, weil er gezwungen wird oder weil er es für unbedingt notwendig hält, so kann dies sein LP-Maximum verringern und seine Gesundheit gefährden.

Im Rest des Abschnitts werden als Beispiel die Folgen von Gewaltmärschen beschrieben. Andere Anstrengungen können ähnlich im Spiel berücksichtigt werden. Der Spielleiter muß dabei nur festlegen, ab wann und in welchen Abständen PW:Zähigkeit nötig sind.

Wie sich ein zu langer Tagesmarsch auf die körperliche Verfassung von Mensch und Tier auswirkt, hängt vom Wetter, vom Gelände und von der Traglast ab. Ein Mensch kann an einem Tag ohne negative Auswirkungen 12 Stunden lang marschieren. Trägt er leichtes Gepäck (MIDGARD - *Das Fantasy-Rollenspiel*, S. 85), so legt er dabei querfeldein in ebenem Gelände (Geländetyp II) 48 km zurück. Danach muß er aber 12 Stunden ausruhen. Marschiert er mehr als 12 Stunden, so zählt dieser Gewaltmarsch als Entbehrung, und es sind stündlich PW:Zähigkeit fällig.

Nach einem Gewaltmarsch genügt eine lange Rast, um wieder zu Kräften zu kommen. Setzt ein Abenteurer seine Reise fort, bevor seine Zähigkeit wieder den anfänglichen Wert erreicht hat, leidet er unter der erneuten Strapaze. Er muß ohne Schonfrist sofort wieder stündlich seinen PW:Zähigkeit ausführen.

Sobald ein Mensch völlig entkräftet ist, sinkt er zu Boden und kann normalerweise nicht mehr weitergehen. Ein Weitermarsch ist dann nur noch möglich, wenn er mit brutaler Gewalt gezwungen wird oder wenn er einen wichtigen Grund hat, sein Ziel so schnell wie möglich zu erreichen. Dazu muß ihm aber stündlich ein **PW:Willenskraft** gelingen; sobald der erste Wurf scheitert, ruht er sich wenigstens aus, bis sein AP-Maximum wieder über ein Drittel gestiegen ist. Marschiert ein völlig erschöpfter Abenteurer weiter, sinkt auch sein LP-Maximum, bis er mit 3 LP oder weniger vor Erschöpfung zusammenbricht und endgültig nicht mehr weiterkann. Im ungünstigsten Fall kann er an Überanstrengung sterben. Nach einem solchen **Zusammenbruch** braucht er lange Zeit, bevor er sich wieder erholt hat: sein LP-Maximum steigt dann nur um 1 je 12 Stunden Rast.

Entsprechende Regeln gelten auch für Abenteurer mit schweren Lasten und für Tiere. Unterschiede bestehen nur bei der Dauer des Tagesmarsches, den Mensch oder Tier vor dem ersten PW:Zähigkeit zurücklegen können, und bei der Häufigkeit dieser Prüfwürfe. Die Liste enthält zuerst die Anzahl an

---

Sobald ein Mensch völlig entkräftet ist, sinkt er zu Boden und kann normalerweise nicht mehr weitergehen. Ein Weitermarsch kann dann nur noch mit brutaler Gewalt erzwungen werden.

Gewaltmarsch

Zähigkeit = Konstitution
PW:Zähigkeit nach 12 Stunden jeweils **stündlich**
Zähigkeitsverlust pro Stunde: 5

Bei Mißlingen des Prüfwurfs:
    LP-Maximum: −(1W6−2) (nur bei völliger Entkräftung)
    AP-Maximum: −Grad

Nach jeweils **1 Stunde** Rast:
    LP-Maximum: +1 (nicht nach Zusammenbruch)
    AP-Maximum: +Grad
    Zähigkeit: +2

Nachteile bei **Entkräftung**:
Reisegeschwindigkeit sinkt um ein **Viertel**
−6 auf Bewegungsweite

Nachteile bei **völliger Entkräftung**:
halbierte Bewegungsweite
halbierte Reisegeschwindigkeit
−6 auf Erfolgs- und Widerstandswürfe für körperliche Fertigkeiten
+30 auf Prüfwürfe gegen körperliche Eigenschaften

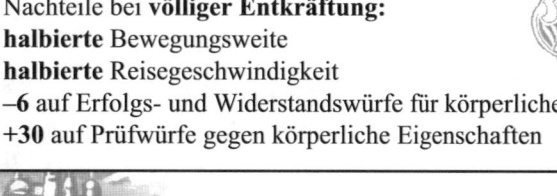

Stunden, die eine Reise ohne Entbehrungen dauern kann. Dann folgt die Zeitspanne, die zwischen den einzelnen PW:Zähigkeit und den Verlusten an Zähigkeit verstreicht.

Eilmärsche und Dauerläufe

Nicht nur ein außergewöhnlich langer Marsch strengt an, sondern auch hohe Geschwindigkeiten über einen längeren Zeitraum. Abenteurer, die es besonders eilig haben, können schneller reisen als normal, aber das zehrt an ihren Kräften und zählt als Entbehrung. Bei normaler Marschgeschwindigkeit legen Mensch und Tier im Flachland B/4 km/h zurück, bei einem **Eilmarsch** dagegen **3×B/8 km/h** und im **Laufschritt** sogar **B/2 km/h**. Bei Pferden entspricht dies einem zügigen Trab bzw. einem leichtem Galopp. Noch schneller kommen sie im **Dauerlauf** voran, bei dem sie **in 10 Minuten B/8 km**, in einer Stunde also 3×B/4 km zurücklegen. Für Reittiere ist dies ein schneller Galopp.

Die Fortbewegung im Eilmarsch, Laufschritt oder Dauerlauf erschöpft einen Menschen schneller als ein Gewaltmarsch; davon abgesehen gelten für beide Arten von Strapazen dieselben Regeln. Erschöpfte Personen **ohne Ausdauer** können allerdings keine der schnellen Fortbewegungsarten einschlagen. Die folgenden Daten beziehen sich auf einen unbelasteten Menschen (nicht mehr als die Hälfte seiner Normallast Gepäck, vgl. MIDGARD - *Das Fantasy-Rollenspiel,* S. 85f), der keine Metallrüstung trägt.

Von den Strapazen einer schnellen Reise erholt sich ein Abenteurer genauso wie von einem Gewaltmarsch. Völlig entkräftet kann er seinen Marsch nur fortsetzen, wenn er mit Gewalt oder durch ein lebenswichtiges Motiv angetrieben wird. Sinkt sein LP-Maximum auf 3 oder weniger, so bricht er zusammen; danach erholt er sich nur langsam, und sein LP-Maximum steigt nur um 1 je 12 Stunden Rast.

Abenteurer, die *Laufen* können, sind eher an die Strapazen schneller Fortbewegung gewöhnt. Ist ein PW:Zähigkeit fällig, so dürfen sie erst einen **EW+2: Laufen** würfeln. Gelingt der Wurf, so entfällt diesmal der Prüfwurf und auch der Verlust an Zähigkeit.

PW:Zähigkeit bei Gewaltmärschen

Mensch ohne / mit leichter Last	nach 12 Stunden	alle **60 min**
Mensch mit schwerer Last	nach 8 Stunden	alle **30 min**
Reitpferd mit Reiter	nach 10 Stunden	alle **30 min**
Schlachtroß mit Reiter	nach 5 Stunden	alle **15 min**
Zugpferd in schwerem Gespann	nach 12 Stunden	alle **20 min**
Zugochse in schwerem Gespann	nach 12 Stunden	alle **30 min**
Lasttier mit schwerer Last	nach 12 Stunden	alle **30 min**

Eilmarsch, Laufschritt, Dauerlauf

Zähigkeit = Konstitution

Eilmarsch (3×B/8 km/h):
PW:Zähigkeit nach 1 Stunde jeweils **alle 20 min**
Zähigkeitsverlust pro 20 min: 2
    entfällt bei gelungenem EW+2:Laufen

Laufschritt (B/2 km/h):
PW:Zähigkeit nach 10 min jeweils **alle 10 min**
Zähigkeitsverlust pro 10 min: 2
    entfällt bei gelungenem EW+2:Laufen

Dauerlauf (3×B/4 km/h):
PW:Zähigkeit nach 10 Minuten jeweils **alle 2 min**
Zähigkeitsverlust pro 2 min: 2
    entfällt bei gelungenem EW+2:Laufen

Bei Mißlingen des Prüfwurfs:
    LP-Maximum: –(1W6–2)   (nur bei völliger Entkräftung)
    AP-Maximum: –Grad

Nach jeweils **1 Stunde** Rast:
    LP-Maximum: +1   (nicht nach Zusammenbruch)
    AP-Maximum: +Grad
    Zähigkeit: +5

Nachteile bei **Entkräftung**:
–6 auf Bewegungsweite

Nachteile bei **völliger Entkräftung**:
halbierte Bewegungsweite
–6 auf Erfolgs- und Widerstandswürfe für körperliche Fertigkeiten
+30 auf Prüfwürfe gegen körperliche Eigenschaften

Im Normalfall reichen vier Stunden ununterbrochener Schlaf pro Tag aus, ohne daß ein Abenteurer unter Schlafmangel leidet.

Belastete Personen und Tiere werden in ähnlicher Weise durch ungewöhnlich schnelle Fortbewegung beansprucht. Unterschiede gibt es nur bei der Häufigkeit der PW:Zähigkeit. Die folgende Liste enthält die Zeitspanne, die zwischen den einzelnen Prüfwürfen und den damit verbundenen Verlusten an Zähigkeit verstreicht. Intelligente Wesen, die nicht in der Liste erwähnt werden, verhalten sich bei Dauerläufen wie Menschen. Bei Abenteurern, die leicht (bis zur Normallast Gepäck) oder schwer (bis zur Hälfte der Höchstlast Gepäck) belastet sind, wird die Zeitspanne zwischen zwei Prüfwürfen halbiert oder gar gedrittelt. Auch in Metallrüstungen verringert sich die Geschwindigkeit, bei Kettenrüstung auf die Hälfte, bei Platten- und Vollrüstung auf ein Drittel. Wer sich in Vollrüstung im Eilmarsch, Laufschritt oder Dauerlauf bewegt, muß außerdem vor jedem PW:Zähigkeit einen **EW: Kampf in Vollrüstung** schaffen. Andernfalls gilt der Prüfwurf automatisch als gescheitert.

PW:Zähigkeit im Laufschritt	
Mensch	10 min
Elf, Schwarzalb, Höhlenmensch	20 min
Echsenmensch, Eistroll, Schrat	5 min
Riese, Thurse, Zyklop	8 min
Troll	5 min
leichtes Reittier	10 min
mittleres Reittier	8 min
schweres Reittier	5 min
Lasttier mit schwerer Last	5 min
Zugpferd in schwerem Gespann	3 min
Zugochse in schwerem Gespann	3 min
Kentaur	8 min
Großkatze	2 min
Hundeartiger	20 min
Wildpferd	20 min
mit leichter Last	/2
mit schwerer Last	/3
in Kettenrüstung	/2
in Platten- oder Vollrüstung nur bei gelungenem EW:Kampf in Vollrüstung	/3
bei Eilmarsch	×2
bei Dauerlauf	/5

Bei einem **Eilmarsch** verdoppeln sich im Vergleich zum Laufschritt die Zeitspannen zwischen den PW: Zähigkeit. Bei einem **Dauerlauf** muß ein Abenteurer dagegen fünfmal so oft einen PW:Zähigkeit ausführen wie im Laufschritt, also z.B. alle 2 min bei einem unbelasteten, leicht gerüsteten Menschen und alle 20 sec bei einer Großkatze.

In Aktionsphasen entspricht dem Dauerlauf eine Geschwindigkeit von 2×B pro Runde, was bei Personen mit durchschnittlicher Bewegungsweite 24 praktisch der oben genannten Geschwindigkeit entspricht. Im Grundregelwerk wird als einfache Regel angegeben, daß ein Abenteurer sich bis zu 30 min lang im Dauerlauf fortbewegen kann (MIDGARD - *Das Fantasy-Rollenspiel*, S. 83). Mit der hier beschriebenen detaillierten Regel hält eine unbelastete Person mit guter Konstitution (ca. 75-80) den Dauerlauf auch im Mittel ca. 30 min lang durch, bevor sie entkräftet ist und langsamer wird. Der Spielleiter entscheidet, ob er den Aufwand der Entbehrungsregeln für eine besonders spannende Spielsituation in Kauf nimmt oder ob er sich lieber an die einfache Regel hält.

In schwierigem Gelände (Geländetyp III, vgl. MIDGARD - *Das Fantasy-Rollenspiel*, S. 85) verringert sich die Laufschrittgeschwindigkeit auf **B/4 km/h**, die Eilmarschgeschwindigkeit auf **B/5 km/h**. Ein Dauerlauf ist hier nicht möglich. In Geländetyp IV kann ein Abenteurer sich auch nicht mehr im Eilmarsch oder Laufschritt bewegen.

Schlafmangel

Bei Abenteuern, die sich über viele Tage hinziehen, kann die Dauer des Schlafes, den sich die Spielerfiguren gönnen, zu einem Problem werden. Wenn es von Vorteil für die Gruppe ist, neigen manche Abenteurer dazu, tagelang auf Schlaf zu verzichten. Ein solcher ernsthafter Schlafmangel zählt als Entbehrung. Der Spielleiter sollte die folgenden Regeln aber nur in besonderen Situationen anwenden. Im Normalfall reichen 4 Stunden ununterbrochener Schlaf pro Tag aus, ohne daß ein Abenteurer unter Schlafmangel leidet, und eine durchwachte Nacht zählt auch nicht gleich als Entbehrung.

Die Zähigkeit eines Abenteurers, der ohne Schlaf auskommen will, entspricht seiner Konstitution. PW:Zähigkeit sind erforderlich, solange er wach ist und in den vorausgegangenen 24 Stunden nicht wenigstens 4 Stunden am Stück geschlafen hat.

Unabhängig von seinem Schlafpensum muß er im Wachen alle zwei Stunden einen PW:Zähigkeit ausführen, wenn seine Zähigkeit wegen vorausgegangenen Schlafmangels noch unterhalb des Maximalwerts liegt.

Sobald ein Abenteurer entkräftet oder völlig entkräftet ist, besteht die Möglichkeit, daß er gegen seinen Willen einschläft. Er muß bei Entkräftung jede Stunde einen **PW:Willenskraft** würfeln bzw. einen PW:(Wk/2) bei völliger Entkräftung. Mißlingt einer dieser Prüfwürfe, so nickt der Abenteurer ein, wenn er sich nicht gerade in einer Streßsituation, z.B. im Kampf oder auf einer Verfolgungsjagd, befindet. Das ungewollte Einschlafen kann vor allem während einer Nachtwache geschehen.

Sinkt das AP-Maximum eines Abenteurers durch Schlafmangel auf 0, so sinkt er erschöpft nieder und schläft. Nur mit roher Gewalt, durch Einnahme von Zaubermitteln oder in einer lebensbedrohlichen Situation läßt sich der Schlaf weiter aufschieben.

Manche Spieler entwickeln umgekehrt die Unart, ihre Abenteurer alle zwei Stunden wieder einmal 8 Stunden schlafen und Ausdauer regenerieren zu lassen, wenn sie eine harte Auseinandersetzung hinter sich haben. Ein solches Zuviel an Schlaf hat nicht mehr die gewünschte erholsame Wirkung, sondern kann im Gegenteil zu Kopfschmerzen, Konzentrationsschwäche und allgemeinem Unwohlsein führen. Wenn der Spielleiter solches widernatürliches, nur von dem Gedanken an die Regeln geprägtes Schlafen nicht unterbinden kann, indem er durch Störungen regelmäßig für ein unsanftes Erwachen sorgt, so kann er die Abenteurer unter dem gestörten Schlafrhythmus leiden lassen. Er kann z.B. Abzüge auf Erfolgswürfe für Zaubern oder Fingerfertigkeiten verhängen. Da ein Mittagsschläfchen auch erholsam sein kann, wird aber auf einengende Regeln verzichtet. Der Spielleiter muß nur einschreiten, wenn die Spieler es regelmäßig mit dem Schlafpensum ihrer Abenteurer übertreiben.

Schlafmangel

Zähigkeit = Konstitution
PW:Zähigkeit nach 24 Stunden jeweils **alle 2 Stunden**
Zähigkeitsverlust alle 2 Stunden: **1**

Bei Mißlingen des Prüfwurfs:
    AP-Maximum: **–Grad**

Nach jeweils **1 Stunde** Schlaf:
    AP-Maximum: **+Grad**
    Zähigkeit: **+2**

Nachteile bei **Entkräftung**:
stündliche **PW:Willenskraft** für ungewolltes Einschlafen

Nachteile bei **völliger Entkräftung**:
stündliche **PW:(Willenskraft/2)** für ungewolltes Einschlafen
–3 auf alle Erfolgs- und Widerstandswürfe
+15 auf Prüfwürfe gegen Gs, Gw, In

Wetter

Das Wetter kann den Ablauf eines Abenteuers wesentlich beeinflussen. Von Temperatur, Niederschlag, Wind und Bewölkung hängen Reisegeschwindigkeiten, die Sichtverhältnisse und damit die Chancen für erfolgreiches Tarnen oder die Chancen für bestimmte Gefahren wie Überschwemmungen oder Erdrutsche ab. Das Wetter hängt von der Jahreszeit und von den klimatischen Bedingungen am Aufenthaltsort der Spielerfiguren ab, die im wesentlichen von Breitengrad, lokaler Geographie und Meeresströmungen bestimmt werden. Vor allem Gebirge nehmen als Windhindernisse gewaltigen Einfluß auf das Klima: Auf der windzugewandten Seite eines Berges regnet es häufiger als auf der windabgewandten Seite, die Temperaturen nehmen ab, je höher man hinaufsteigt (etwa um **7°C je 1000m**), und sehr hohe Gebirgsmassive lenken auch starke Windströmungen mitunter in gänzlich unerwartete Richtungen ab. Auch Meere oder große Seen (wie in KanThaiPan) wirken sich auf das Klima aus. In ihrer näheren Umgebung sind die Klimagegensätze weniger ausgeprägt als im Binnenland; außerdem speichert Wasser auch die Wärme besser als Festland und beeinflußt dadurch ebenfalls das Küstenklima.

Die Klimazonen *Midgards*

Die folgende Karte liefert eine genauere Einteilung der bekannten Gebiete *Midgards* in Klimazonen, die für Spielzwecke meist ausreicht, aber immer noch ziemlich grob ist. Die Savanne

---

Hängt das Laub bis zum Rabenmond hinein, wird der Winter ein langer sein.

- Erainnischer Bauernspruch

> *Im Bärenmond sieht man lieber den Wolf als einen Bauern in Hemdsärmeln.*
>
> *- Waelischer Spruch*

gliedert sich z.B. in Feucht-, Trocken- und Dornstrauchsavannen, die Tundra in Flechten-, Moos- oder Zwergstrauchtundren, bei der Steppe kann man auch Prärie oder Pampa mit ihren charakteristischen Kennzeichen finden, und selbst in den tropischen Regenwäldern und den lebensfeindlichen Wüsten lassen sich mühelos mehrere Subklassen unterscheiden. Die Untergliederung in Klimazonen und die darauf aufbauenden Wettertabellen sind daher eine Orientierungshilfe, an die sich der Spielleiter aber nicht sklavisch halten muß.

Auf *Midgard* unterscheiden wir vier große Klimazonen: *polare Zonen* (**1A - 1B**), *kaltgemäßigte Zonen* (**2A - 2C**), *warmgemäßigte Zonen* (**3A - 3E**) und *Tropen* (**4**). Um eine bessere Vorstellung zu vermitteln, finden sich jeweils in der zweiten Zeile Gebiete unserer Erde, die ein ähnliches Klima aufweisen.

1A: Hochpolare Zone
Midgard: Eisöden von Tuomela und Byd Gawr, das Fenn
Erde: Antarktis

Unter dieser nicht zu unrecht auch Kältewüste genannten Zone versteht man permanent schneebedecktes, gletscherüberzogenes Gebiet, das nur für Bewohner der eisigen Elementarwelten einen gewissen touristischen Wert besitzt.

1B: Gletscherrandgebiete
Midgard: Nördliches Waeland, Fuardain
Erde: Grönland

In diesen Gebieten, die in nächster Nachbarschaft von Inlandeismassen und Gletschern liegen, wird der Frost nur von ausgesprochen kurzen Sommern unterbrochen, die kaum länger als zwei Monde dauern. Besonders in vegetationsarmen Gebieten wandert der Erdboden durch das ständige tages- oder jahreszeitliche Auftauen und Wiedergefrieren des Bodens und schafft Wanderböden und seltsame Formationen, für die die Einheimischen eine Unzahl von Kategorien entwickelt haben. Vielfach trifft man in Gletscherrandgebieten auf Oberflächenwasser in Form kleiner Seen und Tümpel. Die vorherrschende Vegetation dieser baumlosen Kältesteppe ist schon die Tundrenflora (s. 2A).

> *Wenns im Luchsmond regnerisch ist, hilft´s so viel wie guter Mist.*
>
> *- Albischer Bauernspruch*

2A: Tundra & Taiga
Midgard: südliches Waeland, nördliches Moravod und Medjis, Clanngadarn
Erde: Kanada, Sibirien

Angrenzend an die südlichen Ausläufer von Gletscherrandgebieten erstreckt sich meist die Tundra mit Zwergsträuchern, Flechten und Moosen. Diese geht allmählich in die Taiga über, artenarme, widerstandsfähige Nadelwälder (Fichten, Kiefern, Lärchen, Tannen) mit vereinzelten Birkenkolonien. Da der Schnee in diesen Regionen lange liegen bleibt und der Boden karg ist, kann sich kaum Unterholz bilden. Diese borealen Wälder, die von Großwild wie Elch, Bär oder Tiger bewohnt werden, werden nach Norden hin zusehends lichter und sind von außerordentlich vielen Sümpfen durchsetzt. Je weiter man nach Osten kommt, desto kälter wird es.

2B: Ozeanische Zone
Midgard: Alba, Erainn, Ywerddon
Erde: England, Irland, Oregon, Teile Deutschlands

Diese Klimazone wird vorwiegend durch Einflüsse der großen ozeanischen Wasserfläche des Meers der Roten Sonne und der vorherrschenden Westwinde geprägt und ist daher auch als Rotsonnenklima bekannt: Während der warmen Jahreszeit führt die zur Erwärmung des Wassers aufgewendete Energie zu einer entsprechend geringeren Erwärmung der unteren atmosphärischen Schichten. Wenn es hingegen kühler wird, geben die Wassermassen ihre gespeicherte Wärme wieder an die Atmosphäre ab. Dadurch kommt es nur zu kleineren Jahrestemperaturschwankungen: Die Sommer sind lang und kühl, die Winter mild (selten unter +2°C). Nebenbei verzeichnen die Länder mit diesem maritimen Klima durch die ständige Verdunstung ganzjährig reiche Niederschläge. Die Flora der ozeanischen Zone ist durch Laub- und Mischwälder und saftiggrüne Wiesen charakterisiert.

2C: Gemäßigte Waldzone
Midgard: südliches Moravod und südliches Medjis, nördliches KanThaiPan
Erde: Europa von Moskau bis zum Ural, Nordchina, Korea, weite Teile Japans, Amerikas Große Seen

Kontinentale Randgebiete wie der Westen Siraos haben häufig ein verhältnismäßig mildes Klima.

Mischwälder wie in Moravod sind hier der Regelfall, in denen das an Moosen, krautigen und strauchigen Pflanzen reiche Unterholz vielen Tierarten einen vorzüglichen Lebensraum bietet. Daneben gibt es aber auch reichlich Weide- und Ackerland. Mit zähen Pflanzen oder besonderer Sorgfalt lassen sich in diesen Gebieten landwirtschaftlich akzeptable Erfolge erzielen. Temperaturschwankungen werden durch den Einfluß maritimer Luftmassen gemildert, die einen kühlen, wolkenreichen Sommer und einen überwiegend kalten Winter bescheren. In der Mitte des Kontinents sind die Jahrestemperaturschwankungen dagegen vergleichsweise stark: die Sommer sind in der Regel warm und trocken, während es im Winter extreme Kälteeinbrüche geben kann. Der Süden von Medjis und das nördliche KanThaiPan liegen dagegen in einer **Sommerregenzone**. In der warmem Jahreszeit ist es heiß und schwül (s. 3E), während die vorherrschenden Nordwinde im Winter dafür sorgen, daß die Temperaturen in der kalten Jahreszeit manchmal wochenlang nicht über den Gefrierpunkt steigen. Im Gegensatz zur sommerfeuchten Zone kann es hier auch im Winter beträchtliche Niederschläge - dann meist als Schnee - geben.

3A: Fünf-Winde-Zone
Midgard: Südküste Erainns, Chryseia, Küstenstaaten, Valian
Erde: Mittelmeer, Kalifornien, Südaustralien

Diese Zone entspricht auf *Midgard* dem Mittelmeerklima. Von Frühsommer bis Herbst wehen hier tagsüber regelmäßig trockene, relativ kühle Nord- und Nordwestwinde, die ihre größte Stärke am Nachmittag erreichen (über dem Meer hin und wieder bis zu Sturmstärke). Nachts hingegen ist es praktisch windstill. Der Sommer in Fünf-Winde-Zone ist trocken und warm (ab +22°C), der Winter regenreich und mild. Kennzeichnend für diese Gebiete sind Hartlaubgewächse wie Olivenbäume und immergrüne Bäume (Macchien).

3B: Savannen
Midgard: Nahuatlan, Buluga, Mokattam, Südrawindra, Urruti
Erde: Mexiko, Hochlandwüsten, Ostafrika, südafrikanische Namib

Im Unterschied zur Wüstenzone (3C) überwiegt in Savannen die Verdunstung den Niederschlag nur im Jahresdurchschnitt. In einigen Monden ist der Niederschlag aber größer als die Verdunstung: In dieser Zeit blüht eine außergewöhnlich farbenprächtige Flora buchstäblich in Windeseile auf und versinkt anschließend mindestens ebenso schnell wieder in ihrem Schönheitsschlaf, wenn die Sonne das Land wieder auszudörren beginnt. Häufig werden Savannen auch als "Halbwüsten" bezeichnet. Ihr Pflanzenbewuchs erschöpft sich in harten Büschelgräsern und Pflanzen, die optimal an das trockene Klima angepaßt sind. Im Gegensatz zur Steppe (3D) wachsen in Savannen auch stellenweise Bäume. Einige Savannen sind berühmt für ihren Reichtum an großen Grasfressern und berüchtigt wegen der zwangsläufig ebenfalls vielfältig auftretenden mächtigen Raubtiere.

3C: Wüsten
Midgard: Eschar und Wüste Gond
Erde: Sahara, arabische Wüste

In Wüstengebieten ist die Verdunstung wesentlich höher als der Niederschlag, der höchstens 100 mm pro Jahr beträgt: Die Tagestemperaturen sind glühend heiß, während es in der Nacht sehr kalt wird. Demzufolge handelt es sich um Gegenden mit entsprechend spärlicher (Kakteen, Dornbüsche usw.) bzw. vollkommen fehlender Vegetation und vom Wind und anderen Temperaturschwankungen zurechtgeschliffenen Gesteinsformationen. Man kennt Sand- und Steinwüsten und sogenannte "Wüstensteppen", die während der kurzen Regenzeiten wie Savannen zu behandeln sind.

3D: Steppen
Midgard: Tegarische Steppe, Aran
Erde: asiatische Steppen und Wüsten, Prärie, Pampa

Im Gegensatz zur heißen Savanne sind Steppen zwar ebenfalls trocken, aber eher kühl. Oft bilden sie auch Gürtel im Übergangsbereich zwischen bewaldeten Zonen und trockenen Gebieten (nicht in der Karte eingezeichnet). Es gibt zahlreiche Steppenarten, darunter ausgedehnte Grasländer ebenso wie Busch- oder Baumsteppen; einige besitzen fast schon Tundrencharakter (2A). Grassteppen sind die Heimat großer Pflanzenfresserherden und vornehmlich von vereinzelten Stauden und trockenheitsliebenden Gräsern und Kräutern bewachsen.

Wenn im Luchsmond die Kraniche ziehen, werden bald die Bäume blühen.

- Twyneddische Weisheit

Auf dem Acker ist kein besserer Mist, als der an des Herren Stiefeln ist.

- Albischer Bauernspruch

Die Klimazonen

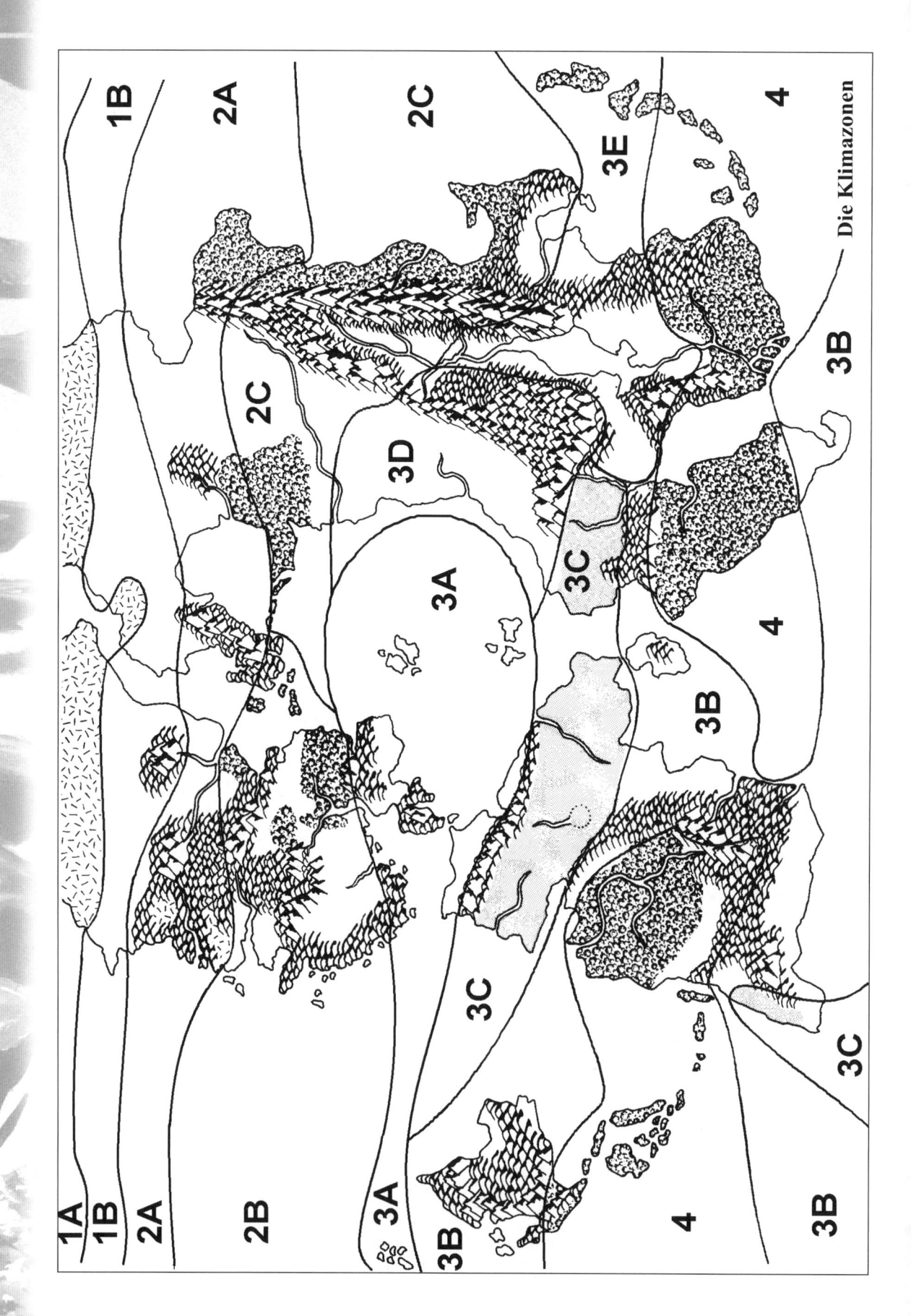

3E: Sommerfeuchte Zone
Midgard: KanThaiPan
Erde: Südchina

Da im Winter hier beständig austrocknende Winde wehen, sind die Niederschläge vorwiegend auf den Sommer beschränkt, der aber zugleich zur heißesten Jahreszeit zählt. Die extrem hohe Luftfeuchtigkeit ist auch schon bei Temperaturen von „nur" 25 bis 30 Grad eine Belastung für alle Abenteurer aus gemäßigten Breiten. Der Schweiß rinnt bei allen körperlichen Aktivitäten in Strömen.

4: Tropen
Midgard: Ikenga-Becken, südliches Nahuatlan, Feuerinseln, Rawindra, Minangpahit
Erde: Indonesien, Kongo, Amazonas

Das Kennzeichen der Tropen ist der Regenwald, dessen Name schon erwarten läßt, daß es hier stets feucht ist. Reichhaltige Niederschläge gibt es während des ganzen Jahres. In der Folge herrscht eine üppig wuchernde, artenreiche Vegetation. Charakteristisch sind immergrüne Bäume mit derben Blättern als Schutz vor den heftigen Regengüssen. Laubwechsel, Blüte und Fruchtreife verlaufen ganzjährig. Die Tagestemperaturen bleiben im Mittel stets gleich und sinken nie unter 15°C, allerdings kann es wesentliche Temperaturunterschiede zwischen Tag und Nacht geben, so daß morgens und abends manchmal nebelähnlicher Dunst über dem Dschungel lastet.

Je tiefer Regenwald gelegen ist, desto größer ist sein Artenreichtum - z.B. gilt der Regenwald im Ikenga-Becken mit mehr als 100 Baumarten pro Hektar als der artenreichste der Urwälder, während der Nebelwald an den Westhängen des Uppelluri-Gebirges artenärmer, aber auch kühler ist. Regenwald zeichnet sich durch mehrere "Baumstockwerke" aus - manche Bäume des obersten Stockwerks erreichen bis zu 90m Höhe und verfügen über riesige Brettwurzeln zur Stütze, aber normalerweise ragen sie höchstens 50-60m und die kleinsten „nur" 15m hoch auf. Regenwälder sind die Heimat der mannshohen Baumgräser, die das Vorwärtskommen am Boden erschweren, aber auch der bis zu 20cm dicken Lianen, der farbenprächtigen Orchideen, die sich in den Astgabeln hoher Bäume festsetzen, und der Moose, die mitunter wie ein dunkelgrüner, samtener Rindenbezug wirken.

Der Wettermacher

Mit Hilfe der Tabellen kann der Spielleiter abhängig von der Jahreszeit mit **W%** Temperatur, Niederschlag, Windstärke und Bewölkung auswürfeln. Dabei bedeuten die Angaben in den Tabellen:

Temperatur:

sehr kalt	bis –15 Grad
kalt	–14 bis –5 Grad
kühl	–4 bis 5 Grad
mild	6 bis 19 Grad
warm	20 bis 29 Grad
heiß	30 bis 36 Grad
sehr heiß	ab 37 Grad

Eine genaue Temperaturmessung ist mit altertümlichen Methoden nicht möglich, aber der Spielleiter kann bei Bedarf durch einen zweiten W%-Wurf bestimmen, ob die Temperatur eher am unteren oder eher am oberen Ende des zuerst erwürfelten Bereichs liegt.

War es am vorhergehenden Tag **heiß (sehr heiß)** bzw. **kalt (sehr kalt)**, so wird **20 (30)** zum nächsten Temperaturwurf hinzugezählt bzw. von ihm abgezogen. Endergebnisse unter 1 bzw. über 100 werden als 1 bzw. 100 gewertet. Hat es am Vortag **andauernd geregnet**, so kann die Temperatur nicht heiß oder sehr heiß, sondern höchstens warm sein.

Niederschlag:

0	kein Niederschlag
I	leichter Nieselregen
II	Schauer
III	Wolkenbruch
D	Dauerregen

Regen der Stufen I-III dauert höchstens 2 Stunden. Bei sehr kalter, kalter oder kühler Temperatur fällt Niederschlag als **Schnee**. Bei warmer, heißer oder sehr heißer Temperatur und Windstärke **II**, **III** oder **S** sind Schauer und Wolkenbruch mit einem **Gewitter** verbunden.

Man muß den Bärenmond nehmen wie er kommt.

- *Valianischer Spruch*

Grasmücken, die fleißig singen, wollen uns den Frühling bringen.

- *Waelischer Spruch*

1A: Hochpolare Zone

	Frühling	Sommer	Herbst	Winter
Temperatur				
sehr kalt	01-98	01-80	01-98	01-00
kalt	99-00	81-00	99-00	-
Niederschlag				
0	01-90	01-80	01-90	01-00
I	91-95	81-90	91-95	-
II	96-00	91-95	96-00	-
III	-	96-00	-	-
Windstärke				
0	-	01-10	-	-
I	01-10	11-20	01-10	01-05
II	11-20	21-35	11-20	06-15
III	21-60	36-75	21-60	16-40
S	61-00	76-00	61-00	41-00
Bewölkung				
0	01-05	01-15	01-05	-
I	06-20	16-30	06-20	01-10
II	21-65	31-85	21-65	11-70
III	66-98	86-00	66-98	71-95
N	99-00	-	99-00	96-00

2A: Tundra und Taiga

	Frühling	Sommer	Herbst	Winter
Temperatur				
sehr kalt	01-05	-	01-10	01-40
kalt	06-40	01-20	11-50	41-95
kühl	41-90	21-60	51-90	96-00
mild	91-00	61-00	91-00	-
Niederschlag				
0	01-80	01-70	01-85	01-90
I	81-92	71-90	86-94	91-00
II	92-95	91-95	94-97	-
III	-	-	-	-
D	96-00	96-00	98-00	98-00
Windstärke				
0	-	01-05	-	-
I	01-35	06-45	01-10	01-20
II	36-60	46-70	11-50	21-40
III	61-85	71-90	51-80	41-75
S	86-00	91-00	81-00	76-00
Bewölkung				
0	01-10	01-20	-	01-15
I	11-20	21-40	01-10	16-25
II	21-50	41-65	11-40	26-45
III	51-85	66-90	41-70	46-80
N	86-00	91-00	71-00	81-00

1B: Gletscherrandgebiete

	Frühling	Sommer	Herbst	Winter
Temperatur				
sehr kalt	01-30	01-10	01-30	01-60
kalt	31-90	11-80	31-90	61-98
kühl	91-00	81-00	91-00	99-00
Niederschlag				
0	01-90	01-80	01-90	01-95
I	91-95	81-90	91-95	96-00
II	96-00	91-95	96-00	-
III	-	96-00	-	-
Windstärke				
0	-	01-10	-	-
I	01-10	11-20	01-10	01-05
II	11-20	21-35	11-20	06-15
III	21-60	36-75	21-60	16-40
S	61-00	76-00	61-00	41-00
Bewölkung				
0	01-05	01-15	01-05	-
I	06-20	16-30	06-20	01-10
II	21-65	31-85	21-65	11-70
III	66-98	86-00	66-98	71-95
N	99-00	-	99-00	96-00

2B: Ozeanische Zone

	Frühling	Sommer	Herbst	Winter
Temperatur				
kalt	-	-	-	01-05
kühl	01-05	-	01-10	06-70
mild	06-80	01-25	11-95	71-00
warm	81-00	26-80	96-00	-
heiß	-	81-00	-	-
Niederschlag				
0	01-20	01-80	01-25	01-60
I	21-70	81-85	26-50	61-75
II	71-85	86-90	51-80	76-80
III	86-90	91-95	81-85	81-85
D	91-00	96-00	86-00	86-00
Windstärke				
0	01-15	01-20	01-05	01-10
I	16-30	21-50	06-20	11-20
II	31-85	51-95	21-65	21-70
III	86-95	96-98	66-90	71-85
S	96-00	99-00	91-00	86-00
Bewölkung				
0	01-20	01-40	01-15	01-30
I	21-60	41-80	16-35	31-50
II	61-80	81-90	36-55	51-70
III	81-95	91-00	56-90	71-95
N	96-00	-	91-00	96-00

2C: Gemäßigte Waldzone

	Frühling	Sommer	Herbst	Winter
Temperatur				
sehr kalt	-	-	-	01-10
kalt	-	-	01-05	11-30
kühl	01-25	-	06-35	31-95
mild	26-60	01-25	36-75	96-00
warm	61-00	26-80	76-00	-
heiß	-	81-00	-	-
Niederschlag				
0	01-70	01-50	01-65	01-70
I	71-90	51-80	66-90	71-90
II	91-00	81-90	91-95	91-95
III	-	91-95	96-00	96-00
D	-	96-00	-	-
Windstärke				
0	01-05	01-10	-	01-05
I	06-40	11-55	01-15	06-30
II	41-75	56-90	16-65	31-70
III	76-90	91-95	66-85	71-80
S	91-00	96-00	86-00	81-00
Bewölkung				
0	01-15	01-30	01-05	01-25
I	16-35	31-70	06-15	26-50
II	36-65	71-85	16-55	51-70
III	66-95	86-00	56-85	71-90
N	96-00	-	86-00	91-00

3A: Fünf-Winde-Zone

	Frühling	Sommer	Herbst	Winter
Temperatur				
kühl	-	-	-	01-25
mild	01-80	01-08	01-95	76-99
warm	81-97	08-75	96-98	00
heiß	98-00	76-00	99-00	-
Niederschlag				
0	01-40	01-90	01-25	01-30
I	41-70	91-95	26-50	31-50
II	71-85	96-00	51-80	51-75
III	86-90	-	81-85	76-85
D	91-00	-	86-00	86-00
Windstärke				
0	01-20	-	-	01-10
I	21-40	01-15	01-10	11-50
II	41-85	16-70	11-65	51-90
III	86-00	71-96	66-90	01-00
S	-	97-00	91-00	-
Bewölkung				
0	01-20	01-40	01-15	01-30
I	21-60	41-80	16-35	31-50
II	61-80	81-90	36-55	51-70
III	81-95	91-00	56-90	71-95
N	96-00	-	91-00	96-00

3B: Savannen

	Frühling	Sommer	Herbst	Winter
Temperatur				
kühl	-	-	-	01-05
mild	01-20	01-40	01-30	06-90
warm	21-75	41-90	31-85	61-95
heiß	76-90	91-98	86-95	96-00
sehr heiß	91-00	99-00	96-00	-
Niederschlag				
0	01-90	01-25	01-70	01-00
I	-	-	-	-
II	91-00	26-45	71-80	-
III	-	46-70	81-95	-
D	-	71-00	96-00	-
Windstärke				
0	01-20	01-30	-	01-15
I	21-40	31-80	01-40	16-30
II	41-95	81-95	41-90	31-80
III	96-98	96-00	91-95	81-90
S	99-00	-	96-00	91-00
Bewölkung				
0	01-40	01-80	01-30	01-60
I	41-85	81-90	31-80	61-70
II	86-95	91-00	81-95	71-90
III	96-00	-	96-00	91-00

3C: Wüsten

	Frühling	Sommer	Herbst	Winter
Temperatur				
kühl	01-15	-	01-15	01-20
mild	16-25	01-10	16-40	41-80
warm	26-80	11-30	41-80	81-00
heiß	81-00	31-90	81-95	-
sehr heiß	-	91-00	96-00	-
Niederschlag				
0	01-00	01-00	01-00	01-80
I	-	-	-	81-95
II	-	-	-	96-00
Windstärke				
0	01-45	01-40	01-30	01-35
I	46-60	41-70	31-50	36-45
II	61-80	71-90	51-70	46-70
III	81-90	91-95	71-85	71-80
S	91-00	96-00	86-00	81-00
Bewölkung				
0	01-60	01-90	01-50	01-70
I	61-90	91-95	51-70	71-85
II	91-00	96-00	71-00	86-00

3D: Steppen

	Frühling	Sommer	Herbst	Winter
Temperatur				
kühl	01-40	01-25	01-30	01-60
mild	41-90	26-40	31-85	61-98
warm	91-00	41-90	86-00	99-00
heiß	-	91-00	-	-
Niederschlag				
0	01-90	01-25	01-70	01-00
I	-	-	-	-
II	91-00	26-45	71-80	-
III	-	46-70	81-95	-
D	-	71-00	96-00	-
Windstärke				
0	01-20	01-30	-	01-15
I	21-40	31-80	01-40	16-30
II	41-95	81-95	41-90	31-80
III	96-98	96-00	91-95	81-90
S	99-00	-	96-00	91-00
Bewölkung				
0	01-40	01-80	01-30	01-60
I	41-85	81-90	31-80	61-70
II	86-95	91-00	81-95	71-90
III	96-98	-	96-99	91-96
N	99-00	-	00	97-00

3E: Sommerfeuchte Zone

	Frühling	Sommer	Herbst	Winter
Temperatur				
kühl	-	-	01-10	01-25
mild	01-60	01-20	11-50	26-60
warm	61-98	21-35	51-95	61-00
heiß	99-00	36-80	96-00	-
sehr heiß	-	81-00	-	-
Niederschlag				
0	01-90	01-20	01-90	01-95
I	91-95	21-40	91-97	96-00
II	96-00	41-60	98-00	-
III	-	61-90	-	-
D	-	91-00	-	-
Windstärke				
0	01-30	01-60	01-20	-
I	31-50	61-80	21-65	-
II	51-90	81-95	66-85	01-50
III	91-98	96-00	86-95	51-90
S	99-00	-	96-00	91-00
Bewölkung				
0	01-40	01-80	01-30	01-60
I	41-85	81-85	31-80	61-70
II	86-95	86-95	81-95	71-90
III	96-00	96-99	96-00	91-00
N	-	00	-	-

4: Tropen

	Frühling	Sommer	Herbst	Winter
Temperatur				
mild	01-05	-	01-05	01-10
warm	06-70	01-50	06-70	11-90
heiß	71-95	51-90	71-95	91-00
sehr heiß	96-00	91-00	96-00	-
Niederschlag				
0	01-15	01-10	01-15	01-10
I	16-25	11-30	16-20	11-40
II	26-55	31-60	21-50	41-70
III	56-85	61-90	51-80	71-90
D	86-00	91-00	81-00	91-00
Windstärke				
0	01-70	01-90	01-65	01-70
I	71-80	91-95	66-80	71-85
II	81-90	96-97	81-95	86-90
III	91-00	98-99	96-00	91-95
S	-	00	-	91-00

Bewölkung (ganzjährig)

0	01-25
I	26-40
II	41-90
III	91-99
N	00

Windstärke:

0	Windstille
I	leichter Wind
II	Brise
III	steife Brise
S	Sturm

War die Windstärke am vorhergehenden Tag 0 (III oder S), so wird **20** vom W%-Wurf abgezogen (bzw. hinzugezählt).

Bewölkung:

0	wolkenlos
I	etwa zu einem Viertel bedeckt
II	etwa zu drei Vierteln bedeckt
III	völlig bedeckt
N	Nebel

Die Bewölkung hängt stark vom Niederschlag und vom Wind ab und wird daher zuletzt ausgewürfelt.

Bei **Dauerregen** ist die Bewölkung automatisch **III**. Bei **Schauer** oder **Wolkenbruch** kann die Bewölkung weder **0** noch **N** sein. Entsprechende Würfelergebnisse werden als **I** bzw. **II** interpretiert; während des kurzzeitigen Niederschlags bedeckt sich der Himmel, aber während des Rests des Tages kann sich die Sonne zeigen. Bei **Nieselregen** ist die Bewölkung wenigstens **II**. Fällt **kein Niederschlag** und ist die **Windstärke mindestens II**, so wird **20** vom Bewölkungswurf abgezogen.

Wetter im Abenteuer

Das Wetter hat bei Reiseabenteuern einen Einfluß darauf, wie schnell die Gefährten ihr Ziel erreichen. So senken durch Regen aufgeweichte oder mit Schnee bedeckte Straßen die Geschwindigkeit (MIDGARD - *Das Fantasy-Rollenspiel,* S. 85), während Wind entscheidend für das Vorankommen von Segelschiffen ist (s. »Seereisen«). Ein Sturm hindert die meisten fliegenden Lebewesen daran, sich in die Lüfte zu erheben, und macht den Flug mit einem Teppich oder Besen zu einem unkalkulierbaren Risiko. Ungünstiges Wetter kann Abenteurer auch zu Umwegen zwingen, da Flüsse nach starken Regenfällen Hochwasser führen und Furten unpassierbar werden oder eine Paßstraße zugeschneit ist. Ob Hitze oder Kälte als Entbehrungen an den Kräften der Reisenden zehren, hängt von der Temperatur ab.

Das Wetter kann auch direkt das Leben der Abenteurer bedrohen. Geht in den Bergen ein Gewitter mit starken Regenfällen nieder (Niederschlag III), so ergießen sich die **Sturzfluten** in wasserarme oder ausgetrocknete Bachbetten. Ziehen die Abenteurer zu einem solchen Zeitpunkt durch eine enge Gebirgsklamm oder haben sie gar ihr Lager auf dem Boden eines Wadis in der Wüste aufgeschlagen, so wälzt sich unverhofft eine meterhohe Wasserwand auf sie zu und reißt sie und ihren Besitz mit. Die herannahenden Fluten hört man schon eine Zeit lang vorher, aber um das Geräusch richtig zu interpretieren, bedarf es eines EW:Naturkunde oder eines EW:Überleben im entsprechenden Gelände. Sind die Wassermassen erst einmal da, kann der Spielleiter abhängig vom Aufenthaltsort den Abenteurern noch die Möglichkeit geben, sich mit einem PW:Gewandtheit auf einen Felsen oder ans sichere Ufer zu ziehen. Normalerweise finden sie sich aber in den tobenden Fluten wieder und können nur noch versuchen, sich schwimmend zu retten. Dies kann wie bei einem Schwimmer geregelt werden, der in einen starken Strudel geraten ist (MIDGARD - *Das Fantasy-Rollenspiel,* S. 175).

Bei kühler Witterung, wo die Luft tagsüber feucht sein kann, während es nachts friert, kann sich **Glatteis** bilden. Wandern die Abenteurer auf schmalen Bergpfaden, kann gelegentlich ein EW:Balancieren oder ein PW:Gewandtheit/2 nötig sein, damit sie nicht ausrutschen. Gefährlich ist die Eisbildung auch beim Balancieren über Hausdächer oder beim Erklettern einer feuchten Wand. Hier kann der Spielleiter temperaturbedingte Abzüge auf die Erfolgswürfe verhängen. Gefährlich ist auch ein Sturz ins Wasser, wenn die Außentemperatur seit einiger Zeit kühl oder noch kälter ist, da Wasser bei Temperaturen um den Gefrierpunkt Menschen sehr schnell ihre Wärme raubt. In **kaltem Wasser** verliert ein Abenteurer nach jeweils 1 min je **1W6 AP**. Nach den ersten 10 Minuten verliert er zusätzlich **1 LP** je Minute.

Eine steife Brise (Windstärke III) kann Kerzen (mit 70%) oder unter ungünstigen Umständen auch **Fackeln** (mit 10%) ausblasen. Bei Schüssen mit Bogen oder Armbrust wird auf mittlere und weite Distanz ein zusätzlicher Abzug von **–2** auf den EW:Angriff verhängt. Ein Sturm löscht ungeschützte Kerzen automatisch, Fackeln mit hoher Wahrscheinlichkeit

Das Wetter hat bei Reiseabenteuern einen Einfluß darauf, wie schnell die Gefährten ihr Ziel erreichen.

Durch Regen aufgeweichte oder mit Schnee bedeckte Straßen senken die Reisegeschwindigkeit.

Ein Sturm macht den Flug mit einem Teppich oder Besen zu einem unkalkulierbaren Risiko.

sehne bei Nieselregen in 5 min, bei einem Schauer in 2 min und bei einem Wolkenbruch in 1 min unbrauchbar und muß dann erst wieder getrocknet werden. Wird die Sehne eingefettet, so verdoppeln sich diese Fristen.

An den Beispielen sieht man, wie das Wetter den Ablauf eines Abenteuers beeinflussen kann. Der Spielleiter sollte diese Möglichkeit aber gezielt nutzen, um die Spielhandlung dramatischer und abwechslungsreicher zu gestalten, und sich nicht zum Sklaven des Zufalls machen und das Wetter während des eigentlichen Spiels auswürfeln. Wenn bekannt ist, daß die Gefährten sich einige Zeit im Freiland aufhalten, so ermittelt der Spielleiter das Wetter bereits während seiner Vorbereitungen über mehrere Tage hinweg. Die Würfelergebnisse aus dem Abschnitt »*Der Wettermacher*« dienen dabei als Rohgerüst, daß man nach Belieben abwandeln kann. Es ist viel beeindruckender, wenn die Abenteurer tagelang im Nieselregen durch einen herbstlichen Wald wandern müssen oder wenn ihr Schiff tagelang in einer Flaute liegen bleibt, als wenn das Wetter ständig wechselt. Es bietet sich daher an, die Würfelergebnisse nachträglich so den Tagen zuzuordnen, daß das Wetter einen beständigen und nicht zu sprunghaften Verlauf nimmt. Und wenn der Spielleiter unbedingt einen Sturm heraufbeschwören möchte, dann bricht dieser über die geplagten Spielerfiguren herein, auch wenn die Würfel etwas anderes sagen!

Der Spielleiter sollte Einflüsse des Wetters gezielt nutzen, um die Spielhandlung dramatischer und abwechslungsreicher zu gestalten.

(ab 50% - abhängig von der Stärke des Sturms) und eventuell sogar Laternen (ab 10%). Ein besonders heftiger Sturm kann sogar die Flammen in mit Glas geschützten Laternen ausblasen, da diese auf *Midgard* nie ganz dicht sind.

Ein Schauer und um so mehr ein Wolkenbruch können ebenfalls offene Flammen löschen. Laternen bieten unter diesen Umständen allerdings eine sichere Lichtquelle. Allerdings verschlechtern Regen, Schnee und vor allem Nebel die **Sichtverhältnisse** am Tag und in der Nacht deutlich. Von der Verringerung der Sichtweite werden hier normalsichtige Menschen genauso betroffen wie Wesen mit Nachtsicht oder Infrarotsicht. Davon werden auch Fernkampfangriffe beeinträchtigt, da man nicht über den eigenen Sichtbereich hinaus zielen kann. Bögen können bei Regen sowieso nur begrenzt eingesetzt werden, da man mit nassen Sehnen nicht schießen kann. Grob gesagt wird eine ungeschützte **Bogen-**

Gefahren von oben

Ähnlich gefährlich sind **Schneelawinen**, **Erdrutsche** und **Steinschlag**, die durch Tauwetter oder durch große Regenmengen ausgelöst werden können. Gehen sie vor einer Reisegruppe nieder, so müssen die Gefährten mühsam hinüberklettern oder sich gar einen anderen Weg suchen. Befinden sich die Abenteurer aber im Weg der Schnee-, Erd- oder Steinmassen, so können sie verschüttet oder erschlagen werden. Das Ausmaß der Gefahr hängt davon ab, ob die Gefährten sich im zentralen Bereich oder am Rand des Naturereignisses befinden.

Werden die Abenteurer nur von Ausläufern der Lawine, des Erdrutsches oder Steinschlags gefährdet, so können sie sich - nach Wahl des Spielers - mit einem PW:Gewandtheit/2, einem EW:Akrobatik oder einem EW:Springen aus der Gefahrenzone retten. Gelingt der Wurf, so verlieren sie nach Einschätzung des Spielleiters nur 1W6 bis 2W6 Ausdauerpunkte. Mißlingt der Wurf, so erleiden sie **1W6** bis **2W6** schweren Schaden, gegen den Rüstung hilft, und müssen bei einem Steinschlag ähnlich wie bei einem Sturz zusätzlich mit (5×Schaden)% auf Tabelle 2.4 (MIDGARD - *Das Fantasy-Rollenspiel,* S. 101) würfeln. Außerdem werden sie mit einer Chance von **30% verschüttet**.

Werden die Gefährten dagegen voll getroffen, so haben sie keine Chance mehr, der Lawine auszuweichen. Je nach Art der Umgebung können sie eventuell noch hinter einem Felsen, einem Baum oder einer Bodenwelle in Deckung gehen, was den ersten Aufprall abmildert und die Chancen, verschüttet zu werden senkt. Besteht diese Möglichkeit nicht, so erleiden sie **2W6+2** schweren Schaden und müssen mit (10×Schaden)% auf der genannten Tabelle 2.4 würfeln. Bei einer Schnee- oder Erdlawine bewirken allerdings Würfelergebnisse von 61-100 keinen zusätzlichen Schaden; hier können die Abenteurer sich schlimmstenfalls einen Arm oder ein Bein brechen. Die Gefährten können noch, mit einem PW:Gewandtheit/2 oder einem EW:Akrobatik der Lawine oder dem Steinschlag möglichst wenig Widerstand zu bieten, wenn sie getroffen und mitgerissen werden. In diesem Fall halbiert sich der Schaden. Unabhängig von dem Ausgang diese Wurfs besteht aber eine Chance von **80%**, daß eine voll von Schnee, Erde oder Felsen getroffene Person **verschüttet** wird.

Wird ein Abenteurer **verschüttet**, so besteht die Gefahr, daß er erstickt. Wie lange dies dauert, hängt von den Umständen ab. Lockere Erde und Schnee enthalten oft kleine Luftblasen, während zäher Schlamm sich wie eine zweite Haut um den Verschütteten legt. Unter Geröllmassen ist meist genügend Luft; hier besteht eher die Gefahr, daß ein Abenteurer von den Gesteinsmassen zerquetscht wird. Will der Spielleiter eine Lawine in ein Abenteuer einbauen, so muß er von vornherein festlegen, wieviel Zeit den Rettern bleibt, einen verschütteten Kameraden auszugraben. Dabei kann er sich an den Regeln für das Ertrinken (MIDGARD - *Das Fantasy-Rollenspiel,* S. 175, 188) orientieren. Einem vom Schlamm begrabenen Abenteurer, der sich nicht bewegt, bleiben nach dem letzten Atemzug 80 sec; anschließend muß er alle 10 sec einen EW:Tauchen würfeln. Solange die Erfolgswürfe gelingen, kann er den Drang, nach Luft zu schnappen, unterdrücken. Sobald der erste Erfolgswurf scheitert, muß der Verschüttete in der folgenden Runde Luft holen. Ab dann verliert er alle 10 sec 1W6 LP und 2W6 AP, bis er erstickt. Abenteurer, die *Tauchen* gelernt haben, haben eine um 60 sec längere Schonfrist, bevor sie Erfolgswürfe machen müssen. Unter einer Schneelawine muß ein Verschütteter eventuell erst nach 5 min mit EW:Tauchen beginnen, und der Spielleiter kann ihm außerdem noch eine Chance (z.B. 30%) geben, daß sich um ihn Luftblase gebildet hat, die ihn wesentlich länger (z.B. eine Stunde) überleben läßt.

Die Gefahr, verschüttet zu werden, besteht auch bei einem heftigen **Sandsturm** in der Wüste oder bei einem **Schneesturm** in einem verschneiten Gebirge. Der Wind kann dabei so heftig wehen, daß den Abenteurern nicht anderes übrig bleibt, als sich am Boden zu kauern und abzuwarten, bis das Schlimmste vorbei ist. Die Sand- und Schneeverwehungen können sich dabei meterhoch auftürmen und Personen, die keinen Schutz hinter Felsen oder Bäumen gefunden haben, unter sich begraben. Hier kann der Spielleiter festlegen, wie hoch sich Schnee oder Sand auftürmen (z.B. 2W6×20 cm) und ab wann ein ungeschützter Abenteurer so begraben wird, der er sich nicht mehr selbst befreien kann (z.B. ab einer Höhe von 150 cm). Feste Regeln kann man hier nicht vorgeben, da die tatsächliche Gefahr von der Beschaffenheit von Sand und Schnee und vom Gelände abhängt.

Seereisen

Die Reisegeschwindigkeit eines Schiffes hängt davon ab, ob es auf dem offenen Meer, in küstennahen Gewässern, auf einem Fluß oder einem See fährt. In der Welt *Midgard* sind Fahrten auf hoher See allerdings selten; Handelsschiffe halten sich meist in Küstennähe und gehen nachts vor Anker, während es um die Hochseetüchtigkeit großer Kriegsschiffe sowieso schlecht bestellt ist.

Auf *Midgard* gibt es kulturell bedingt eine Vielfalt von Schiffskonstruktionen. Der Einfachheit halber wird im folgenden aber nur zwischen wenigen allgemeinen Schiffstypen unterschieden. Als Boote werden Ruderboote aller Art, aber auch Fischerboote und Kleinstsegler von maximal 10m Rumpflän-

Bei einem heftigen Sandsturm in der Wüste oder bei einem Schneesturm in einem verschneiten Gebirge besteht die Gefahr, verschüttet zu werden.

In der Welt *Midgard* sind Fahrten auf hoher See selten.

Auf *Midgard* gibt es kulturell bedingt eine Vielfalt von Schiffskonstruktionen.

ge bezeichnet. Kleine Galeeren sind in erster Linie für Kriegszwecke gebaute 15-25m lange Schiffe, deren Breite nur etwa ein Sechstel der Länge beträgt, um so Platz für im Vergleich zur Schiffsmasse möglichst viele Ruderer zu bieten. In der irdischen Geschichte gehören zu dieser Gruppe kleine und mittlere Wikingerlangschiffe, antike Zweiruderer, aber auch die großen Doppelrumpfboote der Polynesier.

Schiffsgeschwindigkeiten in km/h						
	Wind				*Tagesstrecke in km*	
Schiffstyp	0	I	II	III	*Küste*	*hohe See*
kleine Flußbarke	1	2	3	5	30	70
große Flußbarke	1	1	1	3	12	30
Boot	2	3	3	5	35	80
Kriegssegler	1	3	9	12	70	170
kleine Galeere	8	8	10	12	100	200
große Galeere	6	6	8	10	75	150
kleines Handelsschiff	1	3	8	11	65	160
großes Handelsschiff	0,5	2	6	9	50	110

Große Galeeren gleichen bis auf ihre Maße (30m Länge und mehr) den kleinen Galeeren. Zu dieser Gruppe zählen große Langschiffe mit einer Länge um 30m und Drei- und Mehrruderer. Den Außenmaßen dieser Schiffe sind Grenzen gesetzt. Die seltenen Riesenschiffe mit einer Länge von 50m und mehr sind in erster Linie Prunkschiffe, die im Kampf ihren wendigeren kleinen Ebenbildern unterlegen sind.

Neben Galeeren und Langschiffen, die vor allem gerudert werden und den Wind nur als zusätzliche Antriebskraft benutzen, gibt es auch kleine Kampfsegler. Dieser etwa 30m lange und 8m breite Schiffstyp, repräsentiert z.B. durch die flachbordigen albischen Nefs oder die hochbordigen Galeonen der Küstenstaaten, besitzt ein festes Vorder- und Hinterkastell, 1-3 Masten und in manchen Fällen noch Hilfsruder.

Gerät ein Schiff auf See in einen Sturm, so wird es in eine abgetrieben. Stößt es dabei gegen eine Küste, so zerschellt es.

Wie Kampfsegler sind auch Handelsschiffe in erster Linie auf den Wind angewiesen und weisen demnach andere Proportionen als Galeeren auf. Die Breite des Schiffes beträgt etwa ein Viertel der Länge. Kleine Handelsschiffe wie die waelischen Knorren haben eine Länge von 15-25m, während große Handelsschiffe wie die valianischen Getreidetransporter Längen zwischen 30m und 50m erreichen.

Flußbarken sind weit ausladende Schiffe mit geringem Tiefgang, die in erster Linie als Lasttransporter in der Binnenschiffahrt Verwendung finden. Sie werden gestakt und oft getreidelt, während mit einem Hilfssegel in geringem Maß auch die Windkraft genutzt werden kann. Kleine Flußbarken haben etwa die Maße kleiner Handelsschiffe, während große Flußbarken eine Länge von 60m und eine Breite von 20m erreichen können.

Die Tabelle *Schiffsgeschwindigkeiten* liefert für längere Reisen die Geschwindigkeit der einzelnen Schiffstypen in Abhängigkeit von den Windverhältnissen. Der Spielleiter würfelt für jeden Reisetag die vorherrschende Windstärke aus und entnimmt die Fahrtgeschwindigkeit der Tabelle. Bei Windstille und leichtem Wind muß gerudert werden. Unter diesen Bedingungen kann ein Schiff nur maximal 8 bzw. 10 Stunden am Tag fahren. Will der Spielleiter nicht für jeden Tag eigens einen Wind auswürfeln, so geben die letzten beiden Spalten der Tabelle durchschnittliche Tagesleistungen an, und zwar für küstennahe Fahrt (Ankern an geschützter Stelle nach Einbruch der Dunkelheit) bzw. für Fahrt auf hoher See. Die Galeerengeschwindigkeit wird nur erreicht, wenn auch bei Windstärke II und III gerudert wird, so daß die Tagesleistung auf hoher See beschränkt ist, da die Mannschaft nicht ununterbrochen am Ruder sitzen kann. Bei küstennaher Fahrt wird davon ausgegangen, daß zwei Stunden für das Suchen eines geeigneten Ankerplatzes für die Nacht benötigt werden und nicht für die eigentliche Fahrt zur Verfügung stehen.

Auf **Flüssen** erhöhen sich die Geschwindigkeiten in der Tabelle um 1 km/h (10 km pro Tag), wenn sich das Schiff flußabwärts bewegt, und sie sinken um 1 km/h (10 km pro Tag) bei Fahrt flußaufwärts. Werden Flußbarken getreidelt, d.h. von am Ufer gehenden Zugtieren gezogen, steigt die Geschwindigkeit um 1 km/h (10 km pro Tag) bei großen und 2 km/h (20 km pro Tag) bei kleinen Barken.

Galeeren und Boote können bis zu einer halben Stunde lang mit doppeltem Schlag gerudert werden. In diesem Fall wird zur windabhängigen Geschwindigkeit noch die Geschwindigkeit des Schiffes bei Windstille addiert. Eine kleine Galeere z.B. erreicht bei Windstärke II und doppeltem Schlag eine Geschwindigkeit von 18 km/h.

Stürme auf See

Würfelt der Spielleiter bei der täglichen Bestimmung der Windstärke einen Sturm aus, so kann ein Schiff unter günstigen jahreszeitlichen Bedingungen rechtzeitig an einem geschützten Ort vor Anker gehen. In einigen Klimazonen und Jahreszeiten brechen Stürme aber so plötzlich herein, daß das Schiff nur mit vom Spielleiter vorher festgelegter Wahrscheinlichkeit rechtzeitig Schutz findet.

Gerät ein Schiff auf See in einen Sturm, so wird es an diesem Tag anstelle der normalen Bewegung **1W20×5 km** in eine zufällige Richtung abgetrieben. Stößt es dabei gegen eine Küste, so zerschellt es. Reisende können sich mit einem EW:Schwimmen an Land retten. Auch Nichtschwimmer haben diese Chance, wobei sie ihren ungelernten Erfolgswert einsetzen; sie haben die Chance, sich an ein Wrackteil zu klammern und sich damit über Wasser zu halten, bis sie das Ufer erreichen.

Strandet das Schiff nicht, so werden die erlittenen Sturmschäden mit W% anhand der Tabelle *Sturmschäden* ausgewürfelt. Außerdem besteht für jedermann an Bord, der sich nicht ausschließlich in geschlossenen Kabinen aufhält oder sich festbindet, eine Chance von **10%**, daß ein Brecher ihn ins Meer zu spülen droht. Seeerfahrene Abenteurer können sich mit einem EW:Seemannsgang oder einem EW:Segeln (nach Wahl des Spielers) im letzten Moment retten. Wer darauf achtet, sich die ganze Zeit über wenigstens mit einer Hand an Reling oder Takelage festzuhalten, kann sich mit einem PW+20:Stärke retten.

Für die wenig seetüchtigen **Boote** und **Flußbarken** wird bereits bei steifer Brise (Windstärke III) für Sturmschäden gewürfelt, wenn sie sich aufs offene Meer wagen. Da **Langschiffe** seetüchtiger als klassische Galeeren sind, verkraften sie Stürme genauso gut wie Handelsschiffe.

Reparable Schäden wie zerfetzte Segel oder gerissene Takelage können auf See in zweitägiger Arbeit repariert werden. Zur Behebung eines Mastbruches oder ähnlich schwerer Schäden muß ein Schiff den nächsten Hafen anlaufen. Vorher bewegt es sich höchstens mit der unter Windstärke I angegebenen Geschwindigkeit. Sollte ein Schiff untergehen, so sind natürlich das Gepäck der Abenteurer und anderer gewichtiger Besitz wie Rüstungen und schwere Waffen verloren. Der Spielleiter sollte den

---

Der Traum vom eigenen Schiff

Um unabhängig von regelmäßig befahrenen Routen die Meere *Midgards* befahren zu können, können sich die Abenteurer ein eigenes Schiff kaufen. Die folgende Liste enthält Preise einiger gängiger Schiffstypen. Gebrauchte Schiffe können billiger, aber auch weniger seetüchtig sein.

Ruderboot, 4m lang	**100 GS**
Kleinsegler, 5m lang	**200 GS**
Kleinsegler, 10m lang (1 Seemann)	**800 GS**
Handelsschiff, 15m lang (5 Seeleute)	**8.000 GS**
Handelsschiff, 25m lang (20 Seeleute)	**40.000 GS**
Galeere, 15m lang (5 Seeleute, 30 Ruderer)	**12.000 GS**
Galeere, 25m lang (10 Seeleute, 80 Ruderer)	**50.000 GS**

Die beiden Kleinsegler sind nur bedingt hochseetüchtig. Das größere der beiden Handelsschiffe besitzt die achtfache Ladekapazität des kleineren - daher der hohe Preisunterschied. Nicht aufgeführte Schiffstypen wie Flußbarken, große Handelsschiffe oder Kriegssegler werden in erster Linie von Fürsten oder Großhändlern eingesetzt. Sie sind meist schon allein wegen des Preises für Abenteurer uninteressant.

Wenigstens ein Besatzungsmitglied muß *Steuern* beherrschen. Bei den genannten Handelsschiffen und Galeeren muß sich zusätzlich jemand an Bord mit *Schiffsführung* auskennen. In Klammern ist jeweils angegeben, welche ausgebildete Besatzung man zusätzlich zum Steuermann und Schiffsführer braucht, um das Schiff uneingeschränkt benutzen zu können. Ihren Tageslohn entnimmt man der folgenden Liste, wobei besonders fähige Leute auch mehr kosten können.

Ruderer *(Rudern+12)*	**7 SS**
Seemann *(Rudern+10, Steuern+10)*	**1 GS**
Steuermann *(Steuern+15)*	**5 GS**
Schiffsführer *(Schiffsführung+10)*	**10 GS**

Wollen die Abenteurer ein Schiff mieten, so kostet dies neben dem Lohn für die Besatzung zusätzlich pro Tag 1% des Schiffspreises. Außerdem muß als Sicherheit eine Kaution von 20-50% des Schiffswertes hinterlegt werden.

Sturmschäden				
	Schiffs- untergang	Mast- bruch u.ä.	reparable Schäden	keine Schäden
Boote, Flußbarken in steifer Brise	01-20	21-40	41-60	61-00
Boote, Flußbarken in Sturm	01-80	81-90	91-99	100
Galeeren	01-10	11-25	26-50	51-00
Langschiffe, Handels- schiffe, Kriegssegler	01-05	06-15	16-35	36-00

Spielerfiguren aber eine Rettungsmöglichkeit lassen, die zudem Anlaß für ein neues Abenteuer sein kann, z.B. 2 Tage an einer Planke festgeklammert und dann von Piraten „gerettet", von gut- oder böswilligen Meeresbewohnern aufgefischt usw.

Dwyllans Dairling

Die *Dwyllans Dairling* ist ein typisches kleines Handelsschiff, wie es in allen Häfen am Meer der Fünf Winde oder an den Küsten Vesternesses bereit steht, um die Abenteurer zu transportieren - zumindestens, wenn die Jahreszeit es zuläßt. Das Schiff ist rund 18m lang und 5m breit. Es hat mittschiffs eine **Seitenhöhe** von 3,50m, und der **Tiefgang** ist bei durchschnittlicher Beladung etwa 2m. Die Außenwand der *Dwyllans Dairling* ist in einem satten dunkelbraun gestrichen, und in Bugnähe sind zwei große Augen in weiß und schwarz aufgemalt, die Seeungeheuer abschrecken sollen. Das vordere Ende des Bugspriets ist in Form einer durch das Wasser schnellenden Robbe zurechtgeschnitten.

Das vordere und hintere Schiffsviertel besitzen eine Decksbeplankung, die das Dach von 1,80m hohen **Unterkünften** für Passagiere und Besatzung bilden. Die mittschiffs auf dem Schiffsboden verstaute Ladung wird mit Planen abgedeckt. Den Antrieb liefert ein einziges breites Luggersegel in graugrüner Farbe, das an wolkenverhangenen Tagen vor dem Hintergrund der albischen See nur schwer auszumachen ist. Bei Bedarf kann die *Dwyllans Dairling* auch mit je bis zu acht Riemen pro Seite gerudert werden. Gesteuert wird mit einem Backbord angebrachten Seitenruder. Als Beiboot dient ein **Ruderboot** von 4m Länge, das normalerweise sieben, im Notfall aber auch zehn Personen faßt. Das Schiff ist acht Jahre alt und in gutem Zustand, wie jeder Abenteurer mit seemännischen Kenntnissen feststellen kann.

Die Besatzung besteht aus dem **Schiffer**, der Kapitän und Steuermann zugleich ist, und einer Besatzung von **7 Mann**. Um Ausfälle ausgleichen zu können, befinden sich auf längeren Fahrten zusätzlich 3 weitere Seeleute an Bord. In Notfällen läßt sich die *Dwyllans Dairling* auch vom Schiffer und nur 3 Seeleuten fahren, wenn einige ungelernte Hilfskräfte (Passagiere) mit Hand anlegen. Das Schiff kann eine **Last von 80 Tonnen** transportieren. Der Schiffer nimmt zusätzlich bis zu **15 Passagiere** an Bord, von denen erwartet wird, daß sie sich bis auf Trinkwasser selbst versorgen und während der Reise der Besatzung so wenig wie möglich im Weg herumstehen. Die **Passage** kostet an Bord von *Dwyllans Dairling* **8 SS je 100 km** Fahrtstrecke (pro Person mit bis zu 50 kg Gepäck) bei Übernachtung an Deck. Bei Unterkunft in der Gemeinschaftskabine, in der bis zu 8 Personen ihre Hängematten aufspannen können, kostet die Fahrt **15 SS je 100 km**. Für die Einzelkabine müssen **zusätzlich 2 GS je 100 km** gezahlt werden (unabhängig davon, ob sie von einer oder zwei Personen belegt wird).

Im Frühjahr und Herbst fährt die *Dwyllans Dairling* etwa **10 Stunden am Tag** und sucht dann einen geeigneten Ankerplatz in Küstennähe. Im Sommer kann der Schiffer auch einmal 12-13 Stunden am Stück fahren. Im Winter liegt das Schiff im Heimathafen und wird für die Reisen des kommenden Jahres hergerichtet. Fahrten über das offene Meer meidet der Schiffer wo es geht, und nutzt Meerengen oder Inselketten, um von einem Kontinent zum anderen zu wechseln. Etwa alle zwei bis drei Tage rudern 5 Besatzungsmitglieder an Land, um die Frischwasservorräte zu ergänzen. Der Schiffer kennt geeignete Stellen an den Reiserouten, die er regelmäßig befährt.

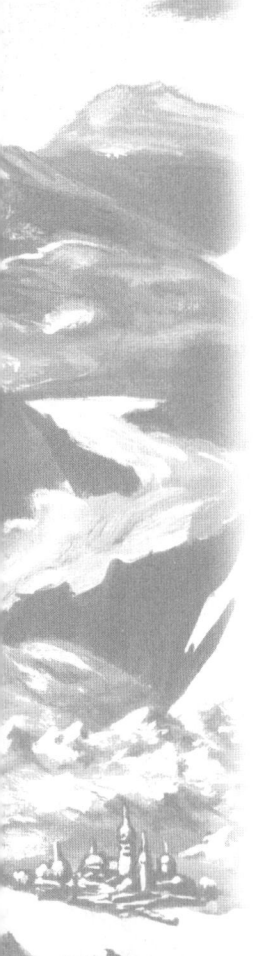

Seeleute und Passagiere **übernachten** im Normalfall immer an Bord des Schiffes. In Häfen bleiben nur 4 Mann als Wachen an Bord. Den Passagieren bleibt es hier überlassen, ob sie die Annehmlichkeiten eines Gasthaues und eines weichen Bettes auf festem Boden genießen oder sich lieber die Kosten eines Landgangs sparen wollen. Außerhalb von Häfen sieht der Schiffer es nicht gerne, wenn die Passagiere sich nachts an Land setzen lassen. Wer aber unbedingt will, kann seine Zelte auf eigene Verantwortung am Strand aufschlagen. Er muß aber damit rechnen, zurückgelassen zu werden, wenn der Schiffer sich gezwungen sieht, schnell den Anker zu lichten, um einer von Land her drohenden Gefahr zu entgehen.

Der Schiffer und seine Mannschaft

Jarmis MacAran ist der Schiffer und Eigner der *Dwyllans Dairling*. Er stammt aus einem kleinen Fischerdorf an der Bucht von Haelgarde unweit des

---

Dwyllans Dairling

- **A:** Achterdeck mit Steuerrad
- **B:** Beiboot
- **R:** Ruderpforten
- **V:** Vorderdeck
- **W:** Bratspill (Ankerwinde)
- **T:** Treppen

Türen zu den Räumen unter Vorder- und Achterdeck

1: Kapitäskajüte
2: Mannschaftsquartier
3: Einzelkabine
4: Kabine für 8 Personen

Klosters Vanasfarne, lebt aber schon seit seinem 12. Lebensjahr, wo er zum ersten Mal als Schiffsjunge zur See fuhr, in der albischen Hafenstadt Haelgarde, die auch der Heimathafen seines Schiffes ist. Jarmis ist verheiratet und Vater von vier noch lebenden Kindern. Er ist ein guter Seefahrer, der fair zu seiner Mannschaft ist und es mit Schläue und Beharrlichkeit zu einem eigenen Schiff gebracht hat. Den Passagieren gegenüber ist er höflich und zurückhaltend. An Bord von *Dwyllans Dairling* ist das Wort des Schiffers Gesetz, wobei er sich aber an die albischen Gesetze und Seeregeln halten muß und sich nur im äußersten Fall zum Herrn über Leben und Tod aufschwingen kann. Jarmis darf Unruhestifter in Ketten legen lassen, und er kann auch den Träger einer ansteckenden, lebensbedrohlichen Krankheit oder eines das ganze Schiff gefährdenden Fluches an der Küste oder im Beiboot aussetzen.

Jarmis MacAran, Seefahrer   **Gr 6**
Mittelschicht, Dheis Albi - mittelgroß (169cm), schlank - 42 Jahre

```
St 81, Gs 69, Gw 79, Ko 58, In 76, Zt 61
Au 79, pA 86, Wk 62, Sb 54
14 LP, 32 AP - B24 - SchB+3
```

Angriff: Streitaxt+12 (1W6+4), Dolch+9 (1W6 +2), leichte Armbrust+10 (1W6), kleiner Schild+3; Raufen+8 (1W6–1) - Abwehr+14, Resistenz+13/15/13

Gassenwissen+11, Himmelskunde+12, Landeskunde+14 (Alba), Rechnen+12, Rudern+18, Schiffsführung+14, Schreiben:Albisch+16, Schwimmen+18, Seemannsgang+18, Steuern+18 - Sprechen: Albisch+18, Chryseisch+12, Comentang+12, Neu-Vallinga+8

Zur **Stammbesatzung** gehören neben dem Waelinger **Fjörtoft**, der schon seit fast zwanzig Jahren mit Jarmis zur See fährt, die Albai **Agnar, Brant, Cearl, Edan** und **Wulfstane**, die alle aus Haelgarde und Umgebung stammen sowie die junge Seefahrerin **Linnet** NiAran, die sich für *eagrel* hat erklären lassen und gleichberechtigtes Besatzungsmitglied ist. Die Seeleute sind zwischen zwanzig und vierzig Jahre alt, kennen und vertrauen sich seit Jahren und halten Abstand zu den Passagieren. Sie lassen sich bestenfalls in eine Unterhaltung verwickeln, wenn es um die Seefahrt oder um ihnen vertraute Hafenstädte geht und der Gesprächspartner nicht allzu offensichtlich eine Landratte ist. Eine Ausnahme bildet der vierzehnjährige Schiffsjunge **Randal**, der auf einer seiner ersten Reisen noch neugierig und kontaktfreudig ist. Er ist der jüngere Sohn des Schiffers, aber Passagiere werden das erst spät merken, da er an Bord keinerlei Vorzugsbehandlung genießt. Mit Ausnahme Fjörtofts und Randals (Seefahrer Grad 1 mit niedrigeren Werten) haben die Seeleute die folgenden Spieldaten.

Seefahrer Grad 2:
12 LP, 12 AP - OR - Gw 70, St 70, B24
Angriff: Kurzschwert+8 (1W6+2), Dolch+6 (1W6); Raufen+7 (1W6–3) - Abwehr+12, Resistenz+11/13/11
Klettern+16, Rudern+15, Schwimmen+10, Seemannsgang+18

Fjörtoft (Seefahrer Grad 4):
16 LP, 24 AP - LR - Gw 85, St 95, B26
Angriff: Streitaxt+10 (1W6+4), Dolch+8 (1W6+2), leichte Armbrust+7 (1W6); Raufen+9 (1W6–1) - Abwehr+14, Resistenz+12/15/13
Klettern+18, Rudern+18, Schwimmen+12, Seemannsgang+18, Steuern+15

Berge im Nebel

Seht nur! Selbst die namenlose Berge
hat der Frühling heute
mit Nebelschleiern zärtlich bedacht!

~ Haiku aus dem TsaiChen-Tal ~

Anhang

Tabelle: Spieldaten der Zaubersprüche
(alphabetische Reihenfolge)

AP	Zauberformel	Art	Stufe	Zauber-dauer	Reich-weite	Wirkungs-ziel	Wirkungs-bereich	Wirkungs-dauer	Ur-sprung
3	Elfenklinge	Geste	3	10 sec	B	Umgebung	1 Ob	10 min	dr
2	Erkennen von Besessenheit	Gedanke	2	5 sec	0m	Geist	30m Ke	10 sec	gö
1 + 1 je Ws	Fährtenduft	Geste	2	1 min	B	Körper	1-6 Ws	30 min	dr
1	Geräusche dämpfen S	Geste	1	1 sec	0m	Umgebung	3m Uk	5 min	dä
3	Hauch der Betäubung R	Geste	3	1 sec	0m	Umgebung	bis 18m Uk	1 min	dä
3	Laufen wie der Wind	Geste	3	10 sec	-	Körper	Z	10 min	dr
3	Leuchtspur	Geste	3	1 min	B	Umgebung	50m Uk	6 h	gö
2	Person wiederfinden S	Gedanke	2	10 min	∞	Geist	1 Ws	10 min	dä
4	Rauchbild	Geste	4	10 min	B	Umgebung	Z	5 min	gö
1	Schatten verstärken S	Geste	1	1 sec	0m	Umgebung	15m Uk	10 min	dä
2	Schattenrobe S	Wort	2	5 sec	-	Umgebung	Z	10 min	dä
4	Schattenschrecken R	Geste	4	20 sec	0m	Umgebung	100m Uk	30 min	dä
4	Schlachtenwahnsinn	Geste	4	10 sec	-	Körper	Z	2 min	dr
3	Schutzgeste	Geste	3	1 sec	-	Körper	Z	0	gö
4	Torwandeln S	Geste	4	10 min	B	Umgebung	30cm	1 min	el
6	Wandwandeln S	Geste	5	10 min	B	Umgebung	-	1 min	el
2	Wittern S	Geste	2	5 sec	-	Körper	Z	10 min	dr
2	Zaubersprung	Geste	2	5 sec	-	Körper	Z	10 sec	dr
4	Zwingkreis, Blauer	Geste	4	20 sec	30m	Geist	6m Uk	10 min	gö
4	Zwingkreis, Silberner	Geste	4	20 sec	30m	Geist	6m Uk	10 min	gö

Liste benötigter Zaubermaterialien

Zauber	benötigtes Material	Kosten	Zauber	benötigtes Material	Kosten
Fährtenduft	Tierkot	2 KS	**Wittern**	Spürhundhaare	5 SS
Hauch d. Betäubung	getrocknetes Vampirmoos	1 GS	**Zwingkreis, Blauer**	Eichenholzreif	1 GS
Leuchtspur	Phosphor, 1 Glühwürmchen	5 GS	**Zwingkreis, Silberner**	Silberreif	5 GS
Rauchbild	Wollgras, Rauschmittel, Regenbogenpulver	10 GS			

Tabelle: Spieldaten der Zaubertänze
(alphabetische Reihenfolge)

AP	Zaubertanz	Stufe	Zauber-dauer	Reich-weite	Wirkungs-ziel	Wirkungs-bereich	Wirkungs-dauer	Ur-sprung
9	Abu es-Samum (Vater des Sturms)	6	5 min	0m	Umgebung	10 km Uk	1 h	gö
4	Ain es-Samum (Auge des Sturms)	4	5 min	0m	Umgebung	30m Uk	1 h	gö
2	Akbar fil-Ghadban (Groß im Zorn)	2	3 min	-	Körper	Z	30 min	gö
6	Al-Ghussat (Das Entsetzen)	4	5 min	0m	Geist	10 km Uk	10 min	gö
3	Al-Karama (Gabe der Weissagung)	3	10 min	5m	Körper	1 Ws	8 h	gö
3	Al-Mahram (Der heilige Bereich)	2	5 min	0m	Geist	6m Uk	30 min	gö
3	Al-Mutadid (Dem Ormut hilft)	2	5 min	0m	Geist	6m Uk	30 min	gö
3	Al-Tarka (Das Netz)	3	5 min	0m	Geist	15m Uk	0	gö
2	Dalail al-Khairat (Zeichen d. Segens)	2	5 min	0m	Geist	15m Uk	30 min	gö
2	Dalail ed-Dawahi (Zeichen d. Unheils)	2	5 min	0m	Geist	15m Uk	30 min	dä
3	Dau ed-Datin (Licht der Fruchtbarkeit)	3	15 min	0m	Geist	15m Uk	6 h	dä
6	Dau ed-Din (Licht des Glaubens)	5	10 min	0m	Körper	15m Uk	0	gö
6	Ghussat el-Masin (Entsetzen d. Menschen)	4	5 min	0m	Geist	15m Uk	10 min	dä
1	Haram fil-Din (Unverletzbar im Glauben)	1	2 min	-	Körper	Z	30 min	gö
4	Sadik es-Sidiki (Freund der Wahrheit)	2	10 min	0m	Geist	15m Uk	1 h	gö
6	Saijidat el-Masin (Herrin der Menschen)	3	10 min	0m	Geist	15m Uk	var	gö
3	Schadd wa-Tarka (Schleier und Netz)	3	15 min	15m	Geist	1 Ws	6 h	dä
6	Tibb al-Mumani (Heilkunst d. Gäubigen)	3	20 min	15m	Körper	1 Ws	0	gö

Index

A

Abenteuer
    Belohnungen 93
    Entwurf 92
Abenteurertyp
    Nichtspielerfiguren 78
Alarmvorrichtungen 101
Anführer 88
    persönliche Ausstrahlung 89
Anstrengungen 114
Astralleib 65
Astrologie 54

B

Besessenheit 65
Bewegung
    belastet 116
    schnelle 115
Bewölkung 125
Boden, beweglicher 101
Bogensehne, nasse 126
Boote 127
boreale Wälder 118
Brise 125

C

Callandra 38
Chaospriester 46
    Lehrplan 52
Comhartúr 21
Coraniaid 20

D

Dauerlauf 115
    in schwerem Gelände 116
Dauerregen 121
Daumen, Verlust von 112
Derwisch 9
    Lehrplan 47
    Zaubertänze 58
Durst 109
Dweomer 8, 19, 22, 34

E

Ealafaer 20
Ealalinn 20
Eilmarsch 115
    in schwerem Gelände 116
Einheit, gebrochene 86
Einschlafen, ungewollt 117
Einwegtür 99
Elfenstahl 24, 63
Entbehrungen 106
    erholen von 107
    entkräftet 107
Erainn
    Glaube 21
Erdrutsch 126
Erfahrungspunkte
    Kampfzauberer 27
Erfrierungen 111
Erholen, Entbehrungen 107

F

Fackeln
    bei starkem Wind 125
Fallen 100
    bewegliche 103
    entdecken 102
    magische 102
Fallgitter 101
Fallgrube 100
    mit Dornen 100
Falltür 99
Felskugel 101
Fernkampf
    bei Regen 126
    bei starkem Wind 125
Fian 17
    Lehrplan 48
    Zauber 63
Fianna 20
Fiannabáil 20
Finger, Verlust von 112
Flammenaugen 28
Fluch 104
    erkennen 65
Flußbarken 128
Flüsse, Schiffsgeschwindigkeit 128
Flüssigkeitsbedarf 109
Flüssigkeitsmangel 109
Fünf-Winde-Zone 119, 123
Fuß, Verlust von 112

G

Galeere 128
Galeone 128
Gegenspieler 80
Geheimtür 99
    finden 99
    öffnen 100
Gemäßigte Waldzone 118, 123
Geomantie 55
Geschwindigkeit
    Schiffe 129
    auf Reisen 115
Gewaltmarsch 114
Gewitter 121
Gift in Fallen 102
Gladiator 15
Glatteis 125
Gletscherrandgebiete 118, 122
Grubenkämpfer 15, 16
Grüne Magie 22

H

Hand, Verlust von 112
Handelsschiffe 128
heiß 121
Heraldik 16
Hexenfänger 27
Hexenhammer 27
Hexenjäger 24
    Lehrplan 50
    Zauber 65
Hexentänze 62
Hitze 112
Hitzschlag 113
Hochpolare Zone 118, 122
Hunger 107

J

IKing 56
Informationen
    Wahrsagen, Magie 57
Inquisitor 24

K

kalt 121
Kälte 110
Kältesteppe 118
Kältewüste 118
kaltgemäßigte Zonen 118
Kamelreiten 11
Kämpfen lernen 33
Kampfgetümmel 86
Kampfmoral 86
    kritische Situationen 88
Kampfsegler 128
Kampfzauberer 27
klemmende Tür 99
Klimazonen 117
Klingenmagier 37
Lehrplan 51
Knorr 128
Konstitution, Tiere 107
Krieger, Ritter 16
kritischer Erfolg b. Moraltest 88
kühl 121

L

Landeskunde
    Heraldik, Siegelkunde 17
Langschiffe 128
Laufschritt 115
    in schwerem Gelände 116
Lawine 126
Lernen, Wahrsagefertigkeiten 54
Lernpunkte, Kampfzauberer 32
Lichthaus 28
Lohn, Seeleute 129
Loyalität 82

M

Macchien 119
Magisches Tor 104
Magister 13
    Lehrplan 48
Massenaufgebot 73
Menschen, normale 72
Mentor 35
mild 121
Moiragon 38
Monster 88
Moraltest 86
Moralwert 86
Menschen 89
Nichtmenschen 90
Muster der Wege 21

N

Nachtigallenboden 102
Nase, Verlust von 111
Nathir 21
Nebel 125
Nef 128
Netz 16
Nichtmenschen
    Moralwert 90
Nichtspielerfiguren
    ausarbeiten 74
    außergewöhnliche 74
    besondere Typen 78
    Moralwert 89
    Statisten 73
    Verhalten 80

Niederschlag 121
Nieselregen 121
Nimcha-Schwert 10
normale Menschen 72

O

Ohr, Verlust von 111
Orakelkunst 55
Orden
    Derwische 58
    Todeswirker 39
Ozeanische Zone 118, 122

P

persönliche Ausstrahlung
    beim Moraltest 89
    beim Verhalten 80
Persönlichkeiten 74
Pfeilschußmechanismus 102
polare Zonen 118
Preise, Schiffe 129
Preiskämpfer 15
Priester (Chaos) 46
    Lehrplan 52
Prüfwurf
    Loyalität 83
    Zähigkeit 106
    Eilmarsch, Dauerlauf, Laufschritt 116
Pyromantie 56

R

Reaktionen, Nichtspielerfiguren 80
Regenwald 121
Reise
    schnelle 115
    zur See 127
Resistenz, Zaubertänze 58
Ritter 16
    Lehrplan 49
Runenplättchen 102

S

Sandsturm 127
Savanne 119, 123
Schafgarbenstengel 56
Schattenweber 44
    Lehrplan 51
    Zauber 68
Schauer 121

Scheintür 99
Schicksal 37, 38
Schicksalswaage 40
Schiff
    Geschwindigkeit 128
    kaufen 129
    mieten 129
Schlafmangel 116
Schnee 121
Schneelawine 126
Schneesturm 127
Schutzrune 35, 46, 102
Seeleute, Lohn 129
Seereisen 127
Sichtverhältnisse bei Nebel und Regen 126
Siegelkunde 17
Söldner, Gladiator 16
Sommerfeuchte Zone 121, 124
Sommerregenzone 119
Sonnenstich 113
Speerschußmechanismus 102
Spezialwaffe 9, 15, 24, 26, 35, 44, 46, 75, 76
Stein des Ortswechsels 21
Stein des Verständnisses 21
Steinschlag 126
Steppe 119, 124
Sternensilber 19, 24
Sturm 125
    auf See 129
Sturmschäden 129, 130
    reparieren 129
Sturzfluten 125
Szenario 92

T

Taiga 118, 122
Talisman 26
Tanzmagie 58
Teámhair 20
Temperatur
    Bereiche 121

    in Höhenlagen 117
Teschkamal 38
Thanaturg s. Todeswirker
Thaumagral 9, 13, 15, 24, 27, 37, 44, 46
Thaumagramm 102
    verborgenes 103
Tiere
    Entbehrungen 107
    im Kampf 85
Todesmagie 67
Todeswirker 34
    Lehrplan 50
    Orden 38
Tor, magisches 104
Transmitter 103
treideln 128
Treppe, bewegliche 101
Tropen 118, 121, 124
Tundra 118, 122
Tür
    aufstemmen 99
    lautlos öffnen 98
    öffnen 98
    verborgene 100
Türme der Nachrichten 21

U

Überanstrengung 114
Unterernährung 108

V

verborgene Tür 100
Verdursten 109
Verhalten 80
    im Kampf 85
Verhaltensschema 80
Verhaltenswurf 80
Verhungern 108
verschüttet 127
Versuchungen 84

Versuchungsgrad 84
Vertraute 35
    Hexenjäger 26
völlig entkräftet 107

W

Wahrsagefertigkeiten 54
Wahrsagen, Informationen 57
Wahrsagezauber 57
Wände, verschiebbare 101
Wappenkunde 16
warm 121
warmgemäßigte Zonen 118
Warnfaktor 84
Wasser, kaltes 125
Weihen 13
Wetter 117
    Auswirkungen 125
Wildläufer 7
    Lehrplan 47
Wind
    Flammen löschen 125
    Schiffsgeschwindigkeit 129
Windstärke 125
Winterkleidung, Nachteile 110
Wolkenbruch 121
Wunde 86
Wundertaten 26, 34
Wüste 119, 123

Z

Zähigkeit 106, 107
    Tiere 107, 116
Zaubermittel 13
Zaubern lernen 33
Zaubersalze 11, 14, 46
Zaubertänze 58
Zehen, Verlust von 111
Zufallsbegegnungen 96
Zusammenbruch bei Überanstrengung 114

Ω

Neue Abkürzungen

De	Derwisch	**MW**	Moralwert
Fi	Fian	**Sw**	Schattenweber
Hj	Hexenjäger	**To**	Todeswirker
Km	Klingenmagier	**VS**	Verhaltensschema
Mg	Magister	**Wi**	Wildläufer